Helga Bemmann   Marlene Dietrich

Helga Bemmann

Marlene Dietrich
Im Frack zum Ruhm
Ein Porträt

Gustav Kiepenheuer Verlag

Mit 169 Abbildungen

ISBN 3-378-01044-4
2. Auflage 2000
© Gustav Kiepenheuer Verlag GmbH, Leipzig 2000
Die Reproduktion von Text, Abbildungen und Noten –
auch auszugsweise – ist nur mit Genehmigung der Autorin
und des Verlages gestattet.
Layout Ulrike Verwold, Atelier für grafische Gestaltung, Leipzig
Einbandgestaltung Torsten Lemme
Reproduktionen Förster & Borries, Zwickau
Druck und Binden Kösel, Kempten (www.KoeselBuch.de)
Printed in Germany

Dieses Buch verdankt seine Entstehung einer Anregung Friedrich Hollaenders.

1964 befand ich mich zu Arbeitsgesprächen in München in der Wurzer Straße in seinem Appartement. Es ging um seine Autobiographie *Von Kopf bis Fuß*, die in einer Neuausgabe zum Druck vorbereitet wurde.

Als kleine Gabe brachte ich ihm aus Berlin Kopien aller seiner Chansons mit, die ich für meine Arbeit als Verlagslektorin gesammelt hatte und die er einst zu Max Reinhardts Zeit für das *Schall und Rauch* komponiert hatte, als für Berlin die zwanziger Jahre des Chansons begannen.

Von der Schönheit und der Schwierigkeit des Chansons war damals die Rede, und ich stellte ihm die Frage, ob er nicht Lust hätte mitzuhelfen, ein Buch über seine Schlager und Chansons zu schreiben.

Die feinen Runen auf seinem Gesicht zogen sich zu einem Lächeln zusammen. Ein Lächeln, das von weit her kam, wie mir schien. Er betrachtete die vielen Notenblätter in seiner Hand, so, als wären es Museumsstücke.

«Ich weiß selber nicht mehr alle Lieder, die ich mal geschrieben habe», sagte er. «Aber machen Sie doch mal ein Buch über Marlene Dietrich. Das sind doch längst ihre Lieder. Nicht mehr meine …»

La grande Marlène

Marlene Dietrich – ein Name mit besonderem Klang für die Welt, eingeschrieben in die Annalen der Film- und Chansongeschichte unseres Jahrhunderts. Das Verzeichnis ihrer Filme umfaßt ein halbes Hundert Titel – das Verzeichnis ihrer Lieder und Chansons, ohne nach Vollständigkeit zu streben, dreimal so viele Titel. Über vierzig Jahre lang war Marlene Dietrich, von den wenigen Jahren auf der Bühne des Theaters und der Revue in Berlin und Wien abgesehen, nahezu ausschließlich auf der Leinwand zu sehen. Rund zwanzig Jahre lang, es waren die letzten zwei Jahrzehnte ihrer künstlerischen Laufbahn, präsentierte sie sich ihrem Publikum auf der Bühne live mit Liedern und Chansons, von denen viele längst Weltschlager waren oder es durch sie auf neue Weise geworden sind. Umjubelt von Paris bis Moskau, von London bis Warschau, von Las Vegas bis Monte Carlo, von Rio de Janeiro bis Tokio und Sidney, vermochte Marlene Dietrich ihren Weltruhm zu erneuern, den sie einst mit dem *Blauen Engel* in ihrer Geburtsstadt Berlin begründet hatte. Die in der Theaterstadt Berlin geborene Künstlerin mit dem amerikanischen Paß und dem Wohnsitz in Paris errang als Diseuse internationalen Ruhm und sang von der Verständigung der Völker und Nationen zu einer Zeit, da der Wind des Kalten Krieges eisig wehte.

Groß und klangvoll sind die Namen derer, die Marlenes Persönlichkeit und künstlerische Faszination beschrieben und gewürdigt haben: Ernest Hemingway, Jean Cocteau, Noël Coward, Erich Maria Remarque, Maurice Chevalier, Alfred Hitchcock und Elisabeth Bergner, Margo Lion und Hildegard Knef und die vielen, vielen anderen, die mit ihr auf der Bühne gestan-

6

den haben, ihre Kollegen beim Film waren, Lieder für sie geschrieben oder nachgedichtet haben. Marlene Dietrichs Weg zum Chanson verlief über die musikalische Ausbildung als Konzertgeigerin in Weimar und Berlin, die schauspielerische Ausbildung nach den Prinzipien der Max-Reinhardt-Schule, über Revue und Schauspiel zum Film sowie ab 1953 zur One-Woman-Show als Entertainerin in Frack und Zylinder, mit Tanzgirls und Chansons auf den Bühnen großer Music-Halls und Varietétheater von Weltruf. Die Tatsache, daß Marlene Dietrich auf dem musikalischen Boden Berlins groß geworden war, ihre Liebe zum Schlager und Chanson schon früh Nahrung erhalten hatte, daß sie in drei Weltsprachen – deutsch, englisch und französisch – sang sowie ihr Stil, ihre Professionalität und die ihr angeborene Noblesse gaben ihr als Diseuse ein solides Fundament.

Mit den Melodien aus dem *Blauen Engel* leitete Marlene Dietrich 1930 die Ära des Filmchansons ein, das das Chanson des literarischen Kabaretts in Deutschland ablöste und stärker als bisher der Schlagermusik das Primat einräumte. Mit dem Lied von Friedrich Hollaender *Ich bin von Kopf bis Fuß auf Liebe eingestellt* hatte sie einem Weltschlager Ton und Gestalt gegeben, so einzigartig, daß die Welt fortan Marlene Dietrich mit Lola gleichsetzte.

Das Leben mit der eigenen Legende wurde ihr Schicksal. Marlene Dietrich hat es mit der Grandezza des Hollywood-Stars und dem Humor der Berlinerin getragen.

Ihr Repertoire umfaßte über 160 Lieder, Schlager und Chansons. In ihre Kunst und in ihren Gesangsstil sind Traditionen der Music-Hall, des Songs, des Chansons d'amour, des Tonfilm-Schlagers und des literarischen Berliner Kabaretts eingeflossen, präzis gesagt: eine Dietrichsche Legierung eingegangen. Der internationale Ruhm der Dietrich gründet sich darauf, daß sie ihre Lieder in mehreren Sprachen sang und sich mit ihren traditionellen Filmschlagern nicht begnügte. Zu ihrem Repertoire zählten auch Kinderlieder, deutsche Volksweisen, amerikanische Folklore, Brecht-Weill-Songs, Chansons aus dem Repertoire Gilbert Bécauds, Edith Piafs, Jacques Brels, Charles Trenets, Anti-Kriegslieder, Cole-Porter-Songs und Musical-Melodien sowie Altberliner Lieder der Jean-Gilbert- und Walter-Kollo-Zeit.

Als Marlene Dietrich aufgehört hatte, in Filmen mitzuspielen, nahm sie das Lied der Liebe – den Song aller ihrer Songs – aus den Kulissen des Films heraus und stellte es ins reale Leben hinein, gab ihm eine neue Dimension und fügte Eigenschaften hinzu, die es über die wechselnden Tagesmoden hinweg wertbeständig machten. Sie ist damit die Schöpferin einer neuen Liedgattung geworden: des Marlene-Dietrich-Chansons, für das es eine musikhistorische Definition im eigentlichen Sinne nicht gibt.

Den Stil ihrer Konzerttourneen prägten große Weltschlager wie *Honeysuckle Rose, La Vie en Rose, Lili Marleen, Moon River, Candles Glowing, I've Grown Accustomed to Her Face* und *Sag mir, wo die Blumen sind.* Viele Melodien waren darunter, die nur ihr allein gehörten, wie *Ich bin von Kopf bis Fuß auf Liebe eingestellt, Ich bin die fesche Lola, Nimm dich in acht vor blonden Fraun, Allein in einer großen Stadt, Wenn ich mir was wünschen dürfte, The Boys in the Backroom* oder *Ich weiß nicht, zu wem ich gehöre.*

Schon heute gibt es Stimmen, die der Diseuse Marlene Dietrich größere Bedeutung beimessen als der Schauspielerin und die Ansicht vertreten, daß ihr Filmruhm von ihrem Ruhm als singender Schauspielerin bereits überstrahlt würde. Wie dem auch sei – die Filmschauspielerin Dietrich ist keine Konkurrentin des singenden Showstars Dietrich gewesen. Man wird immer wieder gern ihre alten Filme ansehen, solange es Kino und Fernsehen gibt, und man wird ebenso gern ihre Plattenaufnahmen hören, gerade deswegen, weil man die Lieder nicht alle in den Filmen hören kann und weil man weiß, daß ihr Weg zum Chanson ohne ihre Filme niemals möglich gewesen wäre.

Kindheit mit Geige und Klavier

Bisher war es noch jedesmal dasselbe. Wenn in den Zeitungen und Illustrierten zu Marlene Dietrichs Geburtstagen Artikel erschienen, kamen Zuschriften an die Redaktion, daß das Geburtsjahr nicht stimme. Die Leser verwiesen auf die Angaben im Lexikon, in dem eine andere Jahreszahl genannt sei als in der Zeitung, und wollten wissen, was denn nun richtig sei. Waren mehrere Lexika zur Hand, hatten sich mitunter mehrere Jahreszahlen ergeben, und dieser Wirrwarr, so komisch er ist, hat das Publikum, das zu allen Zeiten Anspruch darauf erhebt, von seinen Stars alles, aber auch alles genau zu wissen, häufig in Unmut versetzt.

Ein galanter und couragierter Journalist hat auf solche Leserbriefe, als sie ihm zuviel wurden, einmal geantwortet, daß eine so schöne und ewig junge Frau wie Marlene Dietrich es nicht nötig habe, sich wegen lächerlicher dreier Jahre in eine so triviale Debatte einzulassen, und demzufolge die Redaktion auch nicht. Diese Haltung war absolut im Sinne Marlene Dietrichs, die zu der «Unsitte», ihr die Jahre nachzuzählen, einmal tadelnd bemerkt haben soll: «Haben denn meine Freunde nichts Wertvolleres zu zählen als meine Jahre?» Inzwischen haben sich die Parteien geeinigt. Von seiten Marlene Dietrichs war der 27. Dezember 1904 das allein zutreffende Geburtsdatum. So gab sie es bei den Behörden an, so stand es in ihrem Paß, und alles andere sei falsch, sagte sie. Für die übrige Welt hingegen war und ist der authentische Geburtstag der 27. Dezember 1901. Das belegt ihre Anfang der sechziger Jahre wieder aufgefundene Geburtsurkunde.

Die Sedanstraße, in der Marlene
Dietrich geboren wurde und aufgewachsen ist, «war ein Berlin ohne
Bäume», schreibt Hildegard Knef,
die ihre Kinderjahre in derselben
Straße verbrachte. In dem Haus Nr. 53,
wo die Dietrichs wohnten, befand
sich parterre auch das Polizeirevier
des Vaters.

Es war in Schöneberg zur Winterszeit, als das Licht dieser Welt
die kleine Marie Magdalene zum erstenmal anstrahlte und fand,
daß es ein sehr hübsches Kind sei. Die kleine Dietrich wurde
in der Sedanstraße Nr. 53 geboren, der heutigen Leberstraße.
Ihr Vater war der preußische Polizeioffizier Louis Dietrich, ihre
Mutter Josephine, geborene Felsing, die Tochter Conrad Fel-
sings, Inhaber des renommierten Uhren- und Juweliergeschäfts
Felsing, Unter den Linden 20.

Marlene Dietrich wuchs in Verhältnissen auf, die man als
gutbürgerlich bezeichnet, worunter der Leser einen gewissen
Wohlstand des Elternhauses verstehen kann. Zur Familie der
Dietrichs gehörten Geschäftsleute, Beamte, Offiziere mit Dienst-
mädchen, Köchin und Kutscher im Hause. Gutsituiert hieß für
damalige Verhältnisse auch, für eine standesgemäße Erziehung
der Kinder zu sorgen, neben dem obligaten Schulbesuch noch
Privatlehrer für einzelne Fächer und darüber hinaus eine Gouvernante bezahlen zu können, und es hieß auch, die berufliche
Laufbahn der Söhne zu finanzieren sowie eine angemessene Aus-
steuer für die Töchter aufzubringen.

Marlene war übrigens nicht das einzige Kind der Offiziersfamilie Dietrich. Sie hatte noch eine knapp zwei Jahre ältere Schwester Elisabeth, die später Lehrerin wurde. Die beiden Mädchen wurden gemeinsam erzogen und lebten bis kurz vor Marlenes Heirat, also über einen Zeitraum von rund zwanzig Jahren, in dem Haushalt ihrer Mutter.

Marlene Dietrich verlor ihren Vater sehr früh, wodurch sich für die Mutter mit den beiden Kindern finanzielle Schwierigkeiten ergaben. Sie nahm daher eine Stellung als Hausdame und Wirtschafterin bei der befreundeten Familie von Losch an, wo sie ihren zweiten Mann Eduard von Losch kennenlernte, der die zwei Mädchen adoptierte und somit Marlenes Stiefvater wurde. Daher ist in vielen Veröffentlichungen über Marlene Dietrich von der «preußischen Offizierstochter Maria Magdalena von Losch» die Rede. Sie selbst hat hingegen immer wieder betont, daß Marlene Dietrich ihr «richtiger Name» sei.

Von ihr selbst kann man über ihre frühe Kindheit nichts erfahren. Ihr Erinnerungsbuch setzt erst mit der Schulzeit ein, so daß der Lebensabschnitt davor im dunkeln bleibt. Man weiß lediglich, daß ihr Vater einmal für kurze Zeit als Offizier nach Weimar versetzt wurde und daß sich die gesamte Familie für die Dauer dieser Versetzung dort aufhielt. Das war, als Marlene noch nicht zur Schule ging. Zur bewußten Begegnung mit der Stadt Goethes, mit dem Werk und der Gedankenwelt dieses Dichters, der auf ihre Erziehung und ihre Lebenseinstellung nachhaltigen Einfluß ausüben sollte, kam es in späteren Jahren. Weimar sollte erst nach Abschluß der Schule, während ihrer Ausbildung als Konzertgeigerin, eine Rolle spielen. Vorläufig ist sie noch das Kind der Sedanstraße, das mit Murmeln spielt, stets sorgfältig gekleidet an der Hand ihrer Gouvernante Spaziergänge macht – von ihrer Familie geliebt und umsorgt, dabei streng erzogen. Als Offizierskind ist sie wohl frühzeitig an häufigen Ortswechsel gewöhnt, aber – wie Franz Hessel schreibt – «immer wieder zu Hause in der Stadt der nüchtern hellen Tagesfarben und langen Dämmerungen, der zarten Wintermorgenröten und langen Sommerabende, die keiner vergißt, der in Berlin Kind war».

Ihr Geburtsort Schöneberg, kurz vor 1900 Stadt geworden und durch seine Straßenzüge mit Berlin verwachsen, hatte, ganz dem Zuschnitt der Zeit gemäß, seinen Kaiser-Wilhelm-Platz, seinen Viktoria-Luise-Platz, seine Hohenzollernschule, sein Prinz-Heinrich-Gymnasium, seine Kaiser-Friedrich-Straße, und vor dem Rathaus Kaiser Wilhelm I., in Bronze gegossen. Nicht weit entfernt von der Sedanstraße, wo übrigens auch die Schauspielerin und Marlenes Freundin Hildegard Knef ihre Kindheit verbrachte, lag, an der Stadtgrenze nach Osten zu, der Militärbahnhof nach dem Kummersdorfer und Jüterboger Schießplatz. Und sonst das übliche Bild: Kasernen, Friedhöfe und neben den Exerzierplätzen gleich die Brauereien. Das wenige Zivile neben den Villen und den Straßenzügen im Gründerzeit-Baustil, was Schöneberg um die Jahrhundertwende aufzuweisen hatte, waren der Alte Botanische Garten und der Matthäi-Kirchhof, auf dem bedeutende Männer der Künste und der Wissenschaften beigesetzt waren – unter ihnen der Altberliner Couplet- und Possendichter David Kalisch, Ernst Dohm vom *Kladderadatsch*, Zitaten-Büchmann, der Mediziner Rudolf Virchow und die Gebrüder Grimm.

Die Dietrichs und ebenso die Familie von Losch, die aus der Uckermark stammte, lebten in den strengen preußischen Traditionen von Treue und Pflichterfüllung. In diesem Sinne sollten auch die Kinder erzogen werden. Von ihren Eltern bekam Marlene eine Reihe solider, märkisch-preußischer Tugenden mit wie Gründlichkeit, Ausdauer, Pflichtgefühl und Gerechtigkeitssinn. Man hat an ihr später, als sie schon in Hollywood lebte und ein Star war, immer wieder die Disziplin und das Stehvermögen be-

Marlene Dietrich mit ihren Eltern.
Aufnahme von 1906

Unter Aufsicht ihrer Gouvernante fuhr auch die kleine Marlene, wenn die Sonne schien, mit ihrem Puppenwagen durch die Parkanlagen Schönebergs. Ansicht des Bayerischen Platzes 1906

wundert. Für ihre Umwelt war sie allgemein «die Preußin», die sprichwörtliche deutsche Hausfrau, die mit Begeisterung kochte und schrubbte, ein Muster an Gründlichkeit und Gediegenheit. Diese Züge bemerkte auch Charles Higham, der mit ihr bekannt war: «Beobachtet man Marlene Dietrich in Aktion, so erweckt sie den Eindruck norddeutscher Geradlinigkeit: kühler Intellekt, Präzision, Taktgefühl und eine eiserne Disziplin, die keine Ablenkung duldet, und als Gegengewicht eine überaus sensitive, selbstkritische und nie ganz mit sich zufriedene Persönlichkeit.»

Auffallend für den Leser ihrer Memoiren bleibt die Tatsache, daß sie mit ihrem Vater nichts weiter verband als die Erinnerung an «eine große imposante Figur, Ledergeruch, glänzende Stiefel, Reitgerte und Pferde», während ihre Mutter – für sie eine absolute Respektsperson – mit Liebe aus der Erinnerung hervorgeholt wird. «Ihr Aussehen war so vollkommen wie ihre Eigenschaften. Ihr Verstand, ihr Herz waren nobel. Sie war wie ein guter General. Sie befolgte ihre eigenen Regeln; sie war das Beispiel, das wir brauchten.»

Die Mutter erscheint nicht allein als schöne, sondern auch als eine gebildete und kluge Frau, die auf Erziehung hielt und in dieser Hinsicht streng war. Sie schickte ihre jüngste Tochter mit noch nicht ganz sechs Jahren zur Schule. Es war die Mädchenschule in der Nürnberger Straße. Die Rektorin war eine ältliche Dame, die in einem kostbar möblierten Salon präsidierte, über dem Kamin das Porträt der Kaiserin Auguste Viktoria, nach der die Schule benannt war. Auch erinnerte sich Marlene Dietrich

13

an das schwere eiserne Tor, das sich nur öffnete, wenn man sich kräftig mit dem Rücken dagegenstemmte. Viel Freundliches hatten diese Schulen alten wilhelminischen Zuschnitts nicht, wie man weiß. In ihrer kargen Nüchternheit glichen sie eher Kasernen und waren dazu geeignet, der Phantasie und der Träumerei die Flügel kurzzuhalten.

Marlenes Schutzengel an dieser Schule war die von ihr schwärmerisch geliebte Französischlehrerin. Weil die kleine Dietrich jünger war als die anderen in der Klasse, fühlte sie sich von den Mädchen und ihren Vertraulichkeiten ständig ausgeschlossen und zurückgesetzt. Das war der Grund für ihre Traurigkeit. Aber Mlle. Breguand, so hieß die Lehrerin, konnte Marlene die Freude an der Schule wiedergeben, weil sie den Kummer des schüchternen Mädchens ernst nahm. «Sie verscheuchte meine Einsamkeit, meine kindlichen Sorgen, meine Traurigkeit. Sie war

Berlin Unter den Linden anno 1900. Hier befand sich das Uhrengeschäft des Großvaters Conrad Felsing. Ein Haus weiter, Unter den Linden Nr. 21, eröffnete 1905 das erste ständige Kinotheater Berlins, *Meßters Biophon.*

Wunsch und Erfüllung.» Marlene verbrachte jeden Morgen damit, sich auszudenken, was sie Mademoiselle schenken könnte: blaue, weiße, rote Bänder, die ihre Mutter beim deutsch-französischen Ball im Haar getragen hatte; französische Landschaftsbilder, ausgeschnitten aus Zeitschriften; einen Strauß Maiglöckchen am 1. Mai, oder sie band zum Nationalfeiertag am 14. Juli eine Kornblume, ein Gänseblümchen und eine Mohnblume zusammen. Marlene kaufte auch französische Weihnachts- und Neujahrskarten und zählte schon ihr Taschengeld, um französisches Parfüm für die Lehrerin zu kaufen. Aber ihre Mutter riet ihr davon ab, solche teuren Geschenke würden Mlle. Breguand nur in Verlegenheit bringen.

Das französische Fräulein wartete mit ihr vor der Schule, wenn die Gouvernante sich verspätete, und ging manchmal mit den beiden noch ein Stück mit. «Am letzten Schultag vor den Ferien vergaß sie nie, mir ihre Adresse zu geben, die sie auf eine Seite ihres Notizblocks geschrieben hatte. Es war klar: Sie kannte meine scheuesten Hoffnungen und die Heilmittel für all meine Schmerzen.»

So beschreibt Marlene Dietrich in ihren Erinnerungen ihr zärtlich-kindliches Verhältnis zu der Französischlehrerin. Sie hatte in ihr einen klugen Menschen gefunden, an den sie sich in ihrer Schulmädchenzeit klammern konnte. Für Marlene war diese Freundschaft ein Ansporn ohnegleichen, im Französischen Fortschritte zu machen. Dank ihrer Mutter beherrschte sie die Sprache schon gut. Die Zuneigung der Lehrerin empfand Marlene als eine Auszeichnung.

Das Band dieser Liebe wurde jäh zerrissen, als der Erste Weltkrieg ausbrach. Marlene sah in jenen Tagen die ausrückenden Regimenter, Fahnen hingen aus den Fenstern, die Militärmusik spielte – und sie begriff es nicht: Blumen auf Gewehren für einen Krieg gegen ihr geliebtes Frankreich! Ihre Lehrerin nicht mehr an der Schule! Dieser Verlust hat der Dreizehnjährigen den ersten tiefen Schmerz ihres Lebens zugefügt. Einzig ihre Gefühle, die ihr sagten, was Recht und Unrecht ist, gaben ihr Sicherheit. «Ich liebte Marguerite Breguand und liebte Frankreich. Ich liebte die französische Sprache. Ich war die erste Beraubte! Das erste Opfer! Niemand konnte mich zum Krieg mit Frankreich zwingen.»

Für die Soldaten müssen nun in der Schule Socken, Pulswärmer und Pullover gestrickt werden, das ist patriotische Pflicht. Wer französische Wörter gebraucht, die Sprache des Feindes,

Marlene Dietrich mit ihrer zwei Jahre älteren Schwester Elisabeth. Aufnahme von 1906

Wie einst im Mai
Repertoirestück des Berliner Theaters
Posse mit Gesang in 4 Bildern von:
Rudolf Bernauer u. Rudolph Schanzer
Musik von
Walter Kollo
u. Willy Bredschneider

Drei-Masken-Verlag GmbH. München-Berlin.

Aus dieser Gesangsposse von 1913 stammte Marlene Dietrichs Jugendschlager *Das war in Schöneberg im Monat Mai.*

muß zur Strafe zehn Pfennig in die Schulsammelbüchse geben. Marlene bezahlt die zehn Pfennige.

Trotz alledem hat Marlene Dietrich das Berlin ihrer Kinder- und Jugendjahre über alles geliebt und stets eine dankbare Erinnerung daran bewahrt. Hier hat sie die Lieder ihrer Kinderzeit gehört, die alten Berliner Schlager. Auf den Langspielplatten, die sie mehr als vierzig Jahre später besungen hat, ist zu hören, was ihr diese Straßenliedchen bedeutet haben: Erinnerung, Freude und Sehnsucht nach der Kindheit.

Das war in Schöneberg
im Monat Mai,
ein kleines Mädelchen
war auch dabei.
Das hat den Buben oft
und gern geküßt,
wie das in Schöneberg
so üblich ist.

Diese Aufnahmen mit Altberliner Liedern, die sie in den sechziger Jahren machte, hat Marlene Dietrich 1983 dem Schauspieler und Regisseur Maximilian Schell gegenüber als ihre beste Platte bezeichnet.

Die Lieder ihrer Jugend haben Marlene tief geprägt. Indem sie den eigenen Ton dieser Melodien bewahrte, konnte Marlene Dietrich zu einer liebenswert persönlichen Interpretation dieser Erlebniswelt finden. Daß sich ihre Musikalität entwickeln konnte, verdankte sich nicht zuletzt den günstigen Lebensumständen, in denen sie aufwuchs.

In ihrer Autobiographie schreibt Marlene Dietrich berlinisch kurz und in aller Offenheit: «Meine Familie hatte Geld; ich bekam die beste Erziehung.» Da sich schon früh ihre musikalische Begabung zeigte, sollte sie nach dem Wunsch ihrer Mutter die Musiklaufbahn einschlagen und Konzertgeigerin werden. Diesem Berufsziel diente der Geigen- und Klavierunterricht, den Marlene schon sehr früh von Privatlehrern erhielt und den sie neben der Schule bewältigen mußte. Das hieß viel üben, meist unter Aufsicht der Mutter, die selbst sehr gut Klavier spielte. Das Pensum bestand aus Mozart, Bach, Beethoven und Chopin; Sonaten, Etüden, Walzer und das Ganze wieder von vorn. Üben für die Stunden, üben für die Hausmusikabende im Familienkreis, und wenn dann noch Freizeit blieb, gehörte sie den Bü-

Gustav Müller-Platz, Ecke Sedan-Strasse
Königin Luise-Gedächtnis-Kirche

«Sie war ein fröhliches Mädchen. Am liebsten lief sie mit uns Rollschuhe auf dem Gustav-Müller-Platz», erinnerte sich die Altberlinerin Helene Schulz, die als Kind ihre Nachbarin war.

chern und der Poesie. Die Literatur weckte in Marlene die Liebe zur deutschen Sprache, die Sehnsucht nach großen Gefühlen, nach Romantik und Verehrung.

Gemeinsam mit ihrer Mutter und ihrer Schwester deklamierte sie Gedichte von Goethe und die klassischen deutschen Balladen, las sie die Bücher von Dostojewski und Knut Hamsun. Zwar verehrte sie auch Bühnenstars wie die Duse, deren Bild sie mit einer Kerze daneben in ihrem Zimmer aufgestellt hatte. Aber von irgendwelcher Theaterleidenschaft, von Drang nach Rampenlicht und Ruhm war nichts an ihr zu bemerken. Marlene scheint mehr verträumt als kokett gewesen zu sein, meinte Franz Hessel. Zumindest hat sie wohl die Fähigkeiten, die in ihr schlummerten, selbst nicht bemerkt und schon gar nicht bewußt ausgespielt.

Eine Mitschülerin schilderte Marlene Dietrich sogar als unauffällige Erscheinung, nervös und unsicher. «Marlene war das schüchternste Mädchen in unserer Schule, nichts schien ihr sonderlich Spaß zu machen.» Sie habe sich mit Vorliebe auf die hinteren Bänke zurückgezogen, sei immer nett und freundlich gewesen und ließ die Mädchen beim Französisch-Aufsatz generös abschreiben. Marlene erweckte nicht den Eindruck, als wollte sie etwas Besseres sein – wenn auch feststand, daß sie etwas Besonderes war.

Was das Besondere an ihr war, sieht man auf einem Klassenfoto, auf dem sie – im Vordergrund plaziert – den Blick des

Betrachters sofort auf sich lenkt. Marlene Dietrich sitzt in gelassener, ruhevoller Haltung da, kerzengerade, den Blick auf den Apparat gerichtet, der für sie eine tiefe Bedeutung zu haben scheint. Die große Schmetterlingsschleife in ihrem üppigen, schönen Haar schafft Hintergrund und vollendet das Bild. Eine Erscheinung, die Raum füllt in jeder Hinsicht.

Von sich selbst gibt Marlene Dietrich eine sehr untertriebene Beschreibung: «Ich war sehr dünn und blaß als Kind, mein Haar war rötlichblond. Dieses rötlichblonde Haar gab mir eine weiße Gesichtsfarbe, eine durchsichtige Haut, die den Rotblonden eigen ist. Ich sah ziemlich krank aus.»

Ernsthaft wie bei ihrer musikalischen Ausbildung wurden die Kinder auch an die anderen Seiten der bürgerlichen Kultur herangeführt.

«Ich bin mit Goethe aufgewachsen, er lehrte mich alles, was ich weiß.» Das ist ein von ihr ständig wiederholter Satz. Von ihren Eltern, insbesondere ihrer Mutter, hat Marlene Dietrich gelernt, daß man seine Pflicht zu erfüllen hat, nach der Maxime Goethes: «Was aber ist die Pflicht? Die Forderung des Tages!» Trotz Gouvernante und Hausmädchen arbeitete sie in der Küche mit und beteiligte sich an allen hauswirtschaftlichen Verrichtungen. Angehalten zu nützlicher Tätigkeit, beschäftigte sich Marlene gern mit Nähen, Kochen oder Sticken, worin sie ebenfalls die Talente ihrer Mutter geerbt hatte. Herumsitzen, Müßiggang wurde nicht geduldet; auch lehrten die Eltern sie, «niemals meine Verantwortung aufzugeben oder zu teilen».

Klassenbeste in Musik. Schon in jungen Jahren spielte Marlene Dietrich die erste Geige. Hier bei einer Schüleraufführung von 1917.

Zu Kant, dem philosophischen Lehrmeister des kategorischen Imperativs, jenes Leitsatzes vom moralisch richtigen Handeln, findet sich in dem *ABC* ihres Lebens, einem Vorläufer ihrer Erinnerungen, der aufschlußreiche Satz: «Seine Gesetze – meine Wurzeln!» Und zu dem Begriff «Selbstdisziplin» heißt es bei ihr ganz preußisch: «Die nützlichste aller Disziplinen.»

Als Schülerin auf dem Gymnasium ist Marlene Dietrich in Musik Klassenbeste, im Schulorchester spielt sie erste Violine. Aus jenen Jahren ist noch ein Foto von einer Schüleraufführung erhalten, das sie im spanischen Folklorekostüm mit der Geige zeigt und vier in Tracht gekleidete Mitschülerinnen, die zum Tamburin Tänze vorführen. Bei dieser Schüleraufführung soll es sich um eine Gedenkveranstaltung zum 50. Jahrestag der Erschießung Kaiser Maximilians von Mexiko gehandelt haben, für die das Schulorchester *La Paloma* einstudiert hatte. Das Violinsolo – Marlene Dietrich.

Besondere Stücke übte sie damals ein, um dem Filmstar Henny Porten ihre Verehrung zu bezeugen. Diese Frau – die Stummfilm-Inkarnation des deutschen Frauen- und Mutterideals – wurde eines Tages Marlenes große Liebe, so mächtig, daß sie es danach drängte, der Porten ihre Verehrung zu zeigen. Nach der Schule wartete sie im Tiergarten-Viertel, wo Henny Porten wohnte, um sie sehen oder gar sprechen zu können.

Henny Porten war aufgefallen, daß immer, wenn sie aus dem Hause ging, unten auf der Straße ein paar Mädels standen, angehende Backfische, die einen Knicks machten und sich rasch wieder entfernten. Eines Tages, sie war schon fast bis zu der Straßenecke gelangt, an der eine Litfaßsäule stand, stürmte plötzlich ein blondes Mädchen hinter der Säule hervor. Es war die kleine Dietrich, die vor Verlegenheit kaum «Guten Tag» sagen konnte, ein «Da, bitte!» stotterte und der überraschten Porten eine ausgemalte Postkarte in die Hand drückte. Ehe Henny Porten sich bedanken konnte, war die kleine Blonde wieder um die Ecke gehuscht. Was die verehrte Diva in der Hand hielt, war eine Künstlerpostkarte von ihr, die Marlene sehr sorgfältig ausgemalt hatte.

Es kam bald darauf Henny Portens Geburtstag. Am Morgen hörte sie schon von ihrem Zimmer aus ein geheimnisvolles Tuscheln. Auf dem Flur draußen erklang Musik, jemand spielte auf der Geige das *Engelslied* von Braga, eines der gefühlvollsten Salonstücke jener Zeit. Wer brachte ihr denn da ein Ständchen? Sie ging ins Nebenzimmer – und siehe da, da stand dasselbe

Im Klassenbuch stand: «Marlene Dietrich, genannt von Losch.» Das Foto entstand im März 1918 im Hof der Auguste-Viktoria-Schule, kurz nachdem Marlene, 17jährig, das Abitur bestanden hatte.

Mädel mit den blonden Locken und spielte. Die Porten bedankte sich sehr für die reizende Überraschung und forderte die Gratulantin auf, noch ein bißchen zu bleiben und ein Stück Geburtstagskuchen mit ihr zu essen. Das tat sie nach Zureden dann auch, obwohl noch immer furchtbar verlegen. Mehrmals sagte sie: «Jetzt muß ich aber gehen», war aber sonst kaum zum Sprechen zu bewegen. Marlene hat noch ein paarmal Henny Porten besucht. Sie gestand ihr auch, daß sie es gewesen sei, die einmal die feinen Cremeschnitten und das selbstgearbeitete Gobelinkissen zu einer Premiere für sie im Theater abgegeben habe.

Im Jahr darauf hielt sich Henny Porten in Garmisch auf. Als sie eines Morgens erwachte, klang wieder Geigenspiel an ihr Ohr. Sie trat ans Fenster und sah, daß auf der Straße unten wieder die Kleine aus Berlin stand und ihr abermals ein Ständchen brachte. Marlene war nämlich inzwischen nach Mittenwald in Pension gekommen, dort hatte sie in der Garmischer Kurliste den Namen der vergötterten Schauspielerin entdeckt, war am frühen Morgen heimlich mit ihrer Geige unterm Arm über eine bereitgestellte Leiter aus dem Fenster geklettert und mit dem ersten Zug nach Garmisch gefahren. «Und da war sie nun also wieder, und ich wußte vor Freude und Rührung gar nicht, was ich dazu sagen sollte.»

Die erste schmerzliche Zäsur in Marlene Dietrichs Leben war, wie gesagt, der Erste Weltkrieg. Er brachte für die Familie viel Schweres und Trauriges. Ihr Stiefvater fiel 1917 an der Front, die

Marlene Dietrich ist mit dem Kintopp groß geworden. 1905, als sie noch nicht zur Schule ging, eröffnete Oskar Meßter das erste Kinotheater. 1910, als sie neun Jahre alt war, gab es in Deutschland bereits über 1500 Kinos, 1913, als sie die Höhere Schule besuchte, rund 2400, und 1917, als sie mit ihrer Mutter die Henny-Porten-Filme sah, über 3100. Abbildung: Reklame der Kinofachzeitschriften für die neuesten Vorführapparate

Donnerwetter — tatsächlich geräuschlos und projiziert felsenfest!

Mutter stand abermals mit ihren beiden Kindern allein da. Um die heranwachsende Marlene waren in den Kriegsjahren nur Frauen – Mutter, Schwester, Großmutter, Tanten –, so daß sie als Besonderheit ihres Lebens einmal hervorhebt, sie sei in einer Frauenwelt groß geworden.

Trotz Krieg und Entbehrungen wurde der Musikunterricht fortgesetzt. Für die Zeitschrift *Esquire* hat Marlene Dietrich einmal geschildert, wie sie die Abende während des Krieges mit ihrer Mutter am Klavier verbrachte und wie sie sich das Vergnügen, einen Walzer von Chopin spielen zu dürfen, mit dem endlosen Üben von Bach und Händel verdienen mußte. Sie liebte ihre Geige und den klagenden Klang der Saiten über alles, die monotonen Übungen mochte sie dagegen weniger. Marlene liebte auch Bach. Sie spielte nach den Stunden aber für sich gern die Toselli-Serenade oder Godards *Berceuse*, in die sie, von niemandem korrigiert, ihre Gefühle hineinströmen lassen konnte. Von ihrer Geigenlehrerin Bertha, die mit ihrem rötlichbraunen Haar aussah «wie ein Fuchs, der Bertha heißt», bekam sie die pädagogische Aufmunterung, daß Arbeit, Arbeit und nur Arbeit den Weg zum Bühnenruhm pflastere. «Hätte ich statt Geige Klavier gelernt», sagt sie, «wäre ich vielleicht Pianistin geworden. Aber obwohl ich Geige spielen lernte und mit allen Schwierigkeiten mehr oder weniger gut zurecht kam, konnte ich mir nicht vorstellen, Berufsgeigerin zu werden.»

Ihre Klavierlehrerin liebte besonders Chopin und Brahms. Sie wird als rundliche, gemütliche Person geschildert, die vor Begeisterung den Kopf in den Nacken warf, wenn sie mit Marlene vierhändig Walzer spielte. Mutter und Tochter bekamen zu Weihnachten selbstgenähte Halstücher von ihr geschenkt, auf denen die ersten Takte eines Chopin-Walzers aufgemalt waren. «Sie waren schrecklich steif, und die Farbe blätterte von einem Weihnachtsfest zum nächsten ab und hinterließ Löcher in der Melodie.»

Ihre dritte Lehrerin, die Marianne hieß und zuletzt hinzukam, war eine junge, lustige Person mit strohblonden Zöpfen. Sie gab Lautenunterricht und beeindruckte die Von-Losch-Tochter, wenn sie mit ihrer klaren, kräftigen Stimme Volkslieder sang. Angesteckt von ihrer Lehrerin Marianne, fing auch die Schülerin an, Bänder für ihre Laute zu sammeln und zu instrumentaler Begleitung kleine bayerische und österreichische Lieder zu singen. Dabei ließ sie die Akkorde klingen, um ihrer – wie sie fand – schwachen, atemlosen Stimme die nötige Stütze

Am Anfang ihrer Laufbahn stand nicht der Film, sondern die Musik. Geigenschülerin Marlene bei einer Schüleraufführung in historischer Tracht

zu geben. Allmählich liebte Marlene ihre Laute mehr als ihre Violine, so daß sie ein schlechtes Gewissen bekam.

Das Ende des Ersten Weltkriegs bedeutet für Marlene Dietrich auch das Ende ihrer Schulzeit. 1918 verläßt sie die Auguste-Viktoria-Schule mit dem Abitur, um anschließend in Weimar Musik zu studieren. Die fremde Umgebung bot ihr zunächst wenig Wärme. Die Schule war kalt, die Straßen erschienen ihr fremd, der Geruch anders als der, den sie aus der Großstadt gewohnt war. Sie vermißte ihr Zuhause, keine Mutter war da, niemand, den sie kannte. Aber weil sie in Weimar sein durfte, wo ihr Idol Goethe gelebt hatte, fühlte sie überschwengliche Begeisterung. Goethes Haus am Frauenplan, sein Gartenhaus, das Haus der Frau von Stein seien für sie und die anderen jungen Mädchen so etwas wie Lourdes für manche Katholiken, schreibt

Das neue Milieu, das eine Zeitlang ihr Zuhause wurde: Markttag in Weimar

sie. «Wir gingen täglich dorthin, um unsere Seelen zu läutern.»
Die Seele, die Poesie, die Hingabe an verehrte Idole spielen überhaupt in ihrer Mädchenzeit eine alles beherrschende Rolle.

Ihr Zimmer teilt Marlene als Studentin der Musikhochschule
mit sechs anderen Mädchen. Zunächst wohnt sie im Internat,
zieht dann aber um in eine Pension, die ihr mehr Freiheit gibt.
Die Zeit in Weimar bringt für sie eine Vertiefung ihres Goethe-
Erlebnisses, sie findet zu dieser Zeit aber auch Zugang zum
Werk Rainer Maria Rilkes, eines Dichters, den sie ihr ganzes
Leben hindurch verehrt hat. Die Freizeit füllt sie aus mit Kon-
zert- und Theaterbesuchen. Alle drei Wochen kommt die Mutter
mit dem Fernzug aus Berlin, um nach dem Rechten zu sehen
und wieder einmal persönlich das Haarewaschen vorzunehmen.
In den Kreis der Mädchen hat sich Marlene bald eingelebt.
Einer der Freundinnen schreibt sie ins Poesiealbum: «Aus Berlin
kam die Marlen – und wir gerne sie hier sehn. – Lustig sein ist
ihr Plaisier – und das ist die Hauptsach' hier.»

Über die Ausbildung an der Musikhochschule sind keine Un-
terlagen mehr vorhanden, aus denen hervorginge, wann sie das
Studium genau begonnen und beendet hat, wer ihre Lehrer dort
waren und wie man die Fähigkeiten der jungen Studentin beurteilte. Nur zwei Zeugen gibt es, die sich allerdings weniger zu
diesen Punkten als zu ihrer Persönlichkeit äußern. Der Bauhaus-
Maler und -Graphiker Lothar Schreyer schilderte Marlene Dietrich als «ein liebenswürdiges, stilles junges Mädchen, das wir
alle gern mochten. Sie wohnte wie wir im Haus der Frau von
Stein ... und spielte gern mit unserem kleinen Sohn.» Sie sei sehr
musikalisch gewesen. Damit meinte Schreyer, daß sie ganz ihrer
Musik hingegeben lebte, aber auch in ihrer Haltung und Bewegung sei sie ein Muster an Eleganz und Grazie gewesen. Eine
zweite Äußerung zu ihrer Studienzeit in Weimar gibt es von
ihrem Mitstudenten Wolfgang Rosé, einem Neffen des Komponisten Gustav Mahler. Rosé sagt aus, sie sei sehr bescheiden und
schüchtern aufgetreten und schien sich ihrer Reize überhaupt
nicht bewußt gewesen zu sein. «Übrigens war sie durchaus keine
überragende Schülerin, und ich bezweifle, daß ein Dasein als
Geigerin sie befriedigt hätte. Gewiß, wenn sie mit dem leidenschaftlichen Eifer, den sie an den Tag legte, weitergearbeitet
hätte, hätte sie möglicherweise doch den Weg auf die Konzert-
bühne gefunden.»

Die Ausbildung in Weimar kann nicht abgeschlossen werden.
Ihre Mutter erscheint eines Tages und holt sie nach Berlin zu-

Er erteilte Unterricht im Fach Violine:
Professor Carl Flesch (1873–1944),
gebürtiger Ungar, Geigenvirtuose,
Verfasser eines Buchs «Die Kunst des
Violinspiels», Professor am Berliner
Konservatorium und bekannt durch
das Flesch-Quartett.

Die Geige, Bach und Goethe, dieses Dreigestirn strahlte über den Jugendjahren der jungen Marlene (hier als Musikstudentin mit 17 Jahren).

rück. Den Grund dafür weiß man nicht genau. Vielleicht eine romantische Amoure mit in mütterlichen Augen gefährlichem Ausgang? Praktizierter Leichtsinn auf dem Felde der Gefühle? Schlechter Umgang im Internat? Eine Affäre mit dem Geigenlehrer soll dem Aufenthalt im Pensionat ein Ende gesetzt haben. Das Musikstudium wird jedenfalls danach in Berlin bei Professor Carl Flesch, einem bekannten Geigenvirtuosen, fortgesetzt. Als sich aber herausstellt, daß eine durch vieles Üben hervorgerufene Sehnenscheidenentzündung in der linken Hand ein dauerndes Spielen des Instruments unmöglich machen würde, wird der Unterricht abgebrochen. Die entzündete Hand muß eingegipst werden. Das Schicksal hatte somit gegen die Geige entschieden. Unwiderruflich. «Es war ein schwerer Schlag für mich. Ich wußte, daß ich niemals eine erstklassige Violinistin, nie eine ‹Konzert-Künstlerin› werden würde.»

Es lag in der Luft

«Tu was!» soll ihre Mutter gesagt haben, als Marlene, zu Hause herumsitzend, in der Beschäftigung mit Rilke und Goethe über die Krise ihres jungen Daseins hinwegzukommen versuchte. Ihre Mutter hat damals nicht etwa zu ihr gesagt: «Geh zum Theater oder zum Film!», weil dem Standesbewußtsein der Familie, auch 1920/21 noch, nichts so sehr entgegengestanden hätte wie der Komödiantenberuf. Da scheint Frau von Losch der Tochter gegenüber keinen Zweifel gelassen zu haben. Was lag jedoch für ein gutaussehendes, romantisch veranlagtes und zugleich realistisch denkendes Mädchen aus besserem Hause näher als das Theater, wenn sie nicht über eine abgeschlossene Ausbildung verfügte, aber Geld verdienen wollte.

Marlene entschloß sich also, es beim Theater zu versuchen. Die Sprache und das Rezitieren waren nun mal neben der Musik ihre große Passion. Der Versuch, zur Bühne zu gehen, endete zunächst ergebnislos. Als sie zum Vorsprechen in der Schauspielschule Max Reinhardts erschien, in der vagen Hoffnung, als reguläre Schülerin aufgenommen zu werden, hinterließ sie mit der Rolle des Mädchens aus Hugo von Hofmannsthals Stück *Der Tor und der Tod* keinen einhelligen Eindruck, obwohl sie den Text sorgfältig einstudiert hatte. Den Regisseur Carl Heine und Berthold Held als Leiter der Schule hätte sie wohl durchaus beeindruckt, Max Reinhardt hingegen sei von ihrem Talent nicht überzeugt gewesen, sagt man. Sie wurde nicht aufgenommen. Berthold Held erklärte sich jedoch bereit, der Anfängerin Privatunterricht zu erteilen, gemeinsam mit einer weiteren Schülerin namens Grete Mosheim, derselben Mosheim, die bald zur weiblichen Star-Prominenz des Reinhardt-Ensembles zählen sollte.

Aufgrund ihres Unterrichts, den
Marlene Dietrich bei Berthold Held,
dem Leiter der Reinhardtschen
Schauspielschule, privat erhielt,
betrachtete sie sich als Reinhardt-
Schülerin und wurde stets auch
so bezeichnet. Die Ausbildung
garantierte kleine Anfängerrollen
an den Reinhardt-Bühnen. Es
gehörten dazu vier Theater: das
Deutsche Theater und die Kammer-
spiele in der Schumannstraße, die
Komödie am Kurfürstendamm und
das Große Schauspielhaus, Am
Zirkus, Schiffbauerdamm.

unten: Max Reinhardt. Die von ihm
begründete Schauspielschule bestand
seit 1905.

Grete Mosheim zweifelte im nachhinein sehr an der Qualität dieses Privatunterrichts und sagte in einem Interview für
das Marlene-Dietrich-Buch des Amerikaners Charles Higham:
«Nach knapp einem Jahr hörten wir auf, ohne etwas gelernt zu
haben. Aber daß wir bei ihm Unterricht gehabt hatten, berechtigte uns, in Reinhardts Theatern aufzutreten.» Sie bekamen also
Rollen. Und das war das Entscheidende.

Von ihrer Freundin Marlene gibt Grete Mosheim folgendes
Bild: «Mir fiel immer auf, daß sie die elegantesten Strümpfe und
die schönsten hochhackigen Pumps trug, während ich in Söck-
chen und Halbschuhen herumlief. Wie sie sich das leisten konnte,
weiß ich nicht. Aber sie brachte es fertig, schon morgens um sieben hinreißend auszusehen.»

Nach Mitteilung einer anderen Freundin, der Journalistin
Gerda Huber, die sie um 1920 in einem Berliner Café kennengelernt hatte, nahm Marlene Dietrich nach Kriegsende verschie-
dene Beschäftigungen an, um sich finanziell über Wasser zu halten. Sie verkaufte zeitweilig Handschuhe in Kommission, trat in
Kabaretts auf, sprang als Tanzgirl ein, wenn irgendwo noch ein
attraktives Beinpaar fehlte, und nutzte auch ihre Kenntnisse im
Geigenspiel. So war sie zum Beispiel kurze Zeit bei Giuseppe
Becce, dem Experten für Stummfilm-Musiken, als Konzertmei-
sterin engagiert. Wie sich Becce erinnert, habe sie nur wenig
Honorar verlangt, wollte allerdings bei Henny-Porten-Filmen so
plaziert sein, daß sie während des Spielens immer auf die Leinwand sehen konnte. Orchesterchef Becce hätte sie gern länger
behalten, mußte sich aber nach vier Wochen von ihr trennen,
weil Marlene mit ihren ungewöhnlich schönen Beinen – ohne
das zu wollen, denn sie hatte nur Augen gehabt für ihr Idol
Henny Porten – das gesamte männliche Orchester aus dem Takt
gebracht hätte.

Die Mitwirkung im Kino-Orchester bei Becce blieb eine Episode, denn hauptsächlich waren es die Bühne und der Stummfilm, die mit Beginn der zwanziger Jahre die künstlerische
Entwicklung Marlene Dietrichs bestimmten. Für angehende
Schauspielerinnen war es um 1920/21 nicht schwer, irgendwo in
einem Stück oder einem Film eine Rolle zu bekommen. Mit dem
Ende des Krieges etablierten sich in Berlin wieder die Theater.
Die Revue und die musikalische Unterhaltung wurden großgeschrieben, man suchte Statisten, Girls, Choristinnen, und es
genügte, wenn sie für diese Rollen die erforderliche Mindest-
qualität an Stimme und Figur mitbrachten. Da unzählige private

«Wat willste? Ick wär' 'ne scharfe Konkurrenz für Henny Porten, wenn ick mehr Busen hätte!» Satire auf die zeitgenössischen Flimmer-Dielen. Zeichnung von Karl Arnold 1922

Filmfirmen gegründet wurden – in dieser Branche erfolgten hohe Kapitalinvestitionen –, gab es allenthalben Chancen für interessierte Bewerberinnen. Ging eine Filmfirma pleite, was nichts Besonderes war, fragte man im Besetzungsbüro einer anderen Firma wegen einer Rolle an.

Nicht viel anders war es am Theater, wo man leicht eine Beschäftigung als Komparse finden konnte, wenn man einen guten Bekannten dort hatte. Marlene Dietrich erzählt selbst, wie sie zu ihren ersten Rollen als Kleindarstellerin kam. Die mit ihr befreundete Schauspielerin Anni Mewes, die damals am Anfang ihrer Karriere stand, rief mehrmals in der Woche bei ihr an und fragte, ob sie an dem betreffenden Abend ihre Rolle übernehmen könne. «Es ist nur ein Satz, mein Kleid wird dir passen. Aber sage niemandem etwas davon, geh einfach hin, mach deinen Auftritt auf folgendes Stichwort, nimm einen Bleistift und notiere es!» Marlene nahm den Bleistift, notierte, holte das Kleid und ging am Abend hin, sprach den Satz oder die zwei Sätze, während sich Anni Mewes irgendwo privat amüsierte, ohne daß einer am Theater überhaupt bemerkte, daß die Worte von jemand anderem gesprochen wurden.

Gemessen an den Stücken von Shakespeare, Björnson, Shaw und Sternheim, die ab 1924/25 mit Rollen für sie aufwarteten – zwar auch nur Nebenrollen, aber immerhin in Stücken von literarischer Substanz, auf die eine Statistin von literarischer Bildung stolz sein konnte –, waren die Aufgaben zuvor ziemlich belanglos. Sie hatte meist nur stumm herumzustehen, ein paar Schritte zu gehen, ein paar Worte zu sprechen, die ebensogut hätten wegfallen können. Das Dasein als Theaterstatistin war natürlich wertvoll insofern, als sie das Milieu und die Gepflogenheiten des Schauspielerberufs kennenlernte, mit denen ja jeder Darsteller, wenn er die Ausbildung abgeschlossen hat, einmal vertraut werden muß. Ansonsten war es Unterordnung, Routine im guten wie im schlechten Sinne, mehr Dienstleistung gegen Honorar als wirklich künstlerisch zu nennende Arbeit.

Ihr Kommentar dazu: «Wenn ich heute all die Geschichten über meine Existenz als Schauspielerin in Berlin lese, kann ich nur lachen, aber auch das gelingt mir nicht immer.»

Erinnerlich aus dieser Zeit ist ihr lediglich, daß das Publikum einmal über sie gelacht hat. Das war 1928 in dem Stück *Eltern und Kinder* von George Bernard Shaw, als sie, Tochter des Bürgerhauses, einen komischen Satz zu ihrem Vater zu sagen hatte: «Kauf mir den, Daddy – den Mann!» Zwischen diesem ersten Lacherfolg ihrer Theaterkarriere und den Statistenrollen liegen einige Ereignisse, die für das private Leben wie für den Beruf der Schauspielerin Marlene Dietrich von Bedeutung waren.

Mit einem Film fing alles an: 1922 gelang es ihr, zum erstenmal eine kleine Rolle zu ergattern. In einem Unterhaltungsfilm um Histörchen und Amouren aus der Umgebung Napoleon Bonapartes *So sind die Männer*, der 1922 gedreht wurde und 1923 in die Kinos kam, spielte sie die Kammerzofe einer Hofdame, und dieses historische Kostümgeflimmer um Liebe und Intrige nach altem Kintoppmuster hatte Folgen. Die junge Marlene,

Kintopp-Augen sehen dich an: Marlene Dietrich als Komparsin mit Adalbert von Schlettow in dem Stummfilm *Im Schatten des Glücks*.

obwohl derartigen Leinwand-Produktionen stets kritisch und reserviert gegenüberstehend, tat seither manches, um «älter und erfahrener auszusehen» und dadurch vielleicht die große Rolle im Film zu bekommen. Zu Hause versuchte sie, sich in einem Kleid ihrer Mutter «wie ein Nachtfalter aufzuführen und entsprechend die Hüften zu schwingen».

Um diese Zeit suchte der Regieassistent und Aufnahmeleiter der Joe-May-Produktion, Rudi Sieber – schön, blond, groß und klug –, für den Film *Tragödie der Liebe* eine aparte Person, die als Freundin des Staatsanwalts diesen in einem Mordprozeß aus dem Konzept zu bringen hatte durch die Art und Weise, wie sie mit dem Richter durch das Monokel flirtet und sich männerablenkend verhält. «So kam es, daß meine Freundin Grete Mosheim und ich, zusammen mit anderen Schülerinnen, eines Tages zum Studio gingen, um uns bei ihm vorzustellen. Er sagte uns, er suche ‹Demi-Mondaines› (Damen der Halbwelt), ein damals geläufiger Ausdruck. Er fand, daß Grete Mosheim zu unschuldig aussah. Aber ich sollte am nächsten Tag ins Studio kommen, und daraus läßt sich schließen, wie ich auf ihn gewirkt haben muß. Ich war stolz, daß er mich gewählt hatte, und stolz darauf, daß ich nicht zu jung und unschuldig aussah – obwohl ich es in Wirklichkeit war.»

Von ihrem Filmdebüt war Marlene Dietrich nicht sonderlich beeindruckt, zumal sie die Art Frauen, die sie zu spielen hatte, ohnehin nicht liebte. Sie meint, sie hätte ausgesehen «wie eine Kartoffel mit Haaren». Alle, die mit ihr beim Film zu tun hatten, fanden aber das Gegenteil. Sie schildern sie als amüsant, attraktiv, originell und extravagant in ihrem Bekleidungsstil. Sie sei mit einem Monokel und einer Boa herumgelaufen, gelegentlich sogar mit fünf roten Fuchspelzen und einmal sogar in einer Art Wolfsfell, wie man es sonst als Bettdecke zu verwenden pflegte. Sie habe immer Aufsehen erregt und immer für Gesprächsstoff gesorgt.

Der Sexappeal ging im Stummfilm bis zum Knie. Die Nero-Film-Gesellschaft engagierte sie 1927 für den Harry-Piel-Film *Sein größter Bluff.*

Bis auf das Monokel ist wahrscheinlich das meiste Legende. Für diese Rolle Monokel zu tragen, was bei Frauen als Gipfel des «Makabren» und «Verworfenen» galt, hatte Rudi Sieber vorgeschlagen, der sie in allen Schritten für ihre erste Filmarbeit sehr charmant und galant beriet. Der perfekte Gentleman! Jeden Tag fuhr sie ins Aufnahmestudio nach Weißensee, um sich bei Herrn Sieber zu melden, der sie mittlerweile mehr interessierte als der ganze Film. «Im Kleid meiner Mutter, mit dem Monokel meines Vaters, das Haar von irgendeinem müden Friseur, dem wir Neulinge gleichgültig waren, in Hunderte von kleinen Löckchen gedreht, so erschien ich im Studio und stand meinem zukünftigen Mann gegenüber. Ich war blind wie eine Fledermaus, aber das Monokel blieb an seinem Platz.»

Nach der Heirat am 17. Mai 1923 zog das Ehepaar in eine eigene Wohnung in der Kaiserallee, wo am 13. Dezember 1924 die Tochter Maria geboren wurde, von den Eltern Heidede gerufen. Auch sie ist Schauspielerin geworden, wie ihre Mutter, und lebt heute mit ihrem Mann, dem Bühnenbildner und Designer Charles Riva, in New York.

Ein Jahr etwa ist Marlene Dietrich nur für ihr Kind da, dann nimmt sie wieder kleinere Rollen an, um nach den wirtschaftlichen Schwierigkeiten der Inflation zum Lebensunterhalt der Familie beizutragen. In einer Rezension des Films *Manon Lescaut* (1925) wird sie von einem Kritiker wohlwollend erwähnt als «die ungewöhnlich hübsche Marlene Dietrich, die man gern bald wieder sehen möchte». In dem darauf folgenden Alexander-Korda-Film *Eine Dubarry von heute* (1926) steht sie als kleine, von der Kritik völlig unbeachtete Kokotte vor der Kamera. Die Hauptrollen haben immer andere Damen. Sie heißen

Mia May, Lya de Putti, Maria Corda – niemals Marlene Dietrich. Ihrer Kollegin Trude Hesterberg gegenüber, die mit ihr zusammen in der *Dubarry* engagiert war, klagte sie einmal, aus ihr würde nie etwas werden, und das beste wäre wohl, den Beruf aufzugeben. Denn was sollte nun nach soundso viel Filmen mit ihr als Zofe, Tochter aus gutem Hause oder Lebedame, die sich mit teils verworfenem, teils naivem Charme durch die Handlung bewegt, noch Außergewöhnliches kommen? Sie schien die ihr vom Schicksal zugedachte Rolle mit Gleichmut zu tragen, wiewohl sie ihre Verpflichtungen beim Film ernst nahm, mit Schwung und unverkennbar erotischer Verve agierte, aber – es waren eben immer nur die üblichen kleinen Nebenrollen in Detektiv-, Operetten- und sonstigen Unterhaltungsfilmen. «Ich fiel nicht auf, keiner beachtete mich.» So setzte sich das in mehreren Filmen fort: *Madame wünscht keine Kinder* (1926), *Kopf hoch, Charly!* (1926), *Der Juxbaron* (1926). Von der Filmkritik wird sie nebenbei positiv erwähnt, manchmal mit einem Satz bedacht, was aber nicht im Gegensatz zu ihrer Selbsteinschätzung aus jener Zeit steht.

Vom Podium des *Blauen Engels* aus gesehen, hat Marlene Dietrich der Filmerei bis 1929/30 für ihre künstlerische Biographie keinerlei Wert beigemessen. Das geht eindeutig aus ihren Erinnerungen hervor, in denen ihre früheren Filme mit keinem Wort erwähnt sind. Im Bericht über diese Jahre ist nur die Rede von Heidede, woraus zu schließen ist, daß ihr das Kind in dieser Zeit mehr bedeutet hat als die Filmarbeit.

Eine etwas vom Üblichen abweichende Rolle, weil mit Gesang verbunden, erhielt Marlene Dietrich 1926 in der großen Charell-Revue *Von Mund zu Mund*. Das ergab sich durch Zufall, da eine der Hauptdarstellerinnen ausgefallen war. Die Besucher, die abends in die Vorstellung kamen, fanden im Programmheft einen gedruckten Zettel eingelegt mit dem Hinweis: «Die Rolle der Commère und Erika spielt Marlene Dietrich.» Das Foto der ursprünglich vorgesehenen Darstellerin Erika Gläßner war mit dem Foto Marlene Dietrichs überklebt. Keineswegs eine vorteilhafte Aufnahme. Sie hat das Haar seitlich mit einer Spange zusammengehalten und blickt ziemlich verloren und entsagungsvoll zur Seite.

In dieser Ausstattungs-Revue, für die Charell die teuersten Nummern der Zeit engagiert hatte, träumen fünf Kinder, die im Grünen eingeschlafen sind, von ihrem künftigen Beruf. Clairchen Waldoff möchte so heldenhaft werden wie Cäsar oder Na-

Giuseppe Becce, Dr. phil., Nestor der Filmmusik. Bei der UFA Stummfilm-Komponist, später beim Tonfilm. Leiter des Mozartsaal-Orchesters und eines eigenen Film-Orchesters. «Marlene Dietrich kam zu mir und bot sich als Konzertmeister an. Sie war ein hochbegabtes Mädchen. So kam es, daß sie in meinem Orchester bei der UFA die erste Geige spielte.» Marlene Dietrich war somit schon Angestellte bei der UFA, bevor sie dort überhaupt eine Rolle spielte.

Mit Rudi Sieber, Produktionsleiter beim Film, auf einem Ball in Berlin

Tochter Maria, genannt Heidede, geboren Dezember 1924: Sie hatte eine außergewöhnliche Kindheit, groß geworden nur unter Erwachsenen, privilegiert, aber abgeschirmt, umgeben von Leibwächtern und dem Verehrerschwarm ihrer Mutter. Hollywood-Bungalow und Filmstudios waren für sie Märchenwelt und Gefängnis zugleich.

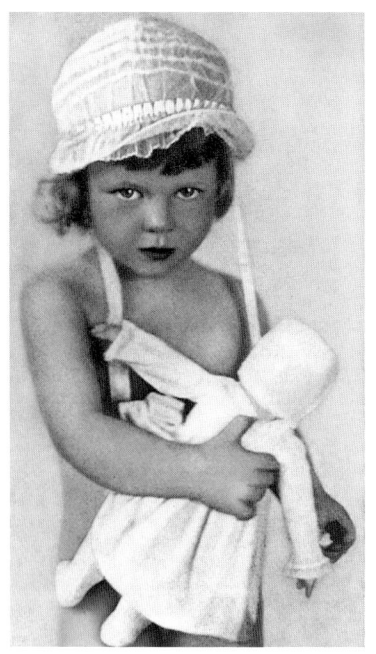

poleon. Curt Bois sieht sich als der perfekte Casanova, Wilhelmchen Bendow als Old Shatterhand, Hänschen Waßmann als Zauberer im Reich der Magie, und die neuzeitlich angehauchte Erika, gespielt von Marlene, schwärmt für den Beruf des Revuestars und möchte jeden Abend als Commère vorm Publikum erscheinen. Ausgestattet von Reinhardt-Bühnenbildner Ernst Stern und dem Zeichner Walter Trier, begleitet von Bernard Ettés Jazz-Sinfonieorchester und dem modernen amerikanischen Tänzer Louis Douglas, optisch garniert von Girls und großem Ballett, läßt die Revue in 18 opulenten Bildern alle Träume Wirklichkeit werden, nach dem simplen Motto von Textautor Hans Reimann: «Die Zeiten sind so mies – schaff dir ein Paradies!»

Zur Eröffnung des ersten Akts hat Marlene Dietrich mit den anderen weiblichen Stars im *Garten der Wünsche* ein Operetten-Frühlingsliebeslied zu trällern.

Alle jungen Mädchen träumen –
und sie wollen nicht versäumen
grad die Jahre, die die schönsten sind.
Alle haben aus Romanen Ideale, und sie ahnen,
daß die Liebe naht oft sehr geschwind.

Im Verlauf des Abends zur Commère mit eigenem Feinkostgeschäft geworden, singt sie in einer Szene, genannt *Charleston im Delikateßladen*, wie man im Feinkosthandel nach oben kommen kann:

32

Feinkost mit Musik –
Ein famoser Trick –
Endlich das ersehnte Glück!

Dalles ist vorbei –
Alles macht eins-zwei –
Schau, die Kundschaft strömt herbei!
Das, das, das vergess' ich dir nie!
Du, du, du bist ein Genie!
Mit Verdruß ist's Schluß –
Bravo, Julius!
Nachher kriegst du einen Kuß!

Bühnen-Julius, der Freund der Feinkosthandlung, hatte den Einfall, die Salate und Delikatessen den Kunden mit Charleston-
Klängen anzubieten, und rettete dadurch Riekes Laden vor der
Pleite. Das Erfolgsrezept aus der Firma Erik Charell wird noch
einmal im Refrain des Liedes betont: «Kannst du Charleston, /
tanzt du Charleston / bis in das Dunkel der Nacht. / Liebst du
Charleston, / übst du Charleston, / bis der helle Morgen er-
wacht. / Daß Charleston dir jederzeit im Sinn liegt, / das kommt
nur, weil da Musike drin liegt.»

Alfred Kerr, der Patriarch der Theaterkritiker, gibt der Schauspieler-
prominenz Unterricht im Fach. Es
lauschen Herr Moissi und Herr
Bassermann, Paul Wegener, Werner
Krauß, Fritz Kortner sowie die
Durieux, die Bergner, die Orska und
die Dorsch. Fräulein Dietrich ist noch
nicht dabei, bald aber wird Alfred Kerr
die Wirkung ihrer schönen Beine
entdecken. Zeichnung Ernst Sterns
aus dem *Wahren Jacob* 1928

Vertauschte Rollen

Alfred Kerr gibt den Prominenten Unterricht.

Programmheft der Revue *Von Mund zu Mund*

Mit 25 Jahren als Commère Erika mit eigenem Feinkostgeschäft in der Revue *Von Mund zu Mund*

Künstlerisch gesehen blieb die *Mund-zu-Mund*-Produktion im Großen Schauspielhaus durchgängig eine Konzession an den Trend im Showgewerbe, der dadurch gekennzeichnet war, daß neben das Nummern-Varieté alten Stils nunmehr die Revue als theatralisierte, moderne Form der Unterhaltung getreten war. Die Artistik wurde aufgegeben, ebenso verzichtete man auf realistische Zeitbindung oder gar kritische Töne. Daß Marlene Dietrich diese Rolle bekam, bedeutete dennoch für sie einen Schritt nach oben. Von jetzt an gehörte sie nicht mehr in die Reihen der Namenlosen. Spätestens von diesem Zeitpunkt an war die immer wieder von ihr vorgebrachte Behauptung, vor dem *Blauen Engel* sei sie ein Nichts gewesen, ein Understatement.

Natürlich waren die Gesangseinlagen nach Texten von Robert Gilbert, Hans Reimann und Günther Bibo, die Marlene einzustudieren hatte, völlig belanglos – sie erwähnt sie ja auch mit keinem Wort. Doch führte der Weg von Charell direkt zur literarischen Revue sowie zur Freundschaft mit Claire Waldoff, der populären Berliner Volkssängerin, deren Erkennungslied damals schon *Hermann heeßt er* war.

Die Waldoff soll ihr auf den Proben, wie man erzählt, manche Hilfestellung für den Gesangsvortrag gegeben haben. Man sagt auch, und das behaupten selbst namhafte Musikkritiker, ihr Gesangsstil habe sich in bestimmten Ausdrucksbereichen, was die tieferen, abgedunkelten Töne und das erfrischend Freche betrifft, an der Art Claire Waldoffs orientiert, die bekannt dafür war, daß sie einen betont männlichen Vortragsstil bevorzugte und dadurch die schmetternde, berlinisch-draufgängerische Diktion erreichte. Von einer «Nachahmung» des Waldoff-Stils kann aber bei Marlene Dietrich keine Rede sein, selbst dort nicht, wo sie Titel aus deren Repertoire übernimmt, da sie viel weicher und poesievoller, im Humor und in der Ironie mit völlig anderen Akzenten singt. Außerdem lag die Imitation des Maskulinen damals in der Luft. Es war eine Begleiterscheinung der zwanziger Jahre, besonders ausgeprägt im Kabarett und in der Mode, weniger eine Erfindung von Claire Waldoff.

In einer anderen Hinsicht allerdings wird das Vorbild der untersetzten, rothaarigen Claire, die für Frauen den Männerschlips zur Bluse kreierte und sich um Konventionen auch sonst nicht viel kümmerte, auf die wesentlich jüngere Marlene Dietrich eingewirkt haben. Das betrifft die bewußte Betonung der eigenen Persönlichkeit – auch und gerade im Sexuellen –, das freie Bekenntnis zum eigenen Stil sowie die Courage, im privaten Leben wie in der Kunst, wenn dies erforderlich sein sollte, über herrschende Meinungen und Vorurteile hinwegzuschreiten. In diesem Punkt gab es zwischen den so verschiedenen Frauen viel Gemeinsames. Man sagt, daß die beiden über das rein Künstlerische hinaus auch im Privaten einander intim zugetan gewesen seien.

In den Jahren, da Marlene Dietrich ihre ersten Erfahrungen mit dem Theater und dem Film machte, arbeitete für das anspruchsvolle Berliner Kabarett ein Autor, der einem neuen Genre zum Durchbruch verhalf und auch für Marlene Dietrich von Bedeutung sein sollte. Dieser Autor, sein Name war Marcellus Schiffer, galt als Schöpfer der literarischen Revue, wie sie um 1924 zum erstenmal auf der Bühne erschien. Sie unterschied sich von den Monstre-Darbietungen, die Erik Charell und Herman Haller kurze Zeit später inszenierten und die im wesentlichen Revuen der Jazz-Orchester, der Girltruppen und der nackten Beine waren, durch literarischen Anspruch, Witz und parodistischen Einschlag. Daß diese Revue ein Erfolg werden konnte, war wesentlich der darin mitwirkenden Margo Lion zu verdanken, die von ihrem Mann Marcellus Schiffer die für die Zeit modernsten Chansons auf den Leib geschrieben bekam. Die Lion wird von den Zeitgenossen als giraffenhaft geschmeidig geschildert, als Darstellerin von seltener Suggestivkraft, die ihre weiblichen Figuren auf eine fast dämonische Art karikierte. Sie hatte ihre stärkste Wirkung, wenn sie, von der Figur her selbst ein Fragezeichen, spöttisch intellektuell die neueste Linie der Mode oder die mondän kultivierten Extravaganzen hypermoderner Weiblichkeit in scharf gemeißelten Chansons attackierte.

Für Schiffers neue Revue *Es liegt in der Luft* (1928) hatte Mischa Spoliansky bereits die Musik komponiert, als man noch immer nach der Partnerin für ein Duett mit Margo Lion suchte. Es handelte sich um den Schlager der Revue, *Wenn die beste Freundin mit der besten Freundin*. Nicht jede Schauspielerin kam für einen gemeinsamen Auftritt mit dem Star in Frage. Margo Lion, seit ihren Erfolgen in der *Wilden Bühne*, dem Kabarett Trude Hesterbergs, anspruchsvoll, akzeptierte kein Mittelmaß. Marlene Dietrich, die man vorgesehen hatte, wurde zunächst zum Vorsprechen ins Theater bestellt. Bei den Proben wurde sie gefragt, ob sie singen könne. Sie sagte zögernd: «Ja, ein wenig.» Als die Lieder probiert wurden, stellte sich aber die Tonlage als für sie zu hoch heraus. Der Regisseur wollte die Ar-

Hans Reimann, der Parodist des Sächsischen, verfaßte für die Charell-Revue *Von Mund zu Mund* Gesangseinlagen, die zur Rolle Marlene Dietrichs gehörten. Zeichnung Walter Triers aus dem Programmheft 1926

Claire Waldoff, Inkarnation der Berliner Pflanze und emanzipierter Weiblichkeit. Sie blieb zeit ihres Lebens mit Marlene Dietrich befreundet. Zu ihren wertvollsten Erinnerungsstücken gehörte eine Fotografie Marlenes mit der Widmung «In alter Treue – Marlene!»

beit schon abbrechen, aber Mischa Spoliansky am Klavier, der Marlene schon von Becces Stummfilm-Orchester her kannte, wo er am Piano gesessen hatte, glaubte an die schöne Unbekannte und probierte mir ihr so lange, bis die richtige Tonlage gefunden war. Es ging wunderbar. «Mein musikalisches Studium half mir, ich konnte die Melodie schnell auswendig. Auch die Worte waren leicht zu lernen. Sie waren, nach meiner Meinung, sehr witzig.»

Ihr Lied, die erste Nummer der Revue, die in einem Warenhaus spielte, handelte von einer Frau, die im Kaufrausch an einem Restetisch herumwühlt, um partout etwas «Zurückgesetztes» zu finden, das sie mit nach Hause nehmen kann – auch wenn sie es gar nicht braucht.

Marcellus Schiffer, Chansonautor und Librettist, Verfasser zahlreicher literarischer Zeit-Revuen im Kammerstil, die eine Besonderheit der Theaterstadt Berlin waren. Der Stern seines Ruhms erlosch rasch. 1932 nahm er sich, inzwischen morphiumsüchtig, das Leben.

Reste … Reste … Reste …
Wie wir wohl uns fühlen,
feste … feste … feste …
darin rumzuwühlen.

Schuhe ohne Senkel,
Tassen ohne Henkel.
Strümpfe voller Maschen,
unbrauchbare Taschen,
ausgeblichne Tücher,
ausgelesne Bücher.

Nur zurückgesetzt, nur zurückgesetzt,
ein bißchen zurückgesetzt muß es sein.
Damit richten wir uns dann
unsere Wohnung schön ein.

Das sachkundige Berliner Publikum, durch Theater und Kabarett verwöhnt, empfand die Revue als «ein reizendes Stück. Luftig, schaumig», wie der Theaterkritiker Herbert Jhering urteilte. «Couplets aus dem Handgelenk … Man hat jetzt in Berlin den Ton, die Haltung, die Leichtigkeit, die Eleganz für das Genre.» Insbesondere schätzte die Kritik den Autor Marcellus Schiffer, seine «ungewöhnliche Fähigkeit, zärtlich-boshafte Chansons zu formulieren». Hauptsächlich bezog sich das auf den Schlager, den Marlene Dietrich im Foxtrott-Schritt an der Seite Margo Lions zu singen hatte und mit dem sie – zum erstenmal in ihrem Leben – auf die Schallplatte kam:

Wenn die beste Freundin
mit der besten Freundin,
um was einzukaufen,
um was einzukaufen,
um sich auszulaufen,
durch die Straßen latschen,
um sich auszuquatschen,
spricht die beste Freundin
zu der besten Freundin:
Meine beste Freundin!

O meine beste Freundin!
O meine schöne Freundin!
O meine treue Freundin!
O meine süße Freundin!

Mischa Spoliansky. Sein Duett von der *Besten Freundin* stand am Anfang von Marlene Dietrichs Chanson-Karriere. Aufnahme 1928

Während sich die beiden Freundinnen als beste Freundinnen an-säuseln und dabei den Mann der besten Freundin mit einbezie-hen, entdecken sie plötzlich, daß sie eventuell auch Grund zur Eifersucht haben könnten. «Was sind denn das für Familienver-hältnisse! Wollen wir uns denn nicht wieder vertragen?» fragt der dazwischentretende Oskar Karlweis. «O ja, wir wollen uns wieder vertragen», flöten die wieder versöhnten Freundinnen und vollenden ihr Chanson nunmehr im Terzett mit dem besten Mann.

Dieses «Duett zu dritt» war von Spoliansky als Parodie auf die damals populären Dolly-Sisters gedacht, die in ihren Re-frain-Liedern mit unendlichen Wiederholungen arbeiteten. Es wurde mit wohlgefälligem Schmunzeln aufgenommen. Die Frauen fühlten sich von dem Lied durchschaut, die Männer in bezug auf die Frauen verstanden.

Marlene Dietrich an der Seite der prominenten Margo Lion auf einer Bühne, die zum Reinhardt-Imperium gehörte, von maßgebenden Zeitungen und Kritikern in ihren darstellerisch-parodistischen Fähigkeiten bestätigt – das bedeutete eine Wende in ihrem bisherigen Dasein. Wenn sie sich auch, wie sie immer wieder erklärt hat, aus Ruhm nie sonderlich viel gemacht hat und ihren Beginn als Schauspielerin erst mit dem Jahr des «Blauen Engels» datiert, so kann man aus ihrem autobiographi-schen Buch, in dem sie ausführlich von dieser Revue erzählt, doch schließen, daß ihr der gemeinsame Auftritt mit Schauspie-lern wie Ida Wüst, Hubert von Meyerinck, Oskar Karlweis und

Willy Prager Freude gemacht hat. Indirekt bestätigt das Hubert von Meyerinck. Er gab seinen Erinnerungen, die 1967 erschienen sind, in Anlehnung an das Erfolgschanson der Schiffer-Spoliansky-Revue den Titel *Meine besten Freundinnen* und widmete darin Marlene Dietrich ein eigenes Kapitel. Immer wenn sich die beiden in späteren Jahren irgendwo wiedertrafen, hieß es: Weißt du noch, wie es war, als wir damals das *Lied der Kleptomanen* sangen?

Wir haben einen kleinen Stich:
Wir stehlen wie die Raben,
trotzdem wir es ja eigentlich
gar nicht nötig haben.
Uns treibt nicht finanzielle Not,
nein, ein ganz andrer Grund:
Wir tun's aus sexueller Not –
aber sonst fühln wir uns gesund,
aber sonst fühln wir uns gesund!

Mehrere Leute, die 1928 bei Schiffers Warenhaus-Revue in der Vorstellung saßen, nahmen an Marlene Dietrich eine «ruhevolle Sicherheit» wahr und bemerkten, daß sich hier eine Chanson-Begabung ankündigte, die anders war als die, die man bisher kannte und schätzte. Ihre besonderen Reize wurden eigentlich erst neben der intellektuell und provokant wirkenden Margo Lion so recht augenfällig, mit der sie auf der Bühne stand, so schwarz gekleidet wie sie, mit ebenso riesigem Hut wie sie – «ein erstaunlich reizvolles Pendant» (Manfred Georg) – und das Duett sang. Der Reiz der einen Frau steigerte den der anderen. Franz Hessel spricht in diesem Zusammenhang von dem «ersten fühlbar großen Erfolg von Marlenes sanft gefährlicher Weiblichkeit». Man begann diese Frau in Berlin zu lieben und als Bühnenerscheinung ernst zu nehmen.

Der Weg Marlene Dietrichs verlief von da an keineswegs zielstrebig in Richtung Chanson oder Revue, wie man das annehmen könnte. Nach wie vor war es der Film, der sie beschäftigte und bei dem sie das Geld verdiente, das für die Familie gebraucht wurde. Ihr Mann Rudolf Sieber konnte sie mit seinen Verbindungen zu verschiedenen Produktionsfirmen da und dort unterbringen, so daß es an Beschäftigung nicht mangelte. Etwas Außergewöhnliches war freilich nicht darunter. Daß sie einmal zum Filmstar ausersehen sein könnte, an dieses Märchen glaubte

rechte Seite: «Meine bä-ä-ä-ste Freundinnn»: Margo Lion und Marlene Dietrich mit leicht lesbischem Touch in der Revue *Es liegt in der Luft.* «Eine unnachahmliche Mischung von Mondänität und ordinärem Schmiß, von Darstellung und Parodie, von saloppem Nebenbei und böser Schärfe» (Herbert Jhering im Berliner *Börsen-Courier* über Margo Lion). Sein Eindruck von Marlene Dietrich: «Delikate Haltung und müde Eleganz.»

in ihrer Familie sowieso niemand. Auch unter ihren Freunden nicht. Sie selbst schon gar nicht.

Eine Zeitlang war Marlene Dietrich auch außerhalb Berlins im Engagement. Mitte 1927 war aus Wien von den Kammerspielen ein Angebot für das neueste amerikanische Boulevard-Stück *Broadway* gekommen. Es handelte sich um die Rolle eines Revuegirls, wie sie ihr nicht zum erstenmal angetragen wurde. Marlene Dietrich fuhr hin, trat auf und stellte die Wiener in diesem Gangsterstück um Alkoholschmuggler und leichte Mädchen zufrieden. Nebenher drehte sie in Wien unter der Regie von Gustav Ucicky den Film *Café Electric* (in Deutschland bekannt unter dem Titel *Wenn ein Weib den Weg verliert*), zusammen mit Willi Forst, der ihr mit seinen Beziehungen viele Türen öffnete. Von dieser Zeit privater und künstlerischer Gemeinsamkeit in Wien, die für Marlene Dietrich nur eine Episode war, schwärmte Willi Forst 1965 einem Reporter gegenüber noch immer: «Sie war wunderbar. Sie tanzte ausgezeichnet und hatte genau die richtige Dosis Charme und Ausgelassenheit.»

Willi Forst, der spätere «Bel-Ami» des deutschen Films, war 1927 Marlene Dietrichs Partner in *Café Electric*. Auch privat spielte er im Leben der Dietrich den Bel Ami.

Nach ihrer Rückkehr aus Wien konnten die Kollegen und Freunde ein neues Hobby an ihr bewundern, das für eine Frau etwas ungewöhnlich war. Sie verblüffte die Umwelt durch ihr fabelhaftes Spiel auf der singenden Säge. Ein Schauspieler namens Igo Sym, den sie während der Dreharbeiten zu *Café Electric* kennengelernt hatte und der ein Virtuose auf diesem Instrument war, hatte ihr Unterricht gegeben.

Die singende Säge, die nicht zur Familie der klassischen Musikinstrumente gezählt wird, besteht aus einem fuchsschwanzähnlichen Metallteil ohne Zahnung und wird, auf ein Knie oder zwischen die Knie gestützt, mit einem stark gewachsten Geigenbogen gestrichen. Je nach dem Grad der Biegung entstehen Töne und Melodien von einem eigenartig wimmernden Vibrato. Besonders geeignet ist die Säge für langsame und getragene Weisen. Zuerst bestaunten Ehemann Rudi und Töchterchen Heidede das neue Instrument, dann produzierte sich Marlene auf Partys, ließ sich damit fotografieren und nahm es mit, wenn sie zu Proben ins Filmatelier oder ins Theater ging. In den Pausen konnte man sie mitunter in ihrer Garderobe antreffen, wie sie auf der Säge einen Walzer spielte, wenn sie nicht das Koffergrammophon bei sich hatte und die neuesten amerikanischen Schlager von Irving Berlin oder Platten mit Musik von Debussy und Ravel hörte, die sie besonders liebte.

linke Seite: Marlene Dietrich hatte ein ungewöhnliches Hobby – die singende Säge. Sie ließ sich damit im Atelier fotografieren, nahm sie mit ins Filmstudio, und als sie sich 1943 zur Truppenbetreuung an die Front meldete, war die Säge im Gepäck. Sie spielte sie auch in einer Szene ihres Films *Seven Sinners*.

41

Im März 1928 wird das amerikanische Stück *Broadway* unter der Regie von Eugen Robert auch in Berlin aufgeführt. Marlene Dietrich übernimmt darin wiederum die Rolle der Ruby, eines jener zwischen Alkoholschmugglern agierenden Tanzgirls, die das Auge des Kritikers Alfred Kerr entzückten und ihn im *Berliner Tageblatt* zu dem Lob veranlaßten: «Ja, sie alle seien rühmlich erwähnt: Ruth Albu, Marlene Dietrich, Elisabeth Lennartz, Cara Guyl, Marianne Kupfer.»

Wie es damals war, als das Stück einstudiert wurde, erzählte die mitwirkende Elisabeth Lennartz: «Wir wurden wochenlang im Step gedrillt; es war grausam. Eugen Robert, der Regisseur, war hart und unerbittlich, aber Marlene schien das nicht zu stören, sie hatte Schwung und ging aus sich heraus. Sie überanstrengte sich nicht. Ich hatte nicht einmal das Gefühl, daß ihr daran lag, in allem ihr Bestes zu geben … Marlene war damals wunderbar. Ich erinnere mich, daß sie ungefähr nach der halben Laufzeit des Stückes stürzte und sich den Arm brach. Trotzdem mußte sie die Rolle weiterspielen! Elegant umwickelte sie den Arm mit einem Chiffonschal und machte weiter. Sie erzählte mir, daß sie die ganze Zeit fürchterliche Schmerzen hätte, aber sie beklagte sich niemals. Wenn sie nicht auf der Bühne stand, trug sie ihre berühmten Fuchspelze; ihren Arm sah man kein einziges Mal.»

Wegen ihrer Tanz- und Revuerollen in modernen Stücken hieß sie im Kreis der Kollegen nur «Das Girl vom Kurfürstendamm». Heinz Rühmann erinnert sich daran, daß er und auch andere, wenn sie von Marlene Dietrich sprachen, diesen Ausdruck gebraucht hätten. Der Spitzname bezog sich nicht allein auf ihre einschlägigen Rollen – einmal war Marlene Dietrich mit Hilde Hildebrandt und Margo Lion auch in einer parodistischen Szene bei Rudolf Nelson aufgetreten, wo sie nach Art der Tingeltangel-Chansonetten in Reih und Glied auf der Bühne saßen –, gemeint waren damit sicherlich auch der mondän ausgestellte Chic, die lässige Eleganz, die zu Marlenes selbstverständlichen Attributen gehörten und mit denen sie Frauen wie Männer, Anfänger wie Profis, gleichermaßen beeindruckte. «Sie hatte von uns die besten Beine», sagte die Lennartz. «Aus ihrem Dasein als Frau machte sie, was sie konnte», bestätigte «Broadway»-Drehbuchautor Felix Jackson, der noch eine andere, von vielen Freunden gerühmte Eigenschaft hervorhob. «Sie war immer großzügig und für alle, die in Not gerieten, der hilfreichste Mensch auf Erden.»

Was ihre verschiedenen Rollen als Girl betrifft, so muß noch eine Aufführung erwähnt werden, die ebenfalls im März 1928 in Berlin Premiere hatte. Das war an dem Tag, als der Berliner Schauspieler Guido Thielscher sein 50jähriges Bühnenjubiläum feierte und sich die gesamte Berliner Prominenz von Bühne und Brettl im Lustspielhaus zu einem Nachtkabarett zusammenfand, bei dem es sehr amüsant und lustig herging. Victor Hollaender, Friedrich Hollaenders Vater, saß am Flügel und erinnerte in einem großangelegten Melodienpotpourri an die Metropol-Revuen vor 1914, in denen der rundliche Thielscher der heitere Mittelpunkt gewesen war. Otto Reutter, Paul Graetz und Claire Waldoff brachten ihre gereimten Glückwünsche auf den fidelen Jubilar dar, und fünf gutgewachsene Schauspielerinnen, unter ihnen Trude Hesterberg und Marlene Dietrich, sorgten für Lachen und Beifall als *Thielscher Girls*, indem sie verblüffend gekonnt das Tiller-Ballett parodierten.

Das war, wie gesagt, 1928. Nur zwei Jahre trennten Marlene Dietrich jetzt noch von ihrem ersten großen Film, dem *Blauen Engel*, der ihr, hier trifft die Redewendung tatsächlich zu, über Nacht den Weltruhm brachte. Die Rollen, die sie noch am Theater und im Film spielte, waren von jetzt ab eigentlich nicht mehr Wege, sondern vielmehr Umwege zu diesem Ziel, die ebensogut hätten entfallen können.

Um 1928 scheint die Frage, ob das Theater oder der Film endgültig über ihre weitere Laufbahn entscheiden werde, auch für sie noch nicht beantwortet. Der Stummfilm, Kunst ohne Ton und Stimme, kann die in ihr ruhende Begabung nicht freisetzen, und das Theater kann sie nur dort einsetzen, wo ihre komödiantischen Mittel ausreichen. Daher spricht auch Alfred Kerr 1928 in seiner Kritik zu dem Stück *Eltern und Kinder* von George Bernard Shaw, das Heinz Hilpert in der Komödie inszenierte, in bezug auf die mitwirkende Marlene Dietrich lediglich von ihren Beinen, da er die zwingende Theaterbegabung in ihr nicht zu erkennen vermag. «Ein weithin ersichtliches Beinpaar fand seine Zuständigkeit bei Marlene Dietrich: Tochter des Bürgerheims. Es ging über die Mittelklasse hinaus.»

Einer Theaterkollegin hingegen will damals schon aufgefallen sein, daß Marlene Dietrich in diesem Stück bereits über außerordentliche Mittel der Darstellung verfügt habe. Sie habe eine bei Schauspielern ganz seltene Fähigkeit besessen, die Fähigkeit, völlig reglos auf der Bühne zu stehen und dennoch die gespannte Aufmerksamkeit des Publikums auf sich zu lenken. Ihre

Die Frau, von der man sprach und träumte. Noch vor dem *Blauen Engel* war sie das Titelbild der *Berliner Illustrirten Zeitung*.

Pose sei so natürlich gewesen, in ihrer Stimme habe soviel Melodie gelegen, und mit ihren Gesten sei sie so sparsam umgegangen, daß sie den Zuschauer fasziniert habe – wie ein Gemälde von Modigliani. Auch in ihren Filmen gab es manchmal Sätze, die aufmerksame Regisseure aufhorchen ließen, so, wenn sie in dem Salonfilm *Ich küsse Ihre Hand, Madam*, zu dem Mann, der sie anbetet: «Ich würde alles für Sie tun», auf unterkühlt elegante Art sagt: «Dann gehen Sie mit meinem Hund spazieren!»

Die positiven Kritiken über Marlene Dietrichs Rollengestaltungen im Film häufen sich. Manfred Georg, der ihren Weg sehr sorgfältig verfolgt und eines der ersten Bücher über sie geschrieben hat, kommt nach dem Film *Die Frau, nach der man sich sehnt* (1929) zu der aufschlußreichen Bemerkung: «Hier waren schon die großen Augen der Dietrich, das vieldeutige Lächeln, die Lockung des Mundes und des leicht sich ringelnden Haars, war schon das Wunder eines Gesichts, in das man hineinsieht wie in einen Abgrund.»

Aufmerksame Filmbeobachter sahen also durchaus, daß in dieser Schauspielerin mehr steckte. Aber solche Überlegungen hatten in der Branche keinen Raum. Für die Dietrich, wie sie sich jetzt ins Klischee fügte, gab es genug Angebote an Rollen der schönen und reichen Frau, von Beruf Nichtstuerin, die sich den Mann ihrer Wünsche einfach wählt, deren Existenz sich auf Tanzdielen, in Cafés und Hotels, auf der Eisenbahn, in mondäner oder abenteuerlicher Umgebung abspielt.

Es mußten mehrere Umstände zusammentreffen, daß Marlene Dietrich, nachdem sie in 17 Filmen und nicht weniger Bühnenstücken gespielt hatte, 1929 die Rolle im *Blauen Engel* bekam und unter dem Regisseur Josef von Sternberg weltberühmt wurde.

44

Der Blaue Engel
oder
Ein Star wurde nicht gesucht

Am 5. September 1929 war wieder einmal Premierenabend im Berliner Theater in der Charlottenstraße. Auf dem Spielplan stand *Zwei Krawatten*, ein Revuestück in neun Bildern, wie im Programmheft nachzulesen war. In der Erinnerung der Zeitgenossen soll diese Premiere neben der Uraufführung von Friedrich Wolfs *Cyankali* die bemerkenswerteste des Jahres 1929 gewesen sein. Autor der Revuebilder war der damals meistgespielte deutsche Dramatiker Georg Kaiser. Die Musik zu diesem Stück hatte der auf seinem Gebiet nicht minder erfolgreiche Mischa Spoliansky komponiert, und das Berliner Modehaus Becker lieferte für die mitwirkenden Damen Marlene Dietrich, Margarete Koeppke, Rosa Valetti gegen gutplazierte Nennung im Programmheft die Toiletten ohne Rechnung. Alles in allem versprach die Premiere etwas Besonderes zu werden.

Marlene Dietrich besaß hinreichend Theater- und Revueerfahrung, sah gut aus und konnte obendrein noch singen – letzteres war bei Schauspielerinnen nicht übermäßig häufig –, so daß sie in die engere Wahl der Kandidatinnen genommen wurde. Sie erhielt die nach Jherings Meinung wenig ergiebige Rolle der Mabel, einer dem Geldwahn verfallenen amerikanischen Millionenerbin.

Der Revue hatte Georg Kaiser eine Handlung gegeben, die in ihren antikapitalistischen Sentenzen an Brecht erinnerte, mit dem er zu jener Zeit eng befreundet war. Auf einem Ball tauscht ein Schieber, da die Polizei hinter ihm her ist, seine Krawatte mit der des Kellners Jean, schenkt ihm tausend Mark und ein Tombolalos, mit dem der Glückspilz eine Reise auf einem Luxusdampfer nach Amerika gewinnt und die moneybedingte Zunei-

45

Mit Hans Albers in dem Revuestück von Georg Kaiser *Zwei Krawatten* 1929. Die Entennase verliert allmählich an Bedeutung. Die Augen kommen dafür mehr ins Spiel.

gung der kokettierenden, geldliebenden Mabel. Das Happy-End findet allerdings nicht mit ihr statt. Glückliche Braut wird schließlich doch die frühere Freundin Trude, die – das ist der Clou! – noch zehn Millionen Dollar mehr geerbt hat, als Mabel besitzt, welche nun verständnisvoll verzichtet.

Die Verhöhnung des Mammon-Wunderglaubens erinnerte in manchem an die Späße der *Dreigroschenoper*. Gut getroffen war das gesellschaftliche Milieu vor allem in den Songs, die von den mitwirkenden Schauspielern gemeinsam vorgetragen wurden und wovon einer jene Sorte Leute lächerlich machte, die ständig in der Zeitung stehen.

Wir sind die Bewußten,
die in den Zeitungen stehen,
wenn sie, weil sie es deshalb mußten,

46

in Gesellschaft gehen.
Morgens soll der Zeitungsleser lesen,
wo wir gewesen.

Was wir so tragen
mal für einen Tag,
ohne selbst groß hinzusehn –
das wird morgen ausführlich in den Zeitungen stehn.

In gewisser Weise waren die *Zwei Krawatten* von 1929 eine
Fortsetzung der Revue *Es liegt in der Luft*. Man konnte das
Kaiser-Stück als Versuch werten, die Vorzüge der literarischen
Revue, wie sie Friedrich Hollaender, Marcellus Schiffer und
Mischa Spoliansky für das Berliner Theaterleben geschaffen
hatten, mit den Besonderheiten des Schauspiels zu verbinden,
um näher an die Gegenwart heranzurücken. Stücke, die mit modernen künstlerischen Mitteln die Zeit glossierten, waren gefragt. Autoren, die solche revue- und komödiantenhaften Stücke
schrieben, verwendeten nach dem Modell der *Dreigroschenoper*
Songs, deren Spitze sich gegen die Bourgeoisie und die von ihr
erzeugte Geld- und Geschäftsmoral richtete. Und so singt auch
Mabel das altbekannte Lied von Liebe, Geld und Macht, zu
dem Georg Kaiser einen neuen Text verfaßt hatte:

Ich lasse mich vom Money bezaubern
und von einem, der es hat.
Wenn ich sein Konto betrachte,
dann werden die Knie mir matt.
Es darf nur nicht wenig sein –
im Gegenteil recht erheblich.
Verraten Sie mir Ihr süßes Bankgeheimnis,
sonst ist alles bei mir vergeblich!

Es war eine hervorragende Aufführung, großartig in der schauspielerischen Einzelleistung. In der Besetzung Hans Albers, Rosa
Valetti und Marlene Dietrich wurde das Stück ein beachtlicher
Premierenerfolg für Berlin, zumal die Comedian Harmonists für
den musikalischen Glanz sorgten und die Handlung für damalige Begriffe etwas Modernes hatte, aufgefädelt mit technischer
Brillanz und Gespür für die Zeit, wenn auch die Möglichkeiten
zur Gesellschaftssatire, die in dem Einfall steckten, nicht restlos
ausgeschöpft waren.

Das Premierenpublikum hatte viel Spaß an den komödiantisch überdrehten, von grimmigem Spott funkelnden Sentenzen des Stückes. Man fühlte sich erinnert an den neuesten Skandal um die Gebrüder Sklarek, Berliner Kleiderfabrikanten, deren Millionen-Betrügereien gerade Schlagzeilen machten. In diese Korruptionsaffäre waren auch Berlins Oberbürgermeister Böß und höchste Magistratsbeamte verwickelt. Es kursierte bereits ein neuer Berliner Witz: «Was haben Hindenburg und die Sklarek-Brüder gemeinsam? – Beide bekleiden höchste Stellen!» Man schmunzelte; Berlin war Skandale gewöhnt. Aber wer von denen, die in der Theaterpause lachten, konnte sich schon vorstellen, daß es einen Monat später zum Zusammenbruch der New-Yorker Börse und damit zum Beginn der Weltwirtschaftskrise kommen sollte, angesichts derer die Sorgen von Mabel und Jean um ihre Theatermillionen reiner Kulissenplunder waren.

An einem der Abende saß im Zuschauerraum auch der Hollywood-Regisseur Josef von Sternberg. Er sollte die Dreharbeiten für den Film *Der Blaue Engel* vorbereiten und suchte nach geeigneten Darstellern. Das war der Tag, der für Marlene Dietrich die Wende in ihrem bisherigen Schauspielerdasein bringen sollte. Nicht durch die paar Worte, die sie als Mabel zu sprechen hatte, sondern weil an dem Abend ein Mann im Parkett saß, der sie mit anderen Augen betrachtete als ihre bisherigen Regisseure und dem die paar Worte genügten, sich zu entscheiden. «Ich hatte niemals eine so schöne Frau getroffen, die so vollständig unterschätzt und unterbewertet wurde.» Besonders imponierte ihm, daß Marlene Dietrich sich mit «kühler Verachtung für die ganze Possenreißerei an die Kulissen lehnte, im auffälligen Gegensatz zu allen anderen, denen man gesagt hatte, man müsse mir heute abend die Größe des deutschen Theaters vor Augen führen – und die sich entsprechend bemühten».

Sternberg war nach Berlin gekommen auf Betreiben des in jeder Hinsicht gewaltigen Emil Jannings, der nach Jahren erfolgreicher Filmarbeit in Hollywood wieder nach Berlin zurückgekehrt war, um für die Produktion Erich Pommers im Auftrage der UFA einen neuen Film zu drehen. Mit ihm selbst in der Hauptrolle natürlich. Das Thema war zunächst noch offen. Man dachte an *Rasputin*, dieses Projekt zerschlug sich aber, so daß Jannings auf eine seit längerem gehegte Lieblingsidee zurückkam, den Gymnasialprofessor Raat aus dem Roman von Heinrich Mann darzustellen. Er dachte ausschließlich an einen Film für sich, der der UFA, die rund zwei Millionen Mark in die

Herstellung investierte, den größtmöglichen Gewinn, Emil Jannings aber den noch größeren Ruhm einspielen sollte. Selbstverständlich war, daß bei dem ersten Tonfilm deutscher Produktion alle Rollen mit Stars zu besetzen waren, und selbstverständlich war auch, daß keine von den maßgebenden Personen eine Schauspielerin Marlene Dietrich, die kein Star war, für den Film vorgeschlagen hatte oder nur daran gedacht hätte, das zu tun.

Die Rolle der Lola-Lola blieb ein Problem bis zuletzt. Offensichtlich war sie schwer zu besetzen, obwohl Darstellerinnen mit berechtigtem Anspruch zur Verfügung standen, bereit, sich ohne Zögern in das neue Abenteuer Tonfilm und die Glitzerwelt der Tingeltangel-Lola zu stürzen – Schauspielerinnen mit Namen, wie Brigitte Helm, Lucie Mannheim, Trude Hesterberg oder die Amerikanerin Phyllis Haver. Im Gespräch sollen auch Blandine Ebinger und Käte Haack gewesen sein. Sternberg wollte sie aber alle nicht haben. Weil keine von ihnen der Vorstellung entsprach, die er sich von dieser Figur bereits gemacht hatte. Seine Phantasie war inspiriert oder, besser gesagt, infiziert durch die Blätter des Zeichners Félicien Rops. Seinen Modellen sollte Lola gleichen. Der Name Lola, abgeleitet von dem Erdweib Lulu aus den Stücken Wedekinds, stand in Sternbergs Kopf schon fest, auch daß Chansons zu ihrem Auftritt gehören sollten und daß nicht jener Professor Unrat, den man schon vom Roman her kannte, die Sensation des Films zu sein hätte, sondern diese Frau.

Wo aber war Lola?

Es ereignete sich im Büro von Sternberg allerlei. Eines Tages wurde ihm eine gesetzte und würdige ältere deutsche Dame empfohlen, in der man das Original der Romanfigur vermutete. Aber gleich den meisten anderen, die zur Auswahl vorgeschlagen wurden, hätte sie die Circe nur in einer Blindenanstalt spielen können, meinte er. «Als ich das Drehbuch weiter diktierte, wurden mir alle möglichen Geliebten in mein Büro geschickt. Sie entfalteten einen Charme, der – in einer Person vereint – jedermann überwältigt hätte. So aber hatte die eine die richtigen Augen, die andere eine göttliche Figur oder Beine und noch eine andere eine Stimme, die Teufelskünste verhieß. Aber ich konnte mir nicht vorstellen, wie ein halbes Dutzend verschiedener Frauen eine Rolle spielen sollte.»

Immer wieder kamen neue oder die alten Vorschläge – von Jannings, von Pommer, von Hollaender, und immer wieder sagte Sternberg nein. Man begann ihn allmählich für verrückt zu erklären, daß er nach einer Frau mit Idealeigenschaften suche, die

49

es auf der Welt überhaupt nicht geben könne. Einmal war er schon auf der richtigen Fährte. Beim Durchmustern der Kataloge mit den Schauspieler-Fotografien, wie sie die Filmgesellschaften in den Besetzungsbüros zur Hand haben, war sein Blick auf «das flache und uninteressante Bild eines Fräulein Dietrich» gefallen. Sein Assistent, befragt, was er dazu meine, zuckte nur mit den Schultern und sagte. «Der Popo ist nicht schlecht, aber brauchen wir nicht auch ein Gesicht?»

Damit war der Punkt vorerst einmal erledigt.

Alles änderte sich, als Sternberg sich die bereits erwähnte Vorstellung von *Zwei Krawatten* ansah, in der zwei schon fest ausgewählte Schauspieler, Hans Albers und Rosa Valetti, spielten. Hier fand er nun das Gesicht, das er so lange gesucht hatte, die entsprechende Figur und darüber hinaus etwas, was er nicht gesucht hatte, und dieses Etwas sagte ihm, daß seine Suche nach Lola beendet war.

Millionärin Mabel. Sie lehnte sich mit kühler Verachtung an die Kulissen, und dadurch fiel sie Sternberg auf. «Ich hatte niemals eine so schöne Frau getroffen, die so vollständig unterschätzt und unterbewertet wurde.»

Das Wunder vom Werdegang des *Blauen Engels* hat vielen Künstlern – solchen, die direkt daran beteiligt waren, und solchen, die den Vorgang nur aus der Entfernung miterlebten – Stoff für Kapitel in ihren Memoiren geliefert. Jeder gibt dabei seine eigene Version, mischt neue Zutaten hinzu und versäumt nicht, darauf hinzulenken, welche Rolle *er* dabei gespielt habe, damit die Richtige von allen Lolas für den Film ausgewählt werden konnte. Doch nicht diese poesievollen, von der Phantasie diktierten Berichte sollen hier interessieren, sondern die tatsächlichen Begebenheiten.

Die sachlich nüchternste Darstellung gibt der Berliner Schauspieler Gerhard Bienert, der im *Blauen Engel* den Polizisten darstellte. Er weist noch einmal darauf hin, daß es 1929 in Berlin zwei berühmte Aufführungen gegeben habe: *Cyankali* von Friedrich Wolf und *Zwei Krawatten*, von Georg Kaiser. Diese beiden Aufführungen besuchte Sternberg, da er junge deutsche Schauspieler nicht kannte und die alten, die schon vom Stummfilm her einen Namen hatten, nicht nehmen wollte. Hier fand er seine Schauspieler, und zwar engagierte er aus *Zwei Krawatten* neben Rosa Valetti und Hans Albers auch Marlene Dietrich und aus *Cyankali* Bienerts Bruder Reinhold Bernt für die Rolle des Clowns, Ilse Fürstenberg für die Rolle der Wirtschafterin, Hans Roth für den Pedell und Bienert als Schupo.

Gegenüber solcher knappen Mitteilung lesen sich die Erinnerungen Friedrich Hollaenders an den *Blauen Engel* wie ein Roman. Er schildert, wie eines Tages das Telefon bei ihm klingelte. Am Apparat war Lucie Mannheim, die Frau mit der impulsiven Natur, den Theaterleuten ein Begriff als «göttliche Jette», die sogleich ihren Charme über ihr Opfer Friedel Hollaender auszuschütten begann:

‹‹Du mußt mir einen Gefallen tun. Einen Riesen-Riesen-Riesengefallen. Es ist mir so wichtig wie überhaupt noch nie etwas in meinem Leben! Bist du noch da?›

Ich antwortete: ‹Wenn du deinen Bechsteinflügel ins Badezimmer willst, mach' ich dich drauf aufmerksam: Allein kann ich ihn nicht tragen. Am hinteren Ende mußt du mithelfen.›

‹Mach doch keinen Quatsch! – Kennst du *Unterwelt*?›

‹Ein paar sind mir schon begegnet.›

‹Nicht doch. *Unterwelt* von Sternberg. Dem aus Amerika. Den Film. Von von Sternberg.›

‹Wieso sagst du zweimal von?›

‹Er ist hier. In Berlin!›

Josef von Sternberg, gebürtiger Wiener, aufgewachsen in den Traditionen einer alten Kultur, malte, komponierte und war ein Kunstsammler und -kenner von hohen Graden. Ihm ging der Ruf voraus, er habe die Fähigkeit, nicht nur gute Filme, sondern auch Stars zu produzieren. Bis dahin unbekannte Darsteller hatte er an die Spitze des amerikanischen Filmgeschäfts gebracht. Foto: Sternberg vor seinem Leinwandideal

‹Von ist in?›

‹Berlin. Ist das toll?›

‹Ganz toll. – Warum?›

‹Er soll für die UFA einen Film machen. Tonfilm natürlich. Nach dem Roman *Professor Unrat*.›

‹Aha. Von Heinrich von Mann.›

‹Ja. Denke dir! Der *Blaue Engel*.›

‹Du hast doch eben Unrat gesagt.›

‹Neuer Titel. Und da ist doch die Rolle drin, die Bumslokal-Sängerin, die Künstlerin Fröhlich, erinnerst du dich, die den Unrat ruiniert …›

‹Also doch Unrat.›

‹… so ein Biest, verstehst du, vulgär, aber sexy …, du sagst ja gar nichts.›

‹Ich warte.›

‹Wo war ich?›

‹Bei vulgär.›

‹Na ja – du kennst mich doch, wie ich die hinlegen kann, diese Mischung. Merkst du noch immer nichts? Stell dir vor: Ich hab' die Gelegenheit, ihm vorzusingen! Wenn ich sofort nach Babelsberg komme! Kannst du sofort nach Babelsberg kommen?›

‹Wieso ich?›

‹Mein Goldjunge! Ich will doch deine Lieder vormachen. Die ich von dir gesungen habe! Die Chance meines Lebens! Wenn du mich begleitest.›

‹Nach Babelsberg?›

‹Auf dem Klavier! Das tust du doch, das machst du doch, nicht wahr? Für deine Luschi? Denk doch nur: Jannings!›

‹Jannings soll ich auch begleiten?›

‹Unsinn! Nur für mich! Für ‚Von'!›

‹VAN!› korrigierte ich.

‹Wann! Sofort! Ich sag' dir doch!›

‹VAN heißt er, van Sternberg.›

‹Ach so. Von … Van … das ist doch jetzt egal! Tust du's? Holst du mich ab?›

‹Ich bin noch nicht angezogen.›

‹Mein Goldjunge, *du* brauchst nicht angezogen zu sein. *Ich* muß angezogen sein!›»

Entsprechend gekleidet standen die beiden alsbald dem berühmten Mann aus Hollywood gegenüber, der auffiel durch einen giftgrünen Wintermantel, einen eleganten Knotenstock

So hätte der «Blaue Engel» im Privatleben ausgesehen, wenn Trude Hesterberg die Rolle bekommen hätte.

und nach unten hängende Schnurrbartspitzen, die ihm einen leicht romantischen Zug verliehen, der zu seiner Gesamterscheinung paßte. Sternberg war von Hollaender fasziniert und übertrug ihm die Musik zum Film. Luschis temperamentvolle Refrains – «Ich hab' ja soviel Brennstoff in mir ... soviel Brennstoff in mir ...» hatten ihm auch gefallen, aber er engagierte sie nicht.

Die Suche nach Lola ging weiter.

Eine Zeitlang galt es als so gut wie sicher, daß die Schauspielerin Trude Hesterberg die Rolle bekommen würde. Sie war hinreichend kabarett- und revueerfahren, im Fach Chanson eindeutig besser als die Konkurrenz und außerdem liiert mit Heinrich Mann. Gerade war sie mit Heinrich Mann von einem Urlaub zurückgekehrt, als auch bei ihr in der Wohnung das Telefon klingelte. Es meldete sich Emil Jannings, der sie und Heinrich Mann kurzfristig zu einer Unterredung ins Hotel Esplanade bat. Alles hätte sich geändert, man hätte umdisponiert. *Rasputin* käme vorderhand nicht in Frage, dagegen wäre das Thema *Professor Unrat* brennend aktuell geworden.

Trude Hesterberg fuhr in Hochstimmung zu der Besprechung. Im Hotel hatte sich «eine illustre Gesellschaft» unter dem Vorsitz des Filmproduzenten Pommer zusammengefunden. «Über den geschäftlichen Teil waren wir uns bald einig. Die UFA war nicht kleinlich, wenn sie etwas erreichen wollte. Nun aber kam der Knalleffekt! Jannings schob alle Anwesenden zur Tür hinaus, mit der Äußerung, er wolle mit Heinrich Mann und mir noch ein paar Worte allein sprechen. Aha, dachte ich, jetzt

Widmungsfoto Heinrich Manns für die Schauspielerin Trude Hesterberg. Die «beständig Geliebte» und keine andere sollte die Hauptrolle im *Blauen Engel* bekommen. Das Schicksal entschied jedoch dagegen.

Er schickte unzählige Botschaften in seiner zierlichen und korrekten Handschrift an die UFA, doch war alles vergebens. Trude Hesterberg, die erfahrene Soubrette, «wäre gewiß als Typ der Künstlerin Fröhlich ähnlich gewesen», meinte Drehbuch-Mitautor Carl Zuckmayer, «hätte aber in ihrer reiferen Jugend niemals das Publikum betört und hingerissen, wie es Marlene Dietrich gelang».

kommt mein Vertrag. Aber es kam etwas, was mich von den im Geiste schon erklommenen Höhen höchsten Ruhms in alle Höllen tiefster Enttäuschung stürzte. Ich bekam nun zu hören, daß der berühmte Regisseur aus Hollywood, Josef von Sternberg, der zuerst für die Inszenierung des Films *Rasputin* gewonnen worden war, nunmehr den Film *Professor Unrat* übernehmen würde. Allerdings mit der strikten Bedingung, daß die Rolle der Künstlerin Fröhlich an Frau Marlene Dietrich abgegeben werden müßte. Darauf nahm der still zuhörende Heinrich Mann schweigend seinen Hut und verließ das Zimmer.»

Alle weiteren Spekulationen um die Rolle waren damit beendet. Sternberg bestellte Marlene Dietrich in sein Büro.

Die Beschreibung, die er von diesem Zusammentreffen gibt, ähnelt eher dem Bericht eines Dompteurs als dem eines Regisseurs. Und aus der lässigen Geste des Grandsigneurs, die seinen Schilderungen anhaftet, ist ablesbar, daß er sich seines Verdienstes, aus der schönen, leblosen Puppe für die Welt ein sprechendes und singendes Wunder gemacht zu haben, bewußt war. «Als Fräulein Dietrich spät am Nachmittag in meinem Büro saß, unternahm sie nicht den schüchternsten Versuch, mein Interesse zu erregen. Sie saß in einer Sofaecke vor meinem Schreibtisch, hielt ihre Augen niedergeschlagen und bot ein Musterbeispiel der Apathie. Sie trug einen heliotropfarbenen Wintermantel mit dazu passendem Hut, Handschuhen und Pelz und kam mir vor wie jemand, der um einen dringend notwendigen Urlaub nachsucht … Ich spürte, daß mein verhülltes Gegenüber mir die Aufgabe, sie in eine Tigerin zu verwandeln, nicht leicht machen würde … Offenbar besaß sie eine große Vitalität, die sie aber zu verbergen trachtete, weil sie nicht wußte, was sie damit anfangen sollte.» Im Gespräch erhielt Marlene Dietrich zunächst einmal einen Überblick darüber, was sie zu tun habe, und zeigte sich völlig erstaunt, daß es sich nicht um eine kleine Rolle handelte, wie sie geglaubt hatte, sondern um die Hauptrolle. Sternberg bestätigte ihr, es sei tatsächlich so, daß er sie für diese Rolle nehmen wolle, weil sie seinen Vorstellungen absolut entspreche.

Das schien ihr nicht recht zu sein. Sie reagierte vorsichtig und meinte, sie sei als Schauspielerin im Film nicht gut, weil niemand sie so fotografieren könne, daß sie wie sie selber aussehe, und Herr von Sternberg solle sich lieber erst ihre letzten Filme ansehen. Darüber staunte wiederum der Regisseur, dem so etwas noch nie widerfahren war. «Das war für mich eine neue Erfahrung. Noch nie hatte jemand, dem ich eine Rolle angeboten hatte, daraufhin versucht, mich von seinen Fehlern zu überzeugen. Da ich also Angesicht in Angesicht mit einer Kritikerin saß, bot ich ihr einen Test an, mit dem ich ihr beweisen wollte, daß man sie gut fotografieren konnte.»

Marlene Dietrich nahm diesen Vorschlag eher mit Skepsis denn mit Begeisterung auf. Sie hatte in ihren sechzehn bisherigen Filmen zwölf Regisseure gehabt. Von Sternberg wäre der dreizehnte, und nach dem *Blauen Engel* würde sie eine neue Rolle bekommen, eben die nächste, und sonst würde sich nichts Besonderes ereignen.

Emil Jannings in seiner Rolle als Gymnasialprofessor Raat, genannt Professor Unrat, im *Blauen Engel*

Weil sie nach Filmruhm nicht trachtete und immer eine Laissez-aller-Einstellung hatte, wie sie in ihren Erinnerungen erzählt, begab sie sich an dem Tag der Probeaufnahmen mit einer gewissen Gleichgültigkeit auf den Weg nach Babelsberg, so gut wie hilf- und hoffnungslos in bezug auf das, was mit ihr geschehen sollte. «Als man mich dann auch noch in ein viel zu enges Kleid steckte und meine Haare mit einer Brennschere bearbeitete, bis der Dampf an die Decke stieg, bekam ich fast ein bißchen Heimweh. Aber als echte Berlinerin nahm ich alles mit Galgenhumor und ging auf die Bühne, als man mich rief.»

Sie sollte sich aufs Klavier setzen, einen Strumpf herunterrollen und ein Lied singen, das sie angeblich hätte mitbringen sollen. Weil sie von ihrer Eignung nicht überzeugt war, spielte für sie das Lied keine Rolle.

«Da Sie kein Lied mitgebracht haben, obwohl man Sie darum gebeten hat», sagte Sternberg, «singen Sie irgendein Lied, das Ihnen gefällt.»

«Ich liebe amerikanische Lieder.»

«Dann singen Sie ein amerikanisches Lied!»

Sie begann dem Pianisten das Lied zu erklären, als Sternberg dazwischenrief: «Ja! Das ist die Szene! Tun Sie das gleiche wie vorher – versuchen Sie dem Pianisten die Noten zu erklären!»

Sternberg drehte die Szene, Marlene Dietrich sah sich ihren Probefilm nie an, die UFA lehnte ab, und Sternberg erklärte kategorisch, daß er unbedingt an der Besetzung festhalten werde:

Die Schlüsselszene des Films: Lola-Lola, rittlings auf dem Stuhl sitzend. Das Kostüm für die Rolle war ihre eigene Kreation. Den Hut hatte sie einem auf der Walz befindlichen Hamburger Zimmermann ausgespannt.

«Jetzt weiß ich, daß ich recht habe: Marlene Dietrich wird die Rolle spielen!»

Mit der Besetzung jener Rolle der Künstlerin Fröhlich, wie sie im Roman bei Heinrich Mann heißt, waren noch nicht alle Probleme des Films gelöst. In musikalischer Hinsicht war noch einiges offen, vielleicht das Entscheidende, wodurch dieser erste deutsche Spielfilm mit vollem Ton sein besonderes Gepräge bekommen sollte. Lola-Lola ist im Roman wie im Film eine Tingeltangel-Sängerin, zu deren Auftritten ein entsprechendes Liedrepertoire gehörte. Da der Roman vor dem Ersten Weltkrieg spielt, waren die Liedertexte daraus für den Film nicht geeignet. Im Roman bietet Lola noch das Repertoire, wie es für Chansonetten und Soubretten der wilhelminischen Zeit charakteristisch war. Zum Auftritt gehörten sowohl das sentimentale Genre, mit dem eine Sängerin bewies, wie gefühlvoll sie sein konnte, als auch – in ergänzendem Gegensatz dazu – das pikante Genre, das die Vorzüge ihrer Figur ins richtige Licht rücken sollte.

Bei Heinrich Mann erscheint Lola im grünseidenen, langen Kleid und hat nicht den gewünschten Erfolg, als sie die erotisch-pubertären Verse vorträgt, die ihr der Gymnasiast Lohmann aus Unrats Klasse gedichtet hat. Bei den letzten Zeilen

Im Takte deines Herzens schwankt mein Nachen,
mein Herze weint, und alle Sterne lachen

begann auch das Publikum zu lachen …

Es war eine Niederlage. Und gerade in dieser Situation begann sich der Realitätssinn Lolas blitzschnell und instinktiv wieder durchzusetzen. Indem sie den Zischern und Schreiern noch Handküßchen zuwarf, gab sie dem Pianisten ein bestimmtes Zeichen, schwenkte den orangenen Unterrock mitsamt dem Kleid nach Cancan-Art in die Höhe und möbelte das Publikum in der gewünschten Richtung auf mit einem Lied des frivolen Genres. *Wail iesch noch so klain uhnd so uhnschuhldiesch bien.*

Das Lied tat seine Wirkung. «Ihr guter Mut ward belohnt», heißt es im Roman. «Man klatschte, verlangte das Lied von vorn. Als sie türenklappend zurück war in der Garderobe, fragte sie, an Unrat gewendet, mit kurzem Atem: ‹Na, was sagen Sie nu? Fein raus, was?› – Der Schaden war gutgemacht, alle Welt war befriedigt!»

Ganz ähnlich ergeht es der Künstlerin Fröhlich mit einem anderen vulgären Gassenhauer, den sie in ihrem Lokal zum *Blauen Engel* unter die Leute bringt und der ihr die Gunst einer resoluten Mannsperson einträgt.

Mein Mann, der is ’n Schiffskapitän
woll auf die deutsche Flott’,
und wenn er dun nach Hause kommt,
dann haut er mir die –

«Gottsdunner, Fräulein, Sie sind jä ’n dolle Deern, sind Sie jä. Huhu! Denn haut er mich auf ’n – – – Ich bin nämlich auch ’n Kaptän, und wenn Sie was mit mich trinken wollen …»

An dieser Stelle greift jedoch Professor Unrat ein und nimmt die Ehre von Fräulein Fröhlich gegen das dreiste Anerbieten entrüstet in Schutz.

Aus den hier zitierten Romanpassagen wurde in der Verfilmung die Szene, wo Marlene Dietrich in aufreizender Pose und Korsage rittlings auf dem Stuhl sitzt. Die Art und Weise, wie sie spielt, sich bewegt und die ihr von Friedrich Hollaender auf den Mund geschriebenen Chansons vorträgt, hat ihr Weltruhm eingebracht. Eine andere Schauspielerin hätte das Kinopublikum niemals so betört und hingerissen wie Marlene Dietrich, meint Carl Zuckmayer, der Mitautor des Drehbuchs.

Männer umschwirrn mich wie Motten das Licht,
und wenn sie verbrennen, ja dafür kann ich nicht.
Ich bin von Kopf bis Fuß auf Liebe eingestellt,
denn das ist meine Welt
und sonst gar nichts.

Beim Vorspiel dieses Liedes, das eigentlich ein Stegreifprodukt war, denn die endgültigen Worte auf die Melodie sollten erst noch gefunden werden, wie Hollaender berichtet, gab es bereits zustimmenden Applaus. Pommer, Sternberg, Jannings, dessen Frau Gussy Holl, die selbst Diseuse am Kabarett gewesen war und vom Metier etwas verstand, Zuckmayer wie auch Heinrich Mann zeigten sich aufs höchste beeindruckt und wollten von anderen Texten zu dieser Melodie gar nichts wissen. Hollaender war überrascht. Während er sich noch entschuldigte, das sei doch nur der «Schimmel», also ein Lalala-Text, den man einer Musik behelfsweise unterlegt, wurde er von Emil Jannings unterbrochen. «Wat heißt hier Schimmel? Det isser!» schrie er, und nach einer Pause sagte derselbe Jannings, nachdenklich zu Marlene Dietrich gewandt: «Na, wenn du das singst, Mädchen, dann bin ich ja wohl abgemeldet.»

Mit dieser Prophezeiung sollte er recht behalten.

Friedrich Hollaender stand 1929, als er den Auftrag für die Filmmusik zum *Blauen Engel* bekam, bereits auf dem Höhepunkt seiner Karriere. Für Berlins Bühnen hatte er sehr erfolgreiche Theater- und Revuemusiken geschrieben, auch gehörte er seit den frühen Tagen des *Schall und Rauch* zu den Pionieren des literarischen Kabaretts und hatte für prominente Schauspielerinnen, darunter Blandine Ebinger, sehr subtile Chansons getextet und vertont. Er war der Sohn des Operetten- und Revuekomponisten Victor Hollaender, der die *Kirschen in Nachbars*

Toll, aber keine Konkurrenz für die echte Lola! Notentitelblatt der Hugo-Hirsch-Operette von 1922

Garten in Musik setzte, und brachte von Haus aus die leichte Hand, die melodische Erfindungsgabe und das Einfühlungsvermögen für die verschiedenen Gattungen der Unterhaltungsmusik mit. Sein Talent lag sowohl auf dem Gebiet des Schlagers als auch des anspruchsvolleren Chansons, und wie andere Komponisten seiner Generation brachte er mit den Tanz- und Jazzrhythmen der zwanziger Jahre neuen Schwung in die Musik. Modern war er vor allem durch seinen Witz, seine Fähigkeit zur Persiflage, zur enthüllenden Pointe, die den Erfolg vieler seiner Titel ausmachten. In seinen Revuen hatte er mehr als einmal die Soubretten und Chansonetten des Tingeltangels musikalisch aufs Korn genommen. In diesem Metier war der kleine Friedel Hollaender zu Hause.

An dem Auftrag für die Musik zum *Blauen Engel* reizten ihn nicht nur das Kabarettmilieu und das neue Medium Tonfilm. Es war in gleichem Maße die Stimme Marlene Dietrichs, die er interessant fand und die ihm mit dem gewissen Etwas vielversprechend für das moderne Chanson zu sein schien. Mit dem *Blauen Engel* datiert nicht nur ein neuer Abschnitt der Filmgeschichte, sondern auch ein neues Kapitel der Chansongeschichte. Entdeckte Josef von Sternberg in Marlene Dietrich das neue, faszinierende Gesicht des Films, so verhalf ihr Friedrich Hollaender mit den Lola-Liedern zu einem neuen Gesangston und zu einem soliden Fundus für ihr Repertoire.

Lola war übrigens nicht die erste Frau dieses Namens, die in dem Jahrzehnt zwischen 1920 und 1930 musikalisch ins Leben trat. Es gab bereits 1922 in einem Schwank von Hugo Hirsch eine Vorgängerin, eine spanisch drapierte, schwarzgelockte Operettenschönheit, genannt *Die tolle Lola*, die das Publikum gleichfalls für sich zu gewinnen suchte. Auf einem Notentitelblatt des Drei-Masken-Verlags ist sie abgebildet, wie sie zu Pauke und Banjo das Bein schwenkt und die Szene mit Kastagnetten anfeuert. Wenn sie von ihrem Liebhaber auf der Bühne auch noch so ins günstige Licht gerückt wurde –

Lola, heißgeliebte Lola,
meine Seele ist verstört,
seit ich mir auf dem Gramola
deine Platte angehört ... –

war sie nach der Aufführung bald vergessen. Der Kunst hat sie hinsichtlich Vortragsstil oder Melodie keine neuen Wege gewie-

Der Mann, dem ein «Schimmel» das Glück brachte: Kabarett-, Revue-, Film-, Schlager- und Chanson-Komponist Friedrich Hollaender

„Der blaue Engel"

sen. Der eigentliche Ruhm sollte der Film-Lola vorbehalten bleiben, jener Frau, die zur Darstellung keiner exotischen Mittel bedurfte und das Chanson endgültig aus den Grenzen befreite, die ihm von Revue und Kabarett gezogen waren. Wenn man von einer Emanzipation des erotischen Chansons in unserem Jahrhundert sprechen will – mit der Stimme Marlene Dietrichs und den von ihr kreierten Liedern von der feschen Lola mit dem Pianola wurde sie vollzogen.

Wie Marlene Dietrich schreibt, wollte Josef von Sternberg, daß sie diese Lieder im Film in betont Berliner Mundart singt, etwas hoch und leicht nasal, obgleich der Roman vom *Blauen Engel* in einer norddeutschen Küstenstadt spielt, wo die Leute platt sprechen. Doch hat Lola bei Heinrich Mann bereits eine handfeste, sympathisch berührende Ausdrucksweise, die berlinische Abstammung verrät. Ihr Wortschatz und ihre Redensarten, mehr noch Denkweise und Lebensphilosophie dieser Person wurzeln in großstädtischem Milieu, dessen Typen und Figuren über eine ganz besondere Art von Humor verfügten, den sowohl Heinrich Mann als auch Marlene Dietrich und ihr Regisseur Sternberg zu schätzen wußten.

Mit der Betonung des berlinischen Akzents im *Blauen Engel* wurde die führende Stellung, die Berlin im Couplet und Chanson bereits innehatte, sogleich für das neue Genre Filmchanson okkupiert. Eine Entwicklung vom literarischen Chanson des Reinhardtschen Nachkriegs-*Schall und Rauch* zum Filmchanson der endzwanziger Jahre hatte so ihren Abschluß gefunden.

Wie weit allerdings die fesche Lola von 1930 von ihren Vorgängerinnen entfernt war, läßt sich an einigen Beispielen anschaulich machen: Die Berliner Operettendiva Fritzi Massary sagte, wenn es um gewisse Dinge ging, in einer gekünstelten Sprache: «Ik werden halten un grand discours sur l'amour! Oh la la!» Auch Bozena Bradsky, die Frau, die 1901 das erste deutsche Chanson kreiert hatte, stellte sich als «Madame Adéle» noch mit geborgten französischen Vokabeln vor: «Je suis Adéle, la reine, la blonde» – also eine Königin in blond.

Lola hingegen verzichtete auf «Discours» und auf das Französeln, das bei den Soubretten alten Schlags als chic galt und die Echtheit einer Madame ausstellen sollte. Verglichen mit dem Wolzogenschen *Überbrettl*, dessen Star Bozena Bradsky war, und dem Metropol-Theater anno 1910, das durch Fritzi Massary seinen Glanz erhielt, redet Lola in der Sprache Erich Kästners – sachbezogen und ziemlich handfest. Die Hauptsachen

Fritzi Massary, eine Wienerin, die der Berliner Operette vor 1914 Weltgeltung verschaffte. Mit ihrem Chic und Charme, ihrem Esprit und ihrer aristokratischen Kultiviertheit hat sie den Vortragsstil aller nachfolgenden Diseusen maßgeblich beeinflußt. Marlene Dietrich bewunderte sie über alles. Schon vor 1930 in Berlin gehörte die junge Dietrich zu Massarys Kreis, zu dem auch Max Pallenberg, Fritz Kortner, Erich Maria Remarque, Rudolf Dorster, Alfred Polgar, Franz Molnar und Leonhard Frank zählten. Fritzi Massary starb 1969 in Beverly Hills.

linke Seite: «Sie war eine sehr hübsche Blondine, wunderbar gewachsen, mit einem ebenmäßigen, glatten, schönen Gesicht. Die beste ihrer Eigenschaften war schon damals eine angenehme Natürlichkeit und Unbefangenheit, und niemals entdeckte man Gekünsteltes an ihr. Ihre unwahrscheinlich großen Augen mit den langen, natürlichen Wimpern und den immer halb gesenkten Lidern hatten einen leicht ironischen Ausdruck.» Dieses Porträt gab der Berliner Feuilletonist Fred Hildenbrandt vom «Blauen Engel».

Professor Unrats Hochzeit. Szenenbild aus dem *Blauen Engel* mit Friedrich Hollaender am Klavier

Osio Koffler

Der Mann, für den «die Hauptrolle» Lebensinhalt war: Emil Jannings. Karikatur von Osio Koffler

sind in Hauptsätzen formuliert. Das Brimborium wilhelminischer Chansonkultur mit seinen sprachlichen Korsettverschnürungen, Umwegen und Umständlichkeiten ist restlos entfallen. Ausdrucksweise wie Garderobe sind nunmehr auf ihren Zweck reduziert, wenn Lola in Trikot, Zylinder und Spitzenhöschen aufs Podium tritt und ihre Visitenkarte in Form des neuen Filmchansons abgibt:

Ich bin die fesche Lola,
der Liebling der Säsong.
Ich hab' ein Pianola
zu Haus' in mein' Salong.

Mit den ersten beiden Zeilen des Refrains ist nach den Regeln des Chansons bereits der Grundton angeschlagen. Wir bekommen die kürzeste Beschreibung von Person und Funktion. Alle folgenden Zeilen sind lediglich Ergänzungen dazu und ebenfalls kurz gehalten.

Ich bin die fesche Lola,
mich liebt ein jeder Mann.
Doch an mein Pianola,
da lass' ich keinen ran!
Doch will mich wer begleiten,
da unten aus dem Saal,
dem hau' ich in die Saiten,
dem tret' ich aufs Pedal.

Daß die verwendeten Silben kurz und klangreich sind – lo – lie – la – song – long –, sich in die Melodie einschmiegen und mit Augenzwinkern parodieren lassen, hat nicht zuletzt zu dem Welterfolg dieser Lieder beigetragen. Wenn Marlene Dietrich ihr Lied singt, gibt sie dem Wort «Pi-a-nola» jenen unnachahmlichen Akzent, den nur Berliner Ironie zustande bringen kann. Dieser Witz insbesondere, gemischt mit Galgenhumor und Selbstironie, der ohne jeden Respekt und ohne Selbstmitleid ist, mit dem ist sie schon auf die Welt gekommen.

Entsprechend ihrer Bedeutung für den Gesamtfilm wurden die Gesangsszenen mit besonderer Sorgfalt gedreht, obwohl Sternberg amerikanisches Tempo vorlegte. Es wurde zügig gearbeitet, parallel zu der deutschen die englische Fassung hergestellt. Montag sang Marlene *Ich bin von Kopf bis Fuß auf Liebe eingestellt* und Dienstag *Falling in Love Again.* Sternberg verlangte aus Gründen einer raschen Abwicklung der Dreharbeiten, für die ihm die Termine von der Paramount gesetzt waren, die Filmmusik zu einem frühen Zeitpunkt. Er wollte die Kompositionen unbedingt vor Beginn der Atelierarbeiten haben, weil er sich davon Anregungen für die Regieführung und eine gewisse Orientierung für das Filmganze versprach.

Schon mit dem Chanson *Ich bin von Kopf bis Fuß* war die Charakterrolle von Marlene Dietrich, der verführerischen Varietésängerin Lola-Lola, so präzis umrissen, daß damit eine klare Grundlinie für die Handlung und die notwendige Atmosphäre gewonnen war. So schrieb Friedrich Hollaender 1930 in einem Aufsatz zur Filmmusik des *Blauen Engels.* Die Melodie war prädestiniert dafür, Leitmotiv für das innerste Geschehen zu werden, Schicksalsmotiv des verführten Professors Raat. Das gleiche Motiv in sinfonischer Umsetzung begleitet die Handlung bis zur Katastrophe. Auch ein anderer Schlager, *Kinder, heut' abend, da such' ich mir was aus,* schaltet sich mit dem ersten Auftritt des Professors in Lolas Garderobe organisch in das Gefüge der Geschehnisse ein. Dieser Schlager ergänzt und steigert zusammen mit dem Choral *Üb immer Treu und Redlichkeit,* ausgeführt vom Glockenspiel der Turmuhr, die Fülle der dramatischen Spannungen, die sich im Verlauf der Filmhandlung ergeben.

Bereits bei den Dreharbeiten in Neubabelsberg wiesen die ungewöhnlich filmwirksamen Chansons von Hollaender und die bestrickend legere Art, in der Marlene Dietrich sie vortrug, die Richtung einer künftigen Karriere. Fachleuten konnte das nicht entgehen. Der einflußreiche amerikanische Filmproduzent Joe

«Ich sende Ihnen noch ein Foto, das ich gefunden habe, das Sie vielleicht als Bildbeigabe für das Buch interessant finden mögen», schrieb Friedrich Hollaender an die Autorin. Das Foto wurde aufgenommen nach der standesamtlichen Trauung mit der Tänzerin Hedi Schoop in Berlin. Mit dem Machtantritt der Nazis mußten sie Deutschland verlassen.

Pasternak, der sich 1929 zu Verhandlungen mit der UFA in Berlin aufhielt und sich gelegentlich die Dreharbeiten ansah, schwärmt. «Welche Ausstrahlungskraft! Wie sie sich bewegt! Und dazu diese Stimme ... » Er erwog bereits ein Engagement für die Universal, um der Paramount zuvorzukommen. Jedoch Sternbergs Gesellschaft erwies sich als schneller, als es darum ging, die attraktive Filmschönheit und ihre modernen Schlager, die auch für amerikanische Begriffe first class waren, über den Atlantik zu holen. Hier war nicht nur ein neuer Ton, hier war auch ein neuer Frauentyp, der aus seiner Anonymität heraustrat und der im Zusammenspiel mit dem anerkannten Emil Jannings, der in Amerika enorme Popularität genoß, das große Geschäft verhieß.

Nimm dich in acht vor blonden Fraun,
die haben so etwas Gewisses!
's ist ihnen nicht gleich anzuschaun,
aber irgend etwas isses!

Lola tat schon ihre Wirkung, bevor der Film überhaupt zur Aufführung gelangte. Da Sternberg um die Verführungskunst ihrer Chansons wußte, wurde Peter Kreuder als Arrangeur der Musik angewiesen, nach dem langsamen Walzer *Ich bin von Kopf bis Fuß* etwa zwölf bis fünfzehn Sekunden Schwarzfilm einzukleben, also eine programmierte Pause, um dem Publikum Gelegenheit zum Beifall zu geben. Wie sich dann am Abend der Premiere herausstellte, reichte diese Zeit nicht aus.

Jannings war wütend, als er von dem eingeklebten Schwarzfilm erfuhr, und versuchte Kreuder zu veranlassen, dieses Stück Blindfilm wieder zu entfernen. Kreuder weigerte sich, gegen eine Regieanweisung Sternbergs zu verstoßen, und will dafür von Emil Jannings eine schallende Ohrfeige erhalten haben.

Am 31. März 1930, dem Tag der Voraufführung, war dann alles vergessen: die Ohrfeige von Jannings, die Schwierigkeiten, die Marlene Dietrich mit der Aussprache des Englischen gehabt hatte, und die Intrigen von Jannings während der Dreharbeiten. Was hatte dieser Mime, dessen einziger Lebensinhalt «die Hauptrolle» war, nicht alles versucht, um den ersten Platz ihr gegenüber zu behaupten. Sie solle aufhören, auf diesen «Verrückten», gemeint war Sternberg, zu hören, aus ihr würde sowieso nie eine gute Schauspielerin. Mit solchen und ähnlichen Redensarten piesackte er seine Partnerin, weil ihr von Sternberg

Der Regiffeur: „Herrgottfakrament, fo fchießen Sie doch endlich! Jeder Augenblick, den diefer Kerl länger lebt, koftet Hugenberg 'n Haufen Geld!"

Die Rolle des Hugenberg-Konzerns und sein Einfluß auf die Filmindustrie machten sich bereits deutlich bemerkbar. Der *Wahre Jacob* stellte seine Zeichnung unter die Überschrift «Aufnahme-Szene zu einem großen UFA-Film *Mit Hakenkreuz und Schwerterklang*».

mehr Aufmerksamkeit entgegengebracht wurde als ihm, dem Star des Films.

Bereits am Tag der Voraufführung konnten sich die Anwesenden überzeugen, daß es kein Emil-Jannings-Film, sondern ein Marlene-Dietrich-Film geworden war. Die Stimmung an diesem Abend war merkwürdig. Das große Publikum war noch nicht zugegen, die wenigen Personen verstreuten sich im Zuschauerraum des großen Gloria-Palasts. Irgendwo saß Emil Jannings mit seiner Frau Gussy Holl, anwesend waren die Drehbuchautoren Karl Vollmoeller und Carl Zuckmayer mit Frau, ferner der bislang erfolgreichste Filmautor der UFA, Robert Liebmann, der an den Liedtexten für Lola mitgearbeitet hatte, natürlich auch Friedrich Hollaender und Erich Pommer. Zur Vorführung war auch Erika Mann gekommen, um zu sehen, was man aus dem Roman ihres Onkels gemacht hatte. Marlene Dietrich, die nicht anwesend war, vermißte man erst am Schluß der Vorstellung.

Einen Tag später war Premiere. An diesem 1. April traf Marlene Dietrich bereits Reisevorbereitungen. Nur für die Premierenstunden war sie nochmals mit dem Film verbunden. Danach ging es in der gleichen Nacht in Richtung New York. Sternberg war bereits Anfang Februar abgereist.

Als die Vorführung des Films, nach Marlenes Liedern wiederholt vom Beifall unterbrochen, zu Ende war und sich der *Blaue Engel* unzählige Male auf der Bühne verbeugt hatte, gab es keine Rufe nach Jannings oder nach Albers – auch nicht nach Dietrich. Das Publikum rief und jubelte einfach «Marlene! Marlene!». Ihre Freunde waren über ihren Erfolg sehr ausgelassen und brachten sie gegen Mitternacht zum Bahnhof.

Hollywood – Neue Filme, neue Songs

Marlene Dietrich nahm den Nachtzug nach Bremen, von wo sie der schnelle Passagierdampfer gleichen Namens nach den USA bringen sollte, denn noch gab es keinen Transatlantik-Passagierflug. Man fuhr damals eine Woche per Schiff von Bremen oder Hamburg bis New York und von dort weiter mit der Bahn über Chicago im 100-km-Tempo quer durch den Kontinent bis Los Angeles: eine Reise von der Ost- nach der Westküste Amerikas in fünf Tagen.

Daß sich Marlene Dietrich nach anfänglichem Zögern doch entschloß, den Vertrag mit der amerikanischen Filmgesellschaft abzuschließen und Berlin zu verlassen, hatte seinen Grund. Zwischen ihr und der UFA bestand ein Optionsvertrag, wie er in der Filmbranche üblich war. Nachdem nun der *Blaue Engel* abgedreht und vorgeführt worden war, nahm die UFA die Option nicht auf, das heißt, sie machte kein neues Angebot. Marlene Dietrich mußte annehmen, daß der Film von den maßgebenden Leuten des UFA-Konzerns als nicht erfolgversprechend eingeschätzt wurde, und deshalb – nur deshalb, sagte sie – habe sie das Angebot der Paramount angenommen. Was wäre ihr sonst geblieben? Die üblichen Theaterrollen beziehungsweise das Warten auf ein neues, zufälliges Filmangebot – eine unsichere Sache in einer Zeit der Wirtschaftskrise, in der selbst Schauspieler mit großem Namen nicht ausgebucht waren und bereits zweitausend Berliner Musiker, Schauspieler und Artisten Arbeitslosenunterstützung und Sozialhilfe bezogen. Der Gedanke, daß auch sie einmal davon betroffen sein könnte, das Wissen um die Misere beruflicher Chancenlosigkeit, dürften ihren Entschluß, auf das Angebot aus Hollywood einzugehen, entscheidend mitbestimmt haben, zumal der Vertrag der amerikanischen Gesellschaft langfristig und großzügig angelegt war. Er verpflichtete sie, 26 Wochen in Hollywood zu filmen, die übrigen 26 Wochen konnte sie in Deutschland verbringen, die Dauer der Hin- und Rückreise abgerechnet.

Obwohl der Vertrag mit der Paramount alles regelte, gab es noch ein Hindernis zu überwinden, ehe Marlene Dietrich die Reise antreten konnte. Es ging darum, daß zwischen ihr und dem Theaterdirektor Dr. Robert Klein ebenfalls ein Vertrag bestand, der sie auf elf Monate für dessen Berliner Theater verpflichtete. Als nächste Inszenierung war das Stück *Sexappeal* von Lonsdale vorgesehen, mit Mady Christians in der Hauptrolle. Direktor Klein wollte Marlene Dietrich nicht freigeben und klagte auf Einhaltung des Vertrags. Beide Parteien wandten sich an das Bühnenschiedsgericht – Direktor Klein, um feststellen zu lassen, daß sie nicht abreisen dürfe, Marlene Dietrich, um feststellen zu lassen, daß sie abreisen dürfe, und zwar unter Berufung auf die Klausel, die ihr einen Urlaub zum Zwecke des Filmens bewilligte. Für den Fall eines Vergleichs forderte Direktor Klein die Zahlung von 60000 Mark, «und ich will gar nichts zahlen», verkündete Marlene Dietrich. Da auf dieser Grundlage ein Vergleich nicht geschlossen werden konnte, einigte man sich schließlich auf eine Konventionalstrafe in Höhe von 10000 Mark. Damit war sie aus dem Vertrag entlassen. *Sexappeal* mußte in Berlin ohne sie stattfinden.

Rechtlich stand der Abreise damit nichts mehr im Wege. Nach fünftägiger Überfahrt bei stürmischer See konnte Marlene Dietrich mit ihrer Garderobiere Resi in New York an Land gehen. Sie reiste weiter von der Ost- nach der Westküste der Vereinigten Staaten und erreichte schließlich Los Angeles mit dem Filmvorort Hollywood.

Los Angeles, mit Hollywood flächenmäßig die größte Stadt der Vereinigten Staaten, dehnte sich über Ebenen, Berge und Hügel vom Stillen Ozean bis zur Wüste und den Rocky Mountains aus, nur lose zusammengefügt und mit so riesigen unbebauten Flächen zwischen den Stadtteilen, daß das Auto längst zur Selbstverständlichkeit geworden war, den Arbeitsplatz oder einen anderen Stadtteil zu erreichen.

Beobachter und Kenner schildern die Stadt oder Vorstadt Hollywood, je nachdem, wie sich der Betrachter dazu stellt, als weder typisch amerikanisch noch wirklich international, weder als Groß- noch als Kleinstadt, jedenfalls als eine Stadt ohne ech-

Eine historische Station auf dem Wege zum Chanson: Ankunft in Hollywood

Der tägliche Weg zur Arbeit. Eine
Straße in Beverly Hills, wo die Stars
wohnten. Hier hatten Tom Mix und
Douglas Fairbanks, Adolphe Menjou
und Harald Lloyd, Charlie Chaplin,
Ernst Lubitsch und Buster Keaton ihre
Villen im neokolonialen Stil mit Pal-
men, Säulen, Rundbögen und
Türmchen. Es gab Imitationen aller
Stile vom Minarett bis zur Ritterburg.

ten Boulevard. Den Citykern bildete eine neue westamerika-
nische Hauptstraße mit Magazinen, Bars, Hotels und Kinos. In
den Randsiedlungen wohnten die Künstler und Filmleute, wenn
sie es nicht vorzogen, zwischen sich und die Ateliers ein noch
größeres Stück Entfernung zu bringen.

Hollywood, dieser ewig von der Sonne beschienene Ort in
Kalifornien mit seinem unendlich milden Klima, das Paradies
der Zitrusfrüchte, wurde Marlene Dietrichs neuer Lebensum-
kreis. Eine der üblichen Mietvillen mit Agaven, Palmen, Garten
und Swimmingpool war bald gefunden, und so begann für sie
als Newcomer der Branche der gewöhnliche Filmalltag. Um
neun Uhr hatten die Schauspieler drehfertig in den Kulissen zu
sein. Das bedeutete, um sechs Uhr morgens einzutreffen zum
Schminken, Haarewaschen und Frisieren. Die Ateliers arbeiteten mit den gleichen Organisationsmethoden wie die Großbe-
triebe der Industrie. Die Stechuhr frühmorgens zu Arbeitsbeginn
wachte über die Pünktlichkeit. Sosehr die Stars von den Gesellschaften auch verwöhnt wurden – vor der Kamera verlangte
man von ihnen Präzision und Gewissenhaftigkeit. Für die kleinen Freuden draußen mußte man im Studio mit harter, diszipli-
nierter Arbeit bezahlen. Was dies betraf, so hatte Marlene Dietrich damit nie Schwierigkeiten. Natürlich mußte sie sich auf den
amerikanischen Filmbetrieb umstellen. Man erwartete von ihr,

daß sie die Regeln befolgte, doch bald stellte sie ihre eigenen
Regeln auf; und in dem Maße, wie ihr Ruhm wuchs, betrachtete
man sie als die «regierende Königin der Paramount» und ließ sie
in Ruhe. Als großes Glück empfand sie, daß Sternberg ihr in
allen Fragen beratend zur Seite stand. «Ich hatte ein wunder-
schönes Haus mit einem Garten, den blauen Himmel über mir
und einen echten Freund, der mir sagte, was ich zu tun hatte.
Was konnte man sich noch mehr wünschen? Wenn ich heute
daran zurückdenke, kommt es mir vor, als wäre das die ruhigste
Zeit meines Lebens gewesen.»

Dabei hatte man am Anfang bei der Paramount, wie ihr Chef
Adolph Zukor später zugab, die größten Befürchtungen, daß
die Neue aus Deutschland von den Millionen Kinobesuchern als
Garbo-Imitation angesehen werden könne. Wie sollte man das
vermeiden?

Marlene Dietrich erzählte nach ihrer Ankunft in Hollywood
bereits beim ersten Interview ausführlich von ihrem Kind und
ihrem Mann Rudolf Sieber, was der Filmgesellschaft nicht recht
war, so daß man schon überlegte, ob und wie man weitere Interviews mit ihr vermeiden könnte. Gerade das aber hätte sie zur
Garbo-Imitation abgestempelt, da die Garbo berühmt für ihr
Schweigen war, das ihr Image bildete, von der Filmgesellschaft
gefordert und gewahrt. Und weil man schon eine große Schwei-
gende hatte, durfte Marlene Dietrich nun offenherzig über alles
plaudern, was sie betraf, Hauptsache, das Filmgeschäft erlitt
keinen Schaden.

Aus Publicity hat sich Marlene Dietrich, wie sie immer wieder betonte, nie sonderlich viel gemacht. Das ist der Grund
dafür, weswegen Millionen Frauen seit Beginn der dreißiger
Jahre Hosen tragen. Die Geschichte geschah in Amerika. Ein
Fotograf der Paramount sollte von Marlene neue Werbefotos
machen. Als er zu ihr kam, sagte sie, sie liefe zu Hause nur in
Hosen herum, wenn er sie so fotografieren wollte – okay. Er
wollte nicht. Nachdem er aber kurz darauf im Schaufenster
eines Geschäfts Frauenhosen für die Gartenarbeit sah, däm-
merte es ihm, daß Marlenes Idee doch etwas für sich hatte. So
ging er zurück und fotografierte. Nachdem die Bilder in den
Zeitungen und Illustrierten erschienen waren, strömten alle
Frauen in die Geschäfte und verlangten Hosen. Die neue Mode
war durchgesetzt.

Als Marlene Dietrich zu ihrem ersten Europabesuch nach
Paris kam, hatten die Zeitungen ein dankbares Thema. Es er-

Ernst Lubitsch, ehemaliger Reinhardt-
Schauspieler, seit 1922 in Hollywood,
berühmt für den «Lubitsch-Touch»,
die luftige Leichtigkeit und natürliche
Anmut seiner Filme, in denen Emil
Jannings, Pola Negri, Mary Pickford
und Ramon Novarra die Stars waren.
Zeichnung von Bühnenbildner Ali
Hubert

Er war schon lange vor dem *Blauen
Engel* in Amerika populär. Seine Fotos
hingen selbst an den Ständen der
Schuhputzer. Emil Jannings als Zar
Paul I. in *Der Patriot*, gezeichnet von
Ali Hubert

Für die damalige Zeit äußerst ungewöhnlich: eine Dame im Hosenanzug.

schienen Karikaturen, die Marlene beim Verlassen des Schiffs als «Überraschung für Europa» im Abendkleid zeigten, oder ihr Foto im Herrenanzug mit der Unterschrift, sie habe ihre gesamte Garderobe «auf Mann» umgestellt.

Während die Manager für Publicity ihr die Fotografen ins Haus schickten – Aufnahme Marlene in Shorts, Aufnahme Marlene in langen Hosen, Aufnahme Marlene unter Palmen, Aufnahme Marlene im Salon –, verfaßte in Berlin Max Kolpe ein Gedicht über die Traumfabrik Hollywood, gewissermaßen Anmerkungen zu dem Thema Illusion und Wirklichkeit. Sie erschienen zusammen mit Marlene Dietrichs neuesten Aufnahmen im *Weltspiegel*, der illustrierten Beilage des *Berliner Tageblatts*.

Wem Gott will rechte Gunst erweisen,
den schickt er nicht nur in die weite Welt,
dem sagt er ganz genau, wohin er reisen
muß. Vorausgesetzt, er hat dazu das Geld.

Und hat er's nicht, dann schickt er ihn ins Kino,
da kann er Hollywood von weitem sehn,
und Männer, die noch schöner sind als Valentino,
und Frauen, die aus lauter Sexappeal bestehn.

Und über allem leuchtet eine Sonne,
die hier nicht scheint und dort nicht untergeht.
Das Leben ist ein Film, die Arbeit eine Wonne.
Schön muß es sein! Und das wird dann gedreht.

Die Schauspielerin Louise Brooks, Wedekinds Lulu in dem 1928 von G. W. Pabst gedrehten Stummfilm, schrieb über Marlene Dietrichs erstes Hollywood-Jahr folgendes: «Marlene Dietrich kam zu einer Zeit nach Hollywood, als dort die gesamte Filmbranche Greta Garbo vergötterte – uneingestandenermaßen, aber so unverkennbar, daß es zum Lachen war. Von überallher aus Europa wurden Garbo-Imitationen eingeführt. Regisseure (unter ihnen von Sternberg) hielten Schauspielerinnen an, wie die Garbo zu spielen. Männliche Stars ließen sich Gagenkürzungen und Nennung an zweiter Stelle gefallen, wenn sie dafür mit der Garbo zusammenarbeiten durften. Kleine, dunkelhaarige Schauspielerinnen waren nicht mehr gefragt; andere erblondeten über Nacht, zogen die Augenbrauen in dünnen Bogen aus und trugen falsche Wimpern. Vor der Kamera hatten sie in

Der Regisseur für *Sexappeal* bemüht sich, seine Schülerinnen in Ausdruck und Haltung dem großen Vorbild Greta Garbo ähnlich zu machen. Aprilscherz-Foto auf den Starkult aus der *Berliner Illustrirten Zeitung* von 1930

Großaufnahmen einen geheimnisvoll starren Blick, warfen unerwartet den Kopf zurück und stürzten rücklings auf ahnungslose Betten und Sofas.

Als ich 1930 Marlene Dietrich kennenlernte, gab es niemanden, der nach Aussehen und Auftreten weniger der Garbo geglichen hätte. Ich ging mit Irene und David Selznick auf eine Party, ohne zu wissen, daß das Nachtlokal zu Wohltätigkeitszwecken in einen Spielsaal verwandelt worden war. Jede Art von Glücksspiel ist mir ein Greuel, ich verkrümelte mich deshalb in einen leeren Nebenraum – beinahe leer, auf einer Rundbank, den Kopf an die Säule gelehnt, saß nämlich mutterseelenallein eine hübsche, mollige Blondine. Es war Marlene Dietrich. Ihr schönes blondes Haar war dicht gewellt, sie trug ein himmelblaues Chiffonkleid, und die bemerkenswerten Beine steckten in schweren deutschen Seidenstrümpfen. Zu meiner Überraschung begrüßte sie mich in freundlich-warmem Ton. Und auf einmal wurde sie zur Lola aus dem *Blauen Engel*, einer meisterhaften Gestalt, von keiner andern Schauspielerin je erreicht. Doch als dann

Sergej Eisenstein (links): «Welcher Erniedrigung die Frau in den USA ausgesetzt sein kann, habe ich erfahren, als ich bei Josef von Sternberg die große Marlene Dietrich kennenlernte. Was für eine faszinierende Frau und überragende Persönlichkeit, wenn Sie ihr privat begegnen! Und was für ein armes, unwirkliches Monstrum, wenn man sie als Vamp auf der Leinwand sieht ... Pudowkins Gestalt der ‹Mutter› wird dies alles überdauern.»

Regisseur Victor Barnowsky: «In Marlene Dietrich hat das Theater einen Edelstein verloren, der im Kino seine natürliche Fassung gefunden hat. Als ein Kind ihrer Zeit ist Marlene Dietrich das Spiegelbild, das Muster, das Symbol aller verführerischen Frauen geworden – der Vamp, die ‹femme fatale›, oder wie man es nennen will. Die Garbo ist das Sinnbild des ewig Weiblichen, in göttlicher Stimmung ebenso befeuernd wie in teuflischer, und die Bergner ist das Ideal des modernen Mädchens, geheimnisvoll und unergründlich. Vielleicht wird Marlene der Typ von morgen sein.»

Morocco-Premiere in Hollywood.
Grauman's Chinesisches Theater war
in Licht getaucht. Am nächtlichen
Himmel zogen riesige Leuchtschriften
mit Flugzeugen dahin, und ihre
Tochter sagte: «Siehst du, Mammi,
jetzt schauen die Sterne durch deinen
Namen!»

Morocco herauskam, war jede Ähnlichkeit mit dieser Gestalt ein für allemal dahin. An der neuen, verfeinerten Marlene war keine Spur mehr von gemütlicher Vulgarität oder impulsiver Großzügigkeit. Ihre schroffen, kraftvollen Bewegungen waren verkümmert zu einem gemessenen Schreiten zwischen Posen für den Standfotografen. Von Spiel konnte keine Rede mehr sein, dazu hätte sie ja die Augen aufmachen müssen, die jetzt halbgeschlossen blieben, von dichten falschen Wimpern beschattet. Und eine sichtbare Gefühlsregung hätte der Beleuchtung Abbruch getan, mit der ihre Gesichtszüge herausgemeißelt wurden.

Treue Verehrer behaupten immer noch, es hätte der Dietrich nichts Besseres zustoßen können als die Verwandlung in ein geschniegeltes Hollywood-Glamourgirl. Ich kann indessen den *Blauen Engel* nie sehen, ohne ein wenig zu weinen.»

Die Aufnahmen zu dem von Louise Brooks erwähnten Film *Morocco* (deutscher Titel *Herzen in Flammen*), in dem die Berliner Lola eine milieuvertraute Rolle als Nachtklubsängerin eines marokkanischen Tingeltangels spielte, hatten unmittelbar nach der Ankunft in Hollywood unter Sternberg begonnen. Die

74

Vorlage für den Film lieferte der Roman *Amy Jolly – die Frau aus Marakesch* des Modeautors Benno Vigny. Und gleich mit ihrem ersten Hollywood-Film hat Marlene Dietrich einen Frauentyp kreiert, mit dem man sie fortan identifizierte: Sie galt als die Frau, die nur den Gesetzen ihrer Liebe folgt und ihre Freiheit voll in Anspruch nimmt. Die Cinéasten begeisterten sich vor allem für die Schlußszene, mit der die Idee des Films nochmals in ein malerisch grandioses Bild gesetzt ist. Man sieht, wie Amy Jolly durch ein marokkanisches Tor einem Trupp Soldaten in den Wüstensand folgt, entschlossen, das ungewisse Schicksal an der Seite ihres Legionärs (Gary Cooper) zu teilen, alles hinter sich lassend, was der andere Mann (Adolphe Menjou) mit dem gepflegten Bärtchen und all seinen Reichtümern, die auch ihr gehört hätten, bietet. Lola-Amy ist ihrer filmischen Bestimmung treu geblieben: Sie kann halt lieben nur, / und sonst gar nichts.

Das berühmte Frack-Foto aus dem Film *Morocco* von 1930, das legenden- und imagebildend wurde, indem es Marlene Dietrich für den Film wie für die Öffentlichkeit auf diesen Rollentyp festlegte.

Dieser erste amerikanische Dietrich-Film, ein Film der reinen Bildersprache, besticht durch die Atmosphäre, die Sternberg den einzelnen Szenen zu geben wußte, besonders jenen, in denen sein Star die zu dem Nachtlokal-Auftritt gehörenden Lieder zu singen hat. Eins davon hieß *What Am I Bid for My Apples – Was kriege ich denn für meine Äpfel.* Sie geht dabei mit einem Apfelkörbchen von Tisch zu Tisch, dem Publikum den Kopf verdrehend durch die rätselhaft verführerische Art, wie sie lächelt, die Worte ihrer Lieder betont und dehnt – «Give me the man who does things» – und Männer wie Frauen betört. Zu den Gewagtheiten des Films gehörte die für damaliges Empfinden ungewöhnliche Szene, in der Marlene Dietrich im Herrenfrack eine andere Frau mit leidenschaftlicher Grazie nach dem Vortrag ihres französischen Liedes *Quand l'amour meurt* auf den Mund küßt.

Der Film *Morocco* wurde ein Erfolg, die Kinobesitzer registrierten volle Kassen.

Bemerkenswert war, daß schon in diesem frühen Film von 1930 ihre spätere künstlerische Laufbahn, das Auftreten in Nachtklubs im Herrenfrack mit englischen und französischen Liedern, vorweggenommen ist. Dabei war die Arbeit in dieser Produktion für sie eine schwierige Phase. Marlene Dietrich konnte kaum Englisch – sie mußte sich den Text nach Lautschrift einpauken und hatte obendrein Schwierigkeiten mit der exakten Aussprache. Bei dem Chanson *Quand l'amour meurt* ging es, Französisch lag ihr, aber mit ihrem Englisch brachte sie Sternberg fast zur Verzweiflung. Der Kameramann beobachtete,

daß sie an manchen Tagen nervös und kribbelig war, als stecke sie voller Maikäfer.

Zum Beispiel hat sie zu Adolphe Menjou, der ihr bei der Ankunft höflich seine Hilfe anbietet, den Satz zu sagen: «I don't need any help! – Ich benötige keinerlei Hilfe!» Das Wort «help» sprach sie dabei so angestrengt englisch aus, daß es immerfort wie «hellubh» klang. Durch die Tontechnik verstärkt, ein unmöglicher Akzent! Mit solch einem Makel wäre jeder Film total durchgefallen. Sie strengte sich an, den Weisungen ihres Regisseurs nachzukommen und es richtig zu machen, aber soviel man auch probierte und die Aufnahmen wiederholte, es blieb bei dem komischen Wort «helllp» mit dreifachem «l». Daß sich Menjou fast die Zunge verrenkte, um es ihr vorzusprechen, und auch andere im Atelier es ihr beizubringen versuchten, nutzte nichts. Es verging Stunde um Stunde. Die Situation schien hoffnungslos. Als Sternberg schließlich auf die Idee kam, ihr zu sagen, sie solle das Wort einfach deutsch aussprechen und nicht daran denken, daß es englisch zu sein habe, funktionierte es tadellos.

Die Malaise mit der englischen Aussprache hatte sich schon in Babelsberg gezeigt, als die englische Fassung des *Blauen Engels* abzudrehen war. In dem Chanson mit der Zeile «Männer umschwirrn mich wie Motten das Licht» – in der englischen Fassung: «Men cluster to me like moths around a flame» – machten die Motten enorme Schwierigkeiten. Man sagt, sie hätte das Chanson im Verlauf zweier Drehtage 235mal wiederholen müssen. Die berühmten Weintraub Syncopators hatten an dieser Stelle immer wieder abzubrechen und neu einzusetzen – für ein Begleitorchester wahrlich kein Vergnügen. Sternberg behalf sich damals, indem er an der Stelle, wo die Motten – moths – vorkamen, eine Stimme aus der Menge, es war der Orchestermusiker Horst Graff, laut dazwischenrufen ließ: «Ein Bier! Ein Bier!»

Der Auftritt Lolas im *Blauen Engel* war damit mikrofontechnisch gerettet.

Dieser Vorfall von 1929 hatte noch ein amüsantes Nachspiel. 1960 gab Marlene Dietrich auf ihrer Tournee durch die Welt auch ein Konzert in Australien, wohin die Weintraub-Musiker 1939 emigriert waren. Selbstverständlich war ihr Lied *Von Kopf bis Fuß* im Programm, und selbstverständlich in perfektem Englisch! Als sie zu der Zeile mit den «Motten» kam, rief der anwesende Horst Graff laut in den Saal hinein: «Ein Bier! Ein Bier!»

Der Blaue Engel startete zur gleichen
Zeit als Erfolg am Broadway.

Sie selbst konnte es nicht hören, hat aber sehr gelacht, als sie
nach der Vorstellung von der Sache erfuhr.

Kleine Episoden, die scheinbar am Rande liegen. Doch geben
gerade sie ein Bild davon, welche Schwierigkeiten für Marlene
Dietrich zu überwinden waren.

Bevor Marlene Dietrich 1931 nach Deutschland zu ihrer Fa-
milie zurückfahren konnte, hatte sie in den Studios der Paramount vertragsgemäß noch einen zweiten Film abzuarbeiten,
Dishonored (deutsche Fassung X. 27), wieder unter Sternberg,
der die Spionageaffäre, um die es ging, erfunden und auch einen
Teil der Kompositionen übernommen hatte. Die amerikanische
Filmkritik spricht um diese Zeit, wenn sie Miß Dietrich meint,
bereits von «Legs» (Beine) und anerkannte deren Besitzerin als
Schauspielerpersönlichkeit von außergewöhnlichen Vorzügen.
Sie ist die Geheimagentin des Films, schön, raffiniert, am Schluß
wird sie hingerichtet. Allein mit ihrer Stimme vermochte sie, obwohl oder gerade weil sie nur wenig zu sprechen hatte, um sich
eine Aura des Geheimnisvollen, schwer Enträtselbaren zu schaf-
fen, die auch manches ihrer späteren Chansons für den Kenner
von Stimmen so wertvoll macht.

Der Film *Dishonored* von 1931 wie auch der folgende *Shanghai-Express* von 1932 sind, da sie keinerlei Songs enthielten,
ohne Bedeutung für das Repertoire der Diseuse Marlene Dietrich geblieben.

Für fünf Monate war sie im Anschluß daran wieder in Europa, nahm an den Premieren ihres Films *Morocco* in London
und Paris teil, pflegte in Berlin ihre kranke Tochter gesund, trug

linke Seite: Auch die Raucher nahmen
teil am Genuß des Welterfolgs ihrer
Kinolieblinge. Teil einer Seite aus dem
Zigarettenbilder-Album mit den in Rot
und Gold kolorierten Köpfen von Greta
Garbo, Lilian Harvey und Marlene
Dietrich.

Die ersten Bücher erscheinen über
Marlene Dietrich.
Die Paramount läßt das neue Gesicht
auf Millionen Postkarten drucken
und verbreiten.

unter grandiosem Beifall in Friedrich Hollaenders neu eröffne-
tem *Tingeltangel* ihre Lieder aus dem *Blauen Engel* vor, traf sich
mit ihren Berliner Freunden und machte im März 1931 mehrere
Schallplattenaufnahmen. Darunter war auch der Titel *Peter,
Peter, komm zu mir zurück*, zu dem Friedrich Hollaender den
Text und Rudolf Nelson die Musik geschrieben hatten. Es war
ein Slowfox aus einer Revue von 1929, aber aus dem ursprünglich harmlos-heiteren Liedchen um eine Annonce in der Zeitung
wegen eines entlaufenen Katers mit Namen Peter war nunmehr,
bei Reduzierung des Gesamttextes auf den Refrain, ein eroti-
sches Chanson für Marlene Dietrich geworden, ein Chanson mit
viel Rauch in der Stimme. Und amüsantem Augenzwinkern.

Peter, Peter, komm zu mir zurück!
Peter, Peter, warst mein bestes Stück!
Peter, Peter, ich war so gemein!
Später, später, sieht man erst alles ein!

Peter war der elfte Plattentitel der nunmehr bekannten Künstlerin. Als Nummer zwölf folgte der berühmte *Jonny* und als Nummer dreizehn ein Filmschlager *Leben ohne Liebe kannst du nicht*, zu dem sie der Komponist Mischa Spoliansky persönlich am Flügel begleitete. Bevor sie nach Hollywood ging, waren im Februar 1930 in Deutschland für die Electrola schon sämtliche Titel aus dem *Blauen Engel* aufgenommen worden, zwei davon in englischer Version. Und wer bereits die Lieder Marlenes sammelte, der beeilte sich, auch die allerneuesten Plattentitel aus dem Film *Morocco* auf Odeon zu erwerben.

Im Mai 1931 kehrte Marlene Dietrich mit ihrer Tochter Maria und in Begleitung einer Freundin wieder in die Vereinigten Staaten zurück. Sie nahm das Kind mit, weil Sternberg wie auch Rudi Sieber entschieden hatten, daß es das beste sei – für sie wie für das Kind. Bei der Ankunft in Hollywood empfing sie die Presse mit Schlagzeilen, die nichts Angenehmes verhießen. Es war die Rede von ihrer und Sternbergs Scheidung. Dieses Thema war Tagesgespräch, genährt von Spekulation und Sensationsgier, denn Hollywood war nicht nur eine Metropole des Films, es war ebenso eine Metropole des Klatsches, von dem viele Zeitungen und Journalisten lebten. Es war so, daß Marlenes Mann bereits seit einiger Zeit mit der Schauspielerin Tamara Matul zusammenlebte. Mit ihr übersiedelte er 1932 nach Paris, um in den dortigen Studios der Paramount tätig zu sein.

Die Ehe zwischen Rudi Sieber und Marlene Dietrich hat, obwohl beide getrennte Wege gingen, formal weiter bestanden – und das im Einvernehmen beider Partner. Dieses kameradschaftliche, herzliche Bündnis hat bis zum Tode Rudi Siebers im Jahre 1976 angedauert. *Er* war es im Grunde, der im Leben der Dietrich die Rolle des wahren Gentleman spielte – tolerant, großherzig, der Stimme der Vernunft gehorchend. Und jederzeit präsent, wenn es die Familie erforderte.

Kaum daß Marlene Dietrich in New York das Schiff verlassen und die ersten «Skandalnachrichten» über sich gelesen hatte, übermittelten ihr zwei Rechtsanwälte eine Schadenersatzklage der in New York lebenden Regisseurs-Ehefrau Riza Royce von Sternberg, auf insgesamt 150 000 Dollar beziffert, wegen angeblicher Zerrüttung der Sternbergschen Ehe und Verleumdung. Mrs. Dietrich sollte einer Wiener Zeitung gegenüber geäußert haben, Frau von Sternberg sei eine «pflichtvergessene Ehefrau» und Sternberg wolle sich von ihr scheiden lassen.

Das Familienquartett: Marlene Dietrich, Tochter Maria, Rudi Sieber und Josef von Sternberg

In dieser für sie prekären Situation bat Marlene Dietrich ihren Mann Rudi Sieber, zu einem Familientreffen für einige Wochen nach Hollywood zu kommen, was er selbstverständlich auch tat. Sternberg bekam dadurch für sein Scheidungsverfahren entscheidende Hilfe, und Marlene Dietrich ließ verlautbaren, daß ihr das öffentliche Aufsehen um die Sternberg-Scheidung weitaus lieber wäre als der Gedanke, wegen absurder, aus der Luft gegriffener und ungerechtfertigter Behauptungen gegen sie «auch nur einen Penny zu zahlen». Reporter umschwirrten sie damals wie Motten das Licht, und wenn sie allzu dreist wurden, sagte sie mit leichtem Nachdruck in der Stimme: «Meine Herren, Sie vergessen wohl, daß ich eine verheiratete Frau bin!» Um ihren Star-Regisseur und dessen Arbeit vor weiteren Belastungen zu schützen, zahlte die Paramount an Frau Sternberg schließlich zur Beilegung der Angelegenheit eine Summe von 100 000 Dollar. Für die Kasse der Gesellschaft und die Einnahmen der Kinobesitzer war es unabdingbar, daß der nächste Sternberg-Dietrich-Film *Shanghai-Express* pünktlich anrollte. Alles andere war unwichtig.

In diesem neuen Film wurde sie zur faszinierend-exotischen Shanghai-Lilly stilisiert, einer Abenteurerin, die die vergleichsweise biederen Lebensumstände einer Tingeltangel-Lola weit hinter sich gelassen hat. Ähnlich wie *Morocco* ist auch der *Shanghai-Express* ein Film von außergewöhnlicher visueller Qualität, für den Marlene Dietrich das durch Sternberg immer wieder neu gesehene Objekt abgab. In ihrem mit schwarzen Federn drapierten Kleid wirkte sie wie ein exotischer Vogel. Sie hat in dem Film keine Lieder zu singen, nur durch langsame Sprechweise – «fast wie eine redende Schildkröte» – für das geheimnisvolle Flair zu sorgen. Die Kunst Sternbergs und die Schönheit der Hauptdarstellerin haben nach Meinung von Charles Higham einen phantastischen und zauberhaften Film zuwege gebracht, der alle ihre anderen Filme übertroffen habe.

Hollywood-Erfolge und persönliche Aufregungen gehörten auch für die weiteren Monate des Jahres 1932 zusammen. Kurz vor Drehbeginn zur *Blonden Venus* versuchten Gangster sie mit einer massiven «Kidnapping-Drohung» zu erpressen. Das Leben ihrer Tochter Maria, damals sieben Jahre alt, stand auf dem Spiel und mußte geschützt werden. Das hieß Vergitterung der Fenster, verstärkte Türabsicherungen, Installation einer Alarmklingel, das Kind ständig bei sich zu haben, auch im Filmstudio, Leibwächter zu engagieren – das hieß auch Bewaffnung des Kindermädchens, Polizeihund in der Diele, schlaflose Nächte, Kummer und Sorgen. Auch sonst verlief der Alltag nicht im freundlichen Licht der kalifornischen Sonne. Es gab ernsthafte Differenzen zwischen Sternberg und der Paramount, die Marlene Dietrich verunsicherten, zumindest aber belasteten. Erst nach langen Vergleichsverhandlungen konnten die Dreharbeiten zur *Blonden Venus* aufgenommen werden.

Marlene Dietrich sagte von dem neuen Streifen, es sei «kein besonders guter Film» geworden. Die Fabel ist ziemlich absurd: Aus Liebe zu ihrem Mann (Radiumforscher), dem sie das Geld zu einer lebensrettenden Kur beschaffen will, bewirbt sie sich wieder in ihrem alten Bühnenberuf und wird als «Blonde Venus» mit durchschlagendem Erfolg in einer Revue herausgebracht. Dann kommt, wie immer im Film, der andre; die Verwicklung, die daraus entsteht, zwingt sie mit ihrem Kind zur Flucht und zu Auftritten in billigen Spelunken und Tingeltangeln. Alles aus Liebe zu ihrem kleinen Johnny.

Diese Filmstory um eine Frau, die sich ihrem Mann zuliebe aushalten läßt und für ihr Kind zur Prostituierten wird, fand bei der Kritik keine einhellige Aufnahme. Es fielen Worte wie «maniert», «Sternbergs Tiefpunkt», «Limonade», nie habe man etwas Unbedarfteres und «Hollywoodianerisches» erlebt als diese Geschichte. Aber die Hauptdarstellerin war die Siegerin wie immer. «Was sie zu tun, zu sagen und zu singen hat, wirkt unbetont, als ob sie so gut wie nichts täte, sagte oder singe. Eine

Marlene Dietrich mit ihrem eigenen Kind, das sie vor Kidnappern schützen mußte

unten: Mit dem Filmkind Johnny

Der Dietrich-Fotokult begann. Der Willkommensgruß ihrer Heimatstadt war 1930 ihre neueste Hollywooder Aufnahme als Titelbild der *Berliner Illustrirten Zeitung* mit der Unterschrift: «Ein Schönheitstypus unserer Zeit».

bewunderungswürdige Leistung», meinte das *Berliner Tageblatt* vom 19.11.1932. Und der *Cinema Quarterly*, Edinburgh 1/1932, schrieb dazu: «Wie in *Shanghai-Express* steht Marlene Dietrich im Mittelpunkt, und ebenso wie in diesem Film ist jede ihrer Posen grandios fotografiert. Wie selbstverständlich nimmt sie den Film als das, was er ist – Hintergrund für ihr Ego.»

Bemerkenswert sind die englischen Songs und Kinderlieder, die Marlene Dietrich in dem Film singt – *You Little So-and-So*, *Hot Voodoo* und *I Couldn't Be Annoyed* –, die sie von einer neuen Seite zeigen. In den Programmen ihrer späteren One-Woman-Show finden sich ebenfalls Kinderlieder, wie die poesievolle Geschichte von Paff, dem Zauberdrachen, oder das von ihr selbst verfaßte Wiegenlied.

Der Urlaub, den Marlene Dietrich nach der Filmerei wieder in Europa verbrachte, war nach den hinter ihr liegenden Strapazen und Torturen mehr als verdient. Für kurze Zeit kam sie nach Berlin, um sich mit Bekannten und Schauspielerkollegen zu treffen. Es sollte für die kommenden dreizehn Jahre das letzte Mal sein, daß sie sich in Deutschland aufhielt. Alle Freunde, die sie einlud, darunter Willi Forst und Hubert von Meyerinck, beschenkte sie in gewohnter, generöser Weise. Sie war warmherzig, großzügig und bewundernswert, erinnerte sich einer aus dieser Freundesrunde. Für Berlin war sie mittlerweile der Weltstar Nummer eins geworden. Sie war so populär, daß es bereits Kabarett- und Varieté-Parodien auf sie gab, wie die von Lotte Hrach, die ebenso originell, wie sie Marlene parodierte, Richard Tauber, Max Pallenberg, Lilian Harvey und Claire Waldoff kopierte. Die Comedian Harmonists profitierten ebenfalls von Lolas Ruhm. Sie hatten sich des Spitzenschlagers aus dem *Blauen Engel* angenommen und teilten ihrem Publikum fröhlich singend mit, auch sie seien «von Kopf bis Fuß auf Liebe eingestellt».

Es gab in Berlin für Marlene Dietrich auch Unerfreuliches, so, wenn sie die Zeitungen aufschlug und Meldungen wie diese las: Henny-Porten-Filmgesellschaft eröffnet den Konkurs! – 6500 Kinos in den USA geschlossen! – Die Metro-Film kürzt die Gagen um 35 Prozent! Und wenige Monate vor Hitlers Machtergreifung: NSDAP am 1. April 1932 die Millionengrenze überschritten! – Hermann Göring zum Präsidenten des Reichstages gewählt!

Die krisenhafte politische Situation bestärkte sie in ihrem Entschluß, in Hollywood zu bleiben, obwohl sie immer wieder mit dem Gedanken gespielt hatte, nach Deutschland zurückzukehren. Als sie sich von ihren Freunden und Bekannten in Berlin verabschiedete, ahnte sie nicht, daß knapp ein Jahr darauf schon die ersten von ihnen als politische Flüchtlinge in Hollywood ankommen würden.

Als Marlene Dietrich in die Ateliers von Hollywood zurückgekehrt war, verlangte die Filmgesellschaft, daß sie mit einem anderen Regisseur zu arbeiten hätte, womit sie nicht einverstanden war. Sie weigerte sich und fand sich erst dazu bereit, nachdem ihr eine Klage von 185 000 Dollar Schadenersatz angedroht worden war. So kam es im Frühjahr 1933 in den Paramount-Studios zur Verfilmung des Romans von Hermann Sudermann *Das Hohe Lied* unter dem neuen Regisseur Rouben Mamoulian. Das Drehbuch hatte den deutschen Liebesroman von 1909 in eine rührselige Story verwandelt: Ein Bauernmädchen (Unschuld vom Lande mit Namen Lily) verliebt sich in einen Bildhauer, um dann dessen Mäzen, einem lüsternen Baron, in die Hände zu fallen. Als der Reitlehrer auf dem Landgut des Barons – Falling in Love – das Mädchen in seine Hütte schleppt, stößt sie versehentlich mit dem Fuß die Lampe um, setzt die Hütte in Brand und sich selbst ab nach Berlin, wo sie in einem Nachtlokal, auf dem Kopf einen imposanten schwarzen Federhut, den berühmten *Jonny* von Hollaender singt. Dort entdeckt sie endlich der Bildhauer wieder, an dessen Seite sie nunmehr ein neues, «reines» Leben beginnt.

Die Uraufführung von *Song of Songs*, wie der Film hieß, fand im Sommer 1933 in New York statt. Einige Monate vorher konnte man unter dem Datum vom 19.3. folgende Meldung in den Zeitungen lesen:

Marlene Dietrich vom Pferd gestürzt!

«Marlene Dietrich ist bei einer Filmaufnahme durch Sturz vom Pferd verunglückt. Sie hat einen Nervenschock und Hautabschürfungen davongetragen. Der Unfall ereignete sich, als während einer Filmaufnahme ein junger Schauspieler namens Hardy Albright, der die Rolle des Reitlehrers spielte, Marlene Dietrich die Zügel übergab. Dabei scheute das Pferd, und die Schauspielerin stürzte aus dem Damensattel. Ihr altmodisches Kostüm verfing sich im Steigbügel, und Marlene Dietrich wurde eine kurze Strecke geschleift.»

Glücklicherweise blieb sie von ernsten Verletzungen verschont, die Dreharbeiten konnten weitergehen.

Im Berliner Atelier des Bildhauers Ernesto de Fiori entstand ihr Porträtkopf, in Ton geformt, das Haar chromgelb, die Lippen rot getönt. Größe 38,5 cm, Standort Heimatmuseum Schöneberg, Berlin.

Der Berliner Kritiker Alfred Kerr sah den Film *Song of Songs* in der französischen Fassung im Herbst 1933 in Paris, der ersten Station seiner Emigration, und war hingerissen von der Erscheinung Marlene Dietrichs. Schon in Deutschland hatte er nach eigener Aussage keinen Film ausgelassen, in dem sie aufgetreten war. Nach dem Kinobesuch setzte er sich zu Hause hin, um eine Huldigung für sie zu Papier zu bringen. In seinem Aufsatz *Marlene an der Seine* rühmte er ihr Gesicht mit den «einmaligen blassen Backenknochen» und dem «himmlischen Schattenreich darunter». Über dem «Geniewunder der Gesichtsvision» Marlene Dietrich vergaß er sogar seine einstige Fehde wider den seligen Sudermann, den er einmal in einer Schmähschrift als den «D... Di... Dichter» betitelt hatte, und gab sich ganz dem Eindruck dieses Abends in einem Pariser Kino hin. «Nein, hier ist keine Kritik des Werkchens möglich; hier kriegt ein ‹höchstes Glück der Erdenkinder› bezaubernde Gestalt. Hier tritt das vor-

Ein Hundeleben

März 1931

„Essen müssen wa endlich mal — wenn wa Puzzi nich vakoofen, muß er selber in de Pfanne!"

hin erwähnte Gesicht in Kraft. Schwermut – und (die Zigarette schräg) etwas wie Ausgelassensein; eine witzige Tragik; Verachtung liegt darin; Schmiß im Verzweifeln; die letzte Schönheit in der Trauer.

Nur diese eine Person hat das heut ... Und man blieb von Schönheit erschüttert. Das ist es: von Schönheit erschüttert.»

Marlene Dietrich blieb von diesem Film nicht nur der hier zitierte Essay ihres Bewunderers Alfred Kerr, sondern auch das weltweit bekannte Lied *Jonny, wenn du Geburtstag hast.* Das Lied ist allerdings älter als der Film; schon 1920 war es als Notendruck in einem Berliner Musikverlag erschienen. Es war ursprünglich auch nicht für Marlene Dietrich geschrieben worden, sondern für Blandine Ebinger, die es in der originalen, vollständigen Fassung 1920 auch kreiert hatte. 1931 hatte Marlene Dietrich den *Jonny* mit Begleitorchester unter Leitung von Peter Kreuder in Berlin auf Platte eingesungen, die internationale Verbreitung kam aber erst in der englischsprachigen Fassung mit ihrem Film *Song of Songs.*

So etwas wie der *Song of Songs* – das *Lied aller Lieder* – ist *Jonny* auch für das Repertoire Marlene Dietrichs geblieben. Es wiederholte sich, was in der Geschichte des Chansons ein häufig zu beobachtendes Phänomen ist, daß nämlich Lieder eins werden mit ihren Interpreten. Genauso wie Claire Waldoff sich nicht mehr von ihrem *Hermann* trennen konnte, sobald das Lied einmal entstanden war, so nahm auch Marlene ihren *Jonny* auf alle ihre späteren Tourneen mit. Über die Jahre hinweg wurde es ganz ihr Lied, sie modellierte es sich zurecht, ein Spielzeug in ihrer Hand, jedesmal mit einer neuen raffinierten Nuance versehen, immer wieder verschieden belichtet, je nachdem, ob sie *Jonny* als «German Sex Song» in einem Nightclub von Las Vegas oder Paris vortrug, ihn auf offenen Lastwagen in Militärmontur vor Soldaten an der Front sang oder auf der Bühne des Moskauer Estradentheaters. Als perfekter Köchin – die sie auch in der internationalen Küche des Chansons war – machte es ihr Freude, die Pointen des Liedes immer wieder neu abzuschmecken und zu garnieren. Ob berlinische, französische, südamerikanische oder russische Küche, das war egal. Miß Dietrich beherrschte die Rezepturen und bezauberte ihr altes wie ihr junges Publikum durch den Witz und die Erotik ihres Refrains. Aus fünf Takten, wie Feuer hineingehaucht in das Mikrofon, und mit vielsagender Verzögerung der Notenwerte – «Ach, komm doch mal zu mir / nachmittags um ... halb ... vier!» –

Auf Besuch in Europa, im Tweed-
kostüm mit Krawatte, gesehen mit
den Augen des Fotografen

verstand sie eine elegante Selbstparodie daraus zu machen, die das Publikum mit Zustimmung und Erheiterung quittierte.

Die vorangehenden Strophen, die das Lied ursprünglich einmal hatte, sind längst entfallen. Seit Marlene Dietrich zählt nur noch der Refrain.

Nicht weniger amüsant als der Vortragsstil ist die Entstehung des *Jonny*. Obwohl mehr eine kleiderlose Angelegenheit, entstand dieser Tanzdielen-Foxtrott in Hut und Mantel. Friedrich Hollaender war schon fertig angezogen, um mit Blandine Ebinger zu einer Gesellschaft zu gehen. Da seine Frau noch mit ihrer Garderobe beschäftigt war, stellte sich Hollaender zur Ablenkung ans Klavier und spielte in Hut, Mantel und Handschuhen, es war eine Eingebung des Augenblicks, den *Jonny* druckreif herunter, ohne nachzudenken oder einzuhalten. «Meteore», sagte er, «die einem da vor die Füße fallen», oder mit seinem Witz ausgedrückt: «Eine Künstlerfrau sollte nie mit dem Anziehen fertig werden. Dann hätten wir was!»

Etwa zur gleichen Zeit, als im fernen Kalifornien die Filmarbeiten für den *Song of Songs* in den Studios der Paramount anliefen, kam in Deutschland Hitler mit seinen Gefolgsleuten an die Macht. Nach Nazi-Deutschland wollte Marlene Dietrich auf keinen Fall zurück, obwohl sie dort sicher hochwillkommen gewesen wäre. So wählte sie nach Abschluß der Dreharbeiten Paris als zeitweiligen europäischen Aufenthaltsort. Hier trifft sie sich mit Emigranten, alten Berliner Freunden, von denen sie sich über die realen Verhältnisse in Deutschland ins Bild setzen läßt. Und sogleich beginnen auch ihre Hilfsaktionen für die nach Paris Geflüchteten. Von ihrer Hotelsuite in Versailles aus ruft sie das Hôtel Ansonia an. Das war ein kleineres, billiges Hotel in einer engen Nebenstraße unweit des Arc de Triomphe, in dem sich Prominente aus der Berliner Filmglanzzeit, jetzt arbeitslose Emigranten, einquartiert hatten, darunter die Komponisten Friedrich Hollaender und Franz Wachsmann, der Regisseur Billy Wilder, der Schauspieler Peter Lorre, Max Kolpe (Colpet), der Journalist Pem (Paul Markus) und andere.

Der Schriftsteller Max Colpet hielt es zunächst für einen Scherz, als eine männliche Stimme – es war der Hoteldirektor des Versailler Hotels Trianon – ihm und Franz Wachsmann die Nachricht übermittelte, sie möchten bitte nach Versailles kommen, Madame Dietrich erwarte sie. Colpet reagierte auf den vermeintlichen Telefonbluff zunächst überhaupt nicht und sagte schließlich gleichgültig, als sich die Anrufe wiederholten, Frau Dietrich möchte dann doch ihren großen Wagen schicken, sie seien mittellose Emigranten und hätten nicht das nötige Fahrgeld. Sein Erstaunen war komplett, nicht minder seine Verlegenheit, als nach einiger Zeit tatsächlich ein 16-Zylinder-Cadillac mit Chauffeur vor dem kleinen *Ansonia* hielt, um die beiden abzuholen.

«Nie werde ich den Moment unserer Begegnung mit Marlene vergessen», berichtet Colpet. «Der Chauffeur riß den Wagenschlag auf. Wir stiegen aus und sahen uns verlegen um. Breite, imposante Stufen führten hinauf zum Eingang des Hotels. Davor eine Frau, die wie ein Engel aussah, der ‹Blaue Engel›, in einem phantastischen Chiffonkleid, in dessen Falten der Sommerwind spielte. Neben Marlene standen ihr Mann und das kleine, hübsche Töchterlein, ‹Heidede› genannt. Marlene verließ die beiden und kam uns entgegen.» Ehe Colpet den Mund aufmachen konnte, um sich für sein Verhalten am Telefon höflich zu entschuldigen, sagte sie lächelnd: «Sie haben das Ganze für einen Scherz gehalten, nicht wahr?»

Und Colpet dachte bei sich: Nicht nur schön, klug ist sie auch!

In ihren Berliner Jahren hatten Colpet und Wachsmann einmal zusammen ein Lied geschrieben, *Allein in einer großen Stadt*. Marlene liebte dieses Lied und wollte es gern in Paris für die Plattenfirma Polydor aufnehmen. Den Text kannte sie noch auswendig, ihr fehlten aber die Noten, und das war der Grund, weshalb sie die beiden zu sich gebeten hatte. Wachsmann, der versierte Musiker, hatte die Melodie noch gut im Gedächtnis. Die Proben konnten beginnen, aber nicht bevor die beiden Gäste fürstlich bewirtet worden waren.

Die Plattenaufnahmen erfolgten in derselben Woche. Für die Rückseite der Platte schrieb Max Colpet für Marlene Dietrich noch ein anderes Lied – *Wo ist der Mann?* –, für das Peter Kreuder die Musik komponierte; Kreuder war es auch, der das Orchester bei den Pariser Aufnahmen dirigierte. Es handelte sich insgesamt um sechs Titel, die Polydor mit Marlene Dietrich Anfang 1933 in Paris produzierte: *Assez, Je m'ennuie, Ja, so bin ich, Allein in einer großen Stadt, Mein blondes Baby* und *Wo ist der Mann?*.

Der ganz in Moll gehaltene Monolog einer Frau *Allein in einer großen Stadt* erinnert an die Großstadtlyrik jener Jahre, für die Erich Kästner weitgehend den Ton angab.

So sah der Pressezeichner Conny vom Berliner *8-Uhr-Abendblatt* Marlene Dietrich.

Man lebt in einer großen Stadt
und ist doch so allein!
Der Mann, nach dem man Sehnsucht hat,
scheint noch nicht da zu sein.
Man kennt ihn nicht und kennt ihn doch genau,
und man hat Angst, daß er vorübergeht.
Und sucht bei andern ihn und bleibt doch seine Frau,
bis man ihm plötzlich gegenübersteht.

Und da weiß man nicht, was man sagen soll,
und man findet alles so banal.
Und man nahm doch früher gern den Mund so voll,
und jetzt stottert man mit einemmal.
Alles das, was man sich vorgenommen hat,
ihm sofort im ersten Augenblick zu sagen,
das vergißt man glatt, denn es sagt sein Blick,
daß er einen längst verstanden hat.

Die Zusammenarbeit mit dem Chansonautor und Textdichter Max Colpet, die 1933 in Paris begonnen hatte, hielt in späteren Jahren an, beide blieben freundschaftlich miteinander verbunden, während Marlene Dietrich die Beziehungen zu dem Komponisten Peter Kreuder, mit dem zusammen sie in ihrer Berliner Zeit Platten aufgenommen hatte, nach 1945 löste, nachdem sie von seiner Vergangenheit in Nazi-Deutschland erfahren hatte. Kreuder hat ihr das sehr übelgenommen; in seinem Buch *Nur Puppen haben keine Tränen* (1971) finden sich giftige Bemerkungen darüber. Marlene Dietrich verfuhr im Vergleich dazu sehr großmütig mit ihm, indem sie in ihren Büchern den Namen Kreuder nicht ein einziges Mal erwähnte. Damals, 1933, war die Produktion der Platte mit Wachsmann und Colpet in Paris eine Form der finanziellen Unterstützung für die beiden Emigranten. Damit die Platte in Deutschland verkauft werden konnte, erhielten Texter und Komponist – beide im offiziellen Nazi-Sprachgebrauch «Nichtarier» – andere Namen. Wachsmann bekam das Pseudonym José d'Alba, und Colpet firmierte unter Kurt Gerhardt. Trotzdem wußten Kenner der Szene, von wem der Text und die Musik zu der neuen Erfolgsplatte von Marlene Dietrich stammten und daß ausschließlich sie es gewesen war, die alles arrangiert hatte.

Mit diesen und den folgenden Plattenaufnahmen, die von nun ab in Los Angeles und New York gemacht wurden, legte

Marlene Dietrich den Grundstein zu ihrem umfangreichen und stilistisch differenzierten Chanson-Repertoire, das in den fünfziger Jahren ihre zweite Karriere als Diseuse und ihren Siegeszug durch die Welt begründen sollte.

Nach angespannten Arbeitstagen in den Schallplattenstudios und den Pariser Ateliers, wo sie die französische Synchronisation von *Song of Songs* überwachte, ging Marlene Dietrich mit ihren Freunden und Bekannten gern aus. Sie bevorzugte kleine Nationalitätenrestaurants wie das russische *Chez Kornilow* oder das tschechische *Chez Luis*, dessen besondere Spezialität Quarkknödel waren. Häufig suchte sie die Küchen der Restaurants auf und sah bei der Zubereitung der Speisen zu. Man fühlte sich geehrt, wenn Marlene in die Töpfe guckte, da sie vom Kochen viel verstand. Und für das betreffende Lokal war es eine willkommene Reklame. Sie bekannte damals schon, gern in Paris zu sein, in der Stadt mit den breiten, von prachtvollen Bäumen gesäumten Avenuen, den eleganten Geschäften und Boutiquen, die sie ebenso liebte wie die vielen Cafés mit den bunten Markisen. Mit Paris und den Menschen der altehrwürdigen und doch so modernen Metropole Frankreichs kam sie schnell in engen Kontakt, besonders mit den Schauspielern, Fotografen, Modeschöpfern und Chansonniers, von denen viele ihre Freunde wurden. So entstand über die Jahre der Wunsch, sich für immer hier niederzulassen. Ausschlaggebend war für sie nicht zuletzt, daß in Paris ihr Mann Rudi Sieber lebte, dem sie eine Stellung bei der Paramount-Vertretung verschafft hatte. So kam es regelmäßig zu Treffen in der Stadt, ein Ereignis, das für alle Familienmitglieder seine Bedeutung hatte.

Im September 1933 kehrte Marlene Dietrich nach Hollywood zurück, um ihren nächsten Film, diesmal wieder mit Sternberg, zu drehen. Er hieß *Die große Zarin* und war als «strenge Stilübung» gedacht; Szenerie und Dekor überwucherten dabei alles übrige so sehr, daß der Film bei der Kritik durchfiel. Man sprach von «geradezu idiotischen Manieriertheiten» und bemängelte, daß die Schauspieler von grimmigen Ikonen, Märtyrerstatuen und einer düsteren Architektur an die Wand gedrückt würden. Für die Filmgesellschaft, die unter hartem Konkurrenzdruck stand, war ein solcher Reinfall nicht ohne wirtschaftliche Folgen. Zum erstenmal konnten die in den Film investierten 900 000 Dollar durch die Kasseneinnahmen der Kinos nicht gedeckt werden. Es gab Anzeichen, daß die Paramount ihren eigenwilligen, problematischen Regisseur angesichts der allgemeinen wirtschaftlichen Schwierigkeiten nicht mehr ewig würde halten können.

Trotz dieses filmischen Mißerfolgs stand Marlene Dietrich im Zenit ihres Ruhms. Ihre Jahresgage betrug 350 000 Dollar, sie bewohnte einen der üblichen exklusiven Bungalows in Beverly Hills, der «goldgepuderten Laubenkolonie», wie Friedrich Hollaender die Siedlung der Prominenten nannte, war begehrtes Objekt der Fotografen, gab Interviews und Partys und war in allem, was sie tat und sagte, so etwas wie eine Institution geworden.

Sie lebte nicht weniger luxuriös als andere Stars ihrer Größenordnung auch, hatte ihren Chauffeur, eine Hauswirtschafterin und ein Kindermädchen und sorgte dafür, daß ihre Tochter, die seit der Kidnapping-Affäre strengstens abgeschirmt leben mußte, zu Hause erstklassigen Privatunterricht erhielt. In ihrem Haushalt habe es aber, sagt man, weniger Dienstboten gegeben als bei den anderen Divas. Sie erledigte vieles selbst, blieb im normalen Leben die Berliner Hausfrau mit dem praktischen Sinn und dem Blick fürs Reale. Viel gerühmt wurden ihre Großzügigkeit und Hilfsbereitschaft Freunden und Kollegen gegenüber, wenn sie einmal in Not geraten waren. Es sind darüber hinaus viele Geschichten überliefert, wie sie sich während laufender Dreharbeiten um erkrankte Mitarbeiter des Filmstabs kümmerte. Sie fuhr hin zu ihnen, kochte ihren Pfleglingen ihre vielgepriesene Hühnersuppe, räumte die Wohnung auf und griff, wenn notwendig, auch zu Schrubber und Scheuerlappen.

Die Arbeit für den Film in Hollywood war in den dreißiger Jahren keineswegs so anstrengend, wie man das vermuten könnte, wenn man heutige Lebens- und Arbeitsbedingungen dagegenhält. Man hatte viel Freizeit und konnte etwas damit anfangen. Außerdem lebten in Hollywood viele aus Berlin stammende Schauspieler, Regisseure, Schriftsteller und Komponisten. Einige von ihnen waren schon seit den zwanziger Jahren hier, andere kamen 1933 und dann bei Ausbruch des Krieges als Flüchtlinge aus den besetzten Ländern. Es gab eine richtige deutsche Kolonie, deren Mittelpunkt Ernst Lubitsch, Berthold Viertel, Billy Wilder, der Bühnen- und Liedtextdichter Walter Reisch mit ihren Mitarbeitern und Familien bildeten, die sich gegenseitig einluden und besuchten. Man fuhr mit Freunden zu den Filmpremieren in Graumans Chinesisches Theater – so genannt nach seiner exotischen Fassadengestaltung –, zu Theatervorstellungen nach New York, wenn ein neues Stück am Broadway lief,

Alfred Polgar. Für ihn war die Haltung und Hilfe Marlene Dietrichs 1934 in materiell bedrängter Lage der einzige Lichtblick. «Sie hat sich phantastisch nett zu mir benommen. Rührend nett. Ich danke es ihr, daß ich sozusagen noch obenauf schwimme» (Polgar an Berthold Viertel, 2.7.1934).

machte Ausflüge in die Reservate von Kalifornien oder fuhr zum Baden aus der Stadt hinaus zu einem der Strände des Stillen Ozeans, die vor der Haustür lagen.

Nicht nur einmal gab es auch Ausflüge in das benachbarte Pasadena mit seiner berühmten Huntington Gallery, wo Marlene Dietrich den *Blue Boy* von Gainsborough, ein Gemälde des englischen Rokoko, betrachten konnte. In ihren Berliner Jahren hatte dieses klassische Bild der europäischen Kunstgeschichte ihr einmal als Modell für ein Kostümfest gedient. Sie erschien damals, wie auf einer Fotografie zu sehen ist, als perfekter «Blue Boy» in der vornehmen Jünglingstracht von 1770, dem Original verblüffend ähnlich.

Danach hat sie auf ungezählten Gesellschaften, Partys und Bällen die Anwesenden durch den supereleganten, stets überraschenden Stil ihrer Bekleidung zur Bewunderung hingerissen. Die Frauen waren oft wütend über sie, doch die Herrenwelt applaudierte, wenn sie mit Seglermütze, marineblauem Blazer und weiten, weißen Hosen erschien oder ihre Gäste am Nachmittag im Hausanzug aus Goldlamé, für die Gartenparty dagegen in kurzen bayerischen Lederhosen überraschte.

Zu dieser Zeit verfaßte Marlene Dietrich für große Magazine und Zeitschriften, die entsprechende Honorare zahlen konnten, verschiedentlich Artikel, um die man sie gebeten hatte. Sie klärte ihre Leser auf, daß ein sogenannter Vamp, der sie nicht war und nicht sein wollte, ein bedauernswertes, armseliges, weil liebeleeres Geschöpf sei, das sich am Ende selbst zerstören müsse, und keineswegs ein erstrebenswertes Ideal sei. Daneben gab sie auch Ratschläge fürs Kochen – wie man Champignons oder Gurkensalat richtig zubereitet; ob man sich einen Nerzmantel zulegen soll – ja, wenn Sie das Geld haben, rate ich unbedingt dazu! – und welche Bedeutung die natürliche, gesunde Eifersucht für die Liebe hat. Viele solcher Ratschläge und Aussprüche von ihr sind in ihrem späteren Buch *ABC meines Lebens* wiederzufinden. Sie hat sie über die Jahre gesammelt, und 1962, als man sie drängte, ihre Memoiren zu schreiben, hat sie diese Sprüche in Buchform, anstelle der noch nicht beendeten Lebenserinnerungen, in einem New-Yorker Verlag veröffentlicht.

Hollywood als die Film-Metropole versuchte die deutsche Schauspielerin schon mit Beginn der dreißiger Jahre für sich zu reklamieren. Je mehr die Filme mit ihr den Ruhm Amerikas mehrten, um so selbstbewußter wurde in dieser Hinsicht die

Der *Blue Boy*, das berühmte Gemälde von Gainsborough, dargestellt von Marlene Dietrich auf einem Kostümfest 1930

In Deutschland hatte zuerst Alfred Eisenstaedt, einer der Pioniere der modernen Fotografie, Marlene Dietrich ins Bild gebracht. Das Original seines Marlene-Kostümfotos trägt die Jahreszahl 1928. Ein Jahr später nahm er Marlene Dietrich wiederum in Berlin auf einem Ball auf, dieses Mal in Frack und Zylinder. Auch dieses Bild machte Fotogeschichte. Es war der Vorläufer der Frackrolle im *Morocco*-Film von 1931. Eisenstaedt, selbst im Frack und ziemlich nervös, hatte Schwierigkeiten, die richtigen Platten aus den Frackschößen herauszubekommen. Marlene Dietrich lachte über ihn und sagte: «Sie sehen ja aus wie ein verängstigter Pinguin!»

Sprache der Presse. Die Interviewpartner aus den Redaktionen großer amerikanischer Zeitungen sorgten dafür, daß unzählige Storys in Umlauf kamen. Diese fanden wiederum Eingang in die Spalten der Filmfachblätter, Magazine und Boulevardzeitungen, die ihrerseits stolz darauf waren, daß sie die Nation mit den neuesten, notfalls erfundenen Meldungen aus dem Privatleben der Stars auf dem laufenden hielten.

Man nannte Marlene Dietrich in den dreißiger Jahren «Hollywood's Number One Glamour Girl». Glamour – darunter verstand man den alles überstrahlenden Glanz von Reichtum, Schönheit und Luxus, wie er nur den Großen der Filmwelt beschieden war. Das einträgliche Bild von Glimmer, Glanz und Glitzer wurde von den Publicity-Abteilungen der Filmgesellschaften pausenlos reproduziert, es war ein Teil des Business, unerläßlich auch für die benachbarte Mode- und Kosmetikbranche, die ihre Millionenprofite daraus zog.

Einer der amerikanischen Hauptdarsteller in *Angel*, der Marlene Dietrich während der Arbeit an diesem Film zum erstenmal

Marlene Dietrich mit Maria an ihrem Swimmingpool

begegnete, sagte zu diesem Thema dem Buchautor Charles Higham, der alle Stimmen über sie sammelte: «Sie wurde allgemein als Glamour-Girl verkauft, während ich fand, daß sie ein ausgesprochen häuslicher Typ war, das, was die Deutschen ‹gemütlich› nennen. Sie brachte immer irgendwelchen Kuchen mit, selbstgebacken, oder Gebäck, das wir alle nachmittags gemeinsam zum Tee oder Kaffee aßen. Auf ihre Kochkünste war sie stolzer als auf ihre schauspielerischen Fähigkeiten.»

«Ich war zwar ein ‹Glamour-Star› geworden, aber in einer Glamour-Welt lebte ich nicht.» Das ist ihr eigner Kommentar dazu. Marlene Dietrich als «Glamour-Girl» scheint eine ausschließlich und einseitig amerikanische Betrachtungsweise zu sein, mit der die so Abgestempelte nicht glücklich sein konnte, denn daß sie ihre Persönlichkeit und ihr Privatleben nicht von diesem Modewort vereinnahmt wissen wollte, lassen Interviews, die sie den Zeitschriften gewährte, erkennen. Ein bekannter Journalist, Ben Maddox, stellte ihr 1935 die Frage, in welcher Weise sie glaube, durch Hollywood verändert worden zu sein: «In what ways do you feel that you have been changed by Hollywood?» Sie antwortete ihm: «Ich glaube nicht, daß ich mich verändert habe, außer daß ich natürlich älter geworden bin. Und ich habe größere Verantwortung zu tragen. Da ist das Gefühl, als ob eine ganze Produktion auf den eigenen Schultern liege. Aber Hollywood? Es tut den Leuten nichts Schreckliches an. Gewiß nicht denen, die starke Persönlichkeiten sind und eine klare Meinung von sich selber haben.»

93

Bei einfältigen Fragen, die ihr die Reporter nicht selten stellten, lächelte sie in der Regel; waren die Fragen anmaßend, impertinent und über den Rahmen des Erlaubten hinausgehend, konnte sie allerdings ziemlich spitz werden.

«Man sagt, Sie seien bei Ihrer Ankunft in Amerika unmodern gekleidet gewesen. Und dann gibt es auch die Trilby-Legende ...» Trilby ist ein harmloses Mädchen, das von dem Blick des Magiers und dämonischen Hypnotiseurs Svengali in ein unwirkliches Geschöpf verwandelt wurde. Nach diesen beiden Gestalten aus der amerikanischen Literatur hat man den Regisseur Josef von Sternberg mit dem Spitznamen *Svengali Jo* belegt und Marlene Dietrich seine *Trilby* genannt. In den Memoiren von George Grosz zum Beispiel ist von beiden fast nur unter diesen Namen die Rede.

Marlene Dietrichs Antwort auf die Fragen von Ben Maddox war abermals ein vielsagendes Lächeln: «Diese Theorie, daß ich bei der Ankunft in Amerika unmodern gekleidet und ein einfältiger Hausfrauen-Typ von Schauspielerin gewesen sein soll, ist absurd. Ich kam aus Berlin, einer Weltstadt. Und ich brachte Koffer voll Pariser Kleider mit. Wenn Sie Fotos von mir damals und heute vergleichen, sehe ich besser aus heute. Aber es ist das keine Hollywood-Politur. Das hat die Zeit mit sich gebracht. Schauen Sie Ihre eigenen Fotografien von früher an. Die werden genauso antiquiert und komisch sein. Und was die Sternberg-Trilby-Legende betrifft, so belustigt mich das. Jeder Mensch mit Verstand kann sehen, daß ich nicht hypnotisiert worden bin. Unverkennbar habe ich etwas von mir selbst hinter diesem Gesicht. Sie können in den Kopf einer Frau kein Gehirn tun, wenn es nicht schon vorher darin vorhanden war.»

«Sie meinen also, daß Hollywood Ihren Lebensstil nicht verändert hat?» – «Keinesfalls. Meine Eltern hatten Geld. Ich lebe so, wie ich in Deutschland gelebt habe. Außer daß ich hier Guards (Leibwachen) um mich haben muß.»

Reporter Ben Maddox wollte noch wissen, ob sie Hollywood liebe. Job- und publicity-bewußt erwiderte sie: «Oh, yes, indeed.» Dessenungeachtet kehrte sie fast jedes Jahr nach Paris zurück, das ihr auf andere Weise und viel besser gefiel. Bereits im Frühjahr 1934 war sie wieder an der Seine. Bei der Rückkehr in die Vereinigten Staaten lernte sie auf dem Passagierschiff «Île de France» den Schriftsteller Ernest Hemingway kennen, der einer ihrer dauerhaftesten Freunde werden sollte und sie später liebevoll mit dem Spitznamen «Kraut» ansprach oder auch

rechte Seite: Die Fotografie, auch im Film, wurde immer raffinierter. Linienführung und Arrangement huldigten einer Eleganz, deren Ziel das schöne Spiel, die perfekte Illusion, die Selbstdarstellung von «Glamour and Fashion» war. Schöne Schauspieler wurden zur Ikone stilisiert.

Marlene Dietrich

«Mamma». Die Geschichte ihrer Bekanntschaft war sehr ku-
rios. Hemingway stellte sich auf dem Schiff männlich-galant als
vierzehnter Teilnehmer einer Abendgesellschaft zur Verfügung,
als deren dreizehnter Gast Marlene Dietrich eingeladen war
und – abergläubisch, was sie zu sein von sich behauptete – nicht
teilnehmen wollte.

Ende 1934 wird der letzte gemeinsame Film Sternbergs und
Marlene Dietrichs abgedreht. Unter dem Titel *The Devil Is a
Woman (Die spanische Tänzerin)* schildert er die an *Carmen*
erinnernde Geschichte einer spanischen Tänzerin, die das Leben
eines einflußreichen Politikers in den besten Jahren zerstört.
Die *New York Times* hielt den Film für das «beste Ergebnis
der Kombination Sternberg–Dietrich seit dem *Blauen Engel*»,
machte aber darauf aufmerksam, daß das Kinopublikum den
intellektuell anspruchsvollen Film mißverstehen und ablehnen
werde, was auch der Fall war. Nach Meinung der Zeitung war
die Produktion ein «mokanter, unbarmherziger Angriff auf das
von Hollywood während all der Jahre so andächtig abgehan-
delte Motiv vom romantischen Sex». Das hatte die Produktions-
firma Sternberg übelgenommen, zumal er seine kühnen film-
künstlerischen Experimente auf Kosten der Einnahmeprofite der
Paramount realisierte. Schon der letzte Film *Die große Zarin*
war für die Gesellschaft ein Verlustgeschäft von beträchtlichem
Umfang gewesen. Man hatte daraufhin den Produktionschef
Ben Schulberg entlassen. An seine Stelle war Ernst Lubitsch getreten, der sich nach seiner Reinhardt-Zeit schon seit Anfang
der zwanziger Jahre in Hollywood aufhielt und als der erfolgreichste Regisseur der Welt auf dem Gebiet des anspruchsvollen
Unterhaltungsfilms galt und daher kein Risiko für die Finanzen
der Film-Company war.
    1935 trennte sich die Paramount endgültig von ihrem schwie-
rigen Regisseur Sternberg. Ernst Lubitsch als eigener Produzent
nahm noch im gleichen Jahr Marlene Dietrich und Gary Cooper
für sein elegantes Filmlustspiel *Desire (Sehnsucht)* unter Vertrag, um mit diesen beiden Stars die Geschichte einer verführerischen, international gesuchten Juwelendiebin zu verfilmen. Das
Drehbuch entstand nach einer Komödie von Hans Szekely und
R. A. Stemmle, der in Berlin zuletzt für die UFA und Werner
Fincks *Katakombe* tätig gewesen war. Für die Musik verpflichtete Lubitsch ebenfalls einen erfolgreichen Berliner: Friedrich
Hollaender, der inzwischen in Hollywood lebte, wo er als Film-

komponist sehr gefragt war. In Zusammenarbeit mit dem Text-autor Leo Robin entstand für *Desire* der Song *Awake in a Dream*, der zwar solide war, aber bei weitem nicht jene Resonanz fand wie vier Jahre später sein Western-Schlager *The Boys in the Backroom*. Der Londoner *Spectator* meinte nach der Aufführung des Films 1936, Marlene Dietrich dürfe darin zeigen, daß sie eine Schauspielerin sei, sie dürfe sogar singen. «Und was für Erinnerungen an eine billige Tingel-Tangel-Sängerin mit schief aufgesetztem Zylinder, die diese rauhe Stimme wachruft!»

Einen anderen Film, *I Loved a Soldier*, beendete sie damals nicht, da es Streitigkeiten mit dem Regisseur gab, der in ihre Kompetenzen einzugreifen suchte, indem er ihr vorschrieb, wie sie in einer Szene als Scheuerfrau auszusehen habe und wie nicht. In solchen Fragen ließ sich Marlene Dietrich keine Vorschriften machen. Am achtundzwanzigsten Drehtag überließ sie kurzerhand das Atelier dem Regisseur und das gedrehte Fragment der Filmgeschichte.

Ihre beiden nächsten Filme, die 1936 und 1937 herauskamen, *The Garden of Allah (Der Garten Allahs)* und *Angel (Engel)* – zu letzterem schrieb Friedrich Hollaender wieder die Musik –, wurden von der zeitgenössischen Kritik als wenig bedeutungsvolle Produktionen eingeschätzt. Für das Liedrepertoire Marlene Dietrichs sind sie gleichfalls ohne Folgen geblieben, obgleich im Film *Angel* ein Song vorkommt; Marlene Dietrich hat ihn aber in ihre späteren Konzertprogramme nicht aufgenommen. Selten zu hören im Repertoire der Diseuse war später auch das Lied *Three Sweethearts Have I*, das der Filmkomponist Ralph Rainger für sie auf einen Text von Leo Robin komponierte. Sie singt es 1935 in *Devil*, als Spanierin in phantastische, netzartig durchbrochene Kostüme gehüllt:

Three sweethearts have I,
To all three I'm true
And I could be as true to you.

Die Komponisten, die die Songs zu ihren Filmen schrieben, waren ausnahmslos profilierte künstlerische Persönlichkeiten, wie der in New York geborene Ralph Rainger (1901–1942), der als Schüler Arnold Schönbergs, Pianist in Paul Whitemans Orchester sowie als Klavierbegleiter von Vaudeville-Sängern einen guten Namen hatte. Neben Friedrich Hollaender und Franz Wachsmann zählte er zu Hollywoods prominenten Filmmu-

Sie liebte die Literatur und die Musik. Sie kannte die neuesten Schlager und Schallplatten. Sie kreierte Mode und hatte ein Faible fürs Fotografiertwerden: die junge Marlene Dietrich, die drei Jahre später alle entdeckt haben wollten.

Spionin X 27 aus *Dishonored*

Spanische Tänzerin

Shanghai-Lily privat

Blonde Venus

Lola

Verführerin des Feindes

Mit ihrer Negerpuppe, die in allen ihren Filmen als Maskottchen dabeisein mußte

«Blonde Venus», in den Schoß der Familie zurückgekehrt

Filmpostkarten der Paramount aus dem Ross-Verlag waren und sind der Stolz aller Sammler und Kinofans.

sikern der dreißiger Jahre. Zu mehr als 35 Filmen schrieb er Songs, meistenteils mit seinem Textautor Leo Robin zusammen. Bing Crosby, Amerikas Schlagerliebling und Star vieler Hollywood-Musikfilme, machte nicht wenige davon populär.

Marlene traf Bing Crosby eines Tages in seiner Garderobe im Filmstudio an, als er Schallplatten von Richard Tauber hörte. Das interessierte sie sehr, weil sie seit ihren Berliner Jugendjahren zu den Verehrern Richard Taubers gehörte. Crosby erklärte ihr, daß er anhand der Aufnahmen die Atemtechnik und die Besonderheiten der Tauberschen Phrasierung studiere, was Marlene Dietrich sofort für den Amerikaner einnahm, und deshalb «liebte ich Bing Crosby von diesem Augenblick an».

Der singende Schauspieler Bing Crosby ist nicht der einzige, den sie aus der gemeinsamen Arbeit für den Film kennenlernte. Wenn hier die Namen Maurice Chevalier, Charlie Chaplin oder Sergej Eisenstein genannt werden, so sind dies nur einige wenige aus der großen Zahl derer, die Marlene Dietrichs Weg gekreuzt und so oder so auf ihre schauspielerischen Fähigkeiten und damit letztlich auch auf die Kunst des Chansonvortrags Einfluß genommen haben.

Mehrfach hielt sich Marlene Dietrich in den Jahren vor dem Krieg in Europa auf – in Paris, Zürich und Wien. 1937 stellte sie in Los Angeles den Einbürgerungsantrag für die Vereinigten Staaten, nachdem sie dem Hitlerregime, das sie zur Rückkehr aufgefordert hatte, eine Abfuhr erteilt hatte. Ob es zutreffend ist, daß aus Deutschland noch mehrfach Angebote gekommen sind, kann nicht belegt werden. Marlene Dietrich selbst hat von einer Unterredung mit dem deutschen Botschafter in den USA berichtet, der ihr eine einzigartige Filmkarriere «im Namen des Führers» und einen «triumphalen Einzug durch das Brandenburger Tor» verhieß, wenn sie bereit sei, nach Deutschland zurückzukehren. Tatsache ist auch, daß sie in den gesteuerten Presseorganen des Dritten Reichs noch immer, trotz bereits gestellten amerikanischen Einbürgerungsantrags, mit geradezu erlesener Höflichkeit behandelt wurde. Die *Mitteldeutsche Nationalzeitung* sah den Wunschtraum der Nazis bereits erfüllt, als sie in einer ihrer Ausgaben im Januar 1938 im Goebbels-Ton schrieb: «Wir glauben fest daran, daß eine Schauspielerin wie Marlene Dietrich mit ihrer reichen ausländischen Erfahrung für Deutschlands Filmschaffen einen unschätzbaren Gewinn darstellen wird. Welch schätzenswerte Aufgabe könnte es für einen der besten deutschen Regisseure sein, aus dem Vamp Dietrich

Erich Maria Remarque, der Erfolgs-
autor, 1929 in Davos, im gleichen
Jahr erschien sein Erfolgsroman
Im Westen nichts Neues. Eine leidenschaftliche Leserin von Remarque-
Büchern war auch Marlene Dietrich,
die eine ebenso leidenschaftliche
Beziehung zu ihm einging. Die Liaison
zwischen Remarque und Dietrich –
von ihm «Puma» genannt – bestand
von 1937 bis 1940, aber auch danach
sind die beiden in Freundschaft verbunden geblieben. «Das Puma ist die
Unruhe, die ich brauche und nicht
liebe. Sein Verhältnis zu mir ist
sprunghafter als meins zu ihr; – das
gibt die Unruhe. Es ist egozentrischer
und egoistischer, – das gibt die
Spannung», so Remarque über die
Geliebte.

Mit Freund Maurice Chevalier, dem
Pariser Music-Hall-Star, der in vielen
Hollywood-Filmen mitwirkte

die Frau Dietrich wiederzugestalten. Beileibe nicht ein Gretchen
mit Hängezöpfen und dicken roten Backen, aber doch eine
Frau, die aus inneren Kräften ihr deutsches Wesen zu gestalten
vermag.»

Marlene Dietrich war nicht bereit, auf brauner Leinwand
«ihr deutsches Wesen» gestalten zu lassen. In ihrem Buch
schreibt sie: «Die Antwort, die ich dem Hitler-Regime gegeben
habe, als man mich aufgefordert hatte, zurückzukehren und die
‹regierende Königin der deutschen Filmindustrie› zu werden, ist
allgemein bekannt.» Die endgültige Lossagung der NS-Kultur-
politiker von ihr erfolgte 1939, als das Foto um die Welt ging,
das sie bei der Vereidigung als amerikanische Staatsbürgerin
zeigte. Der *Stürmer* veröffentlichte das Agenturfoto ebenfalls
und setzte folgende Unterschrift darunter: «Die aus Deutsch-

land stammende Filmschauspielerin Marlene Dietrich hat so viele Jahre bei den Kino-Juden von Hollywood verbracht, daß sie nun amerikanische Staatsbürgerin geworden ist.»

Das Blatt ihres Ruhmes begann sich gegen Ende der dreißiger Jahre unerwartet zu wenden. Als Filmschauspielerin befand sich Marlene Dietrich in den Jahren, die dem Zweiten Weltkrieg unmittelbar vorangingen, auf einem Tiefpunkt. Sie galt neben Joan Crawford, Greta Garbo, Mae West und der Hepburn als «Kassengift» für die Kinos und rangierte auf der Starliste von 1937 ziemlich weit hinten, auf dem 126. Platz. Die Paramount, abhängig von Markt und Umsatzgeschäft, stellte ihr daraufhin frei, woanders zu arbeiten, bestehende Projekte wurden annulliert. Wie reagierte Marlene Dietrich darauf? Eigentlich mit Gleichmut. Da war jener Zug ihres Wesens, den sie mit «Laissez aller» – «Sollen sie doch machen» – bezeichnete. Bisher wollten sie von ihr immer und immer nur Beine. Bitte, wenn sie Beine haben wollen, dann kriegen sie Beine, war ihre Einstellung. Sie war dieses Kults, man darf ihr das glauben, zuzeiten reichlich überdrüssig, aber der Film war eine Industrie und Beine eine Ware, die hoch im Kurs stand. Jetzt wollten sie plötzlich keine Beine und keine Marlene Dietrich mehr. Bitte schön, dann nicht.

Zu Besuch bei Charlie Chaplin im Atelier 1930. Die Filme des Jahres hießen: *City Lights* (*Lichter der Großstadt*, USA, Regie: Charlie Chaplin) / *Der Blaue Engel* (Deutschland, Regie: Josef von Sternberg) / *La mer des Corbeaux* (*Das Meer der Raben*, Frankreich, Regie: Jean Epstein) / *Romance sentimentale* (Frankreich, Regie: Grigori Alexandrow und Eduard Tisse) / *Entusiasm* (*Donbass-Sinfonie*, UdSSR, Regie: Dshiga Wertow).

Paris, Place de l'Étoile mit dem Arc de Triomphe und den Champs-Élysées. An diesem Platz ist das vornehme Théâtre de l'Étoile gelegen, in dem Marlene Dietrich 1956 ihr Paris-Debüt hatte. An die Champs-Élysées grenzt auch die Avenue Montaigne mit dem Appartement, das Marlene Dietrich sich als Altersdomizil gewählt hatte.

So kehrte sie dem Filmgeschäft für einige Zeit den Rücken und verließ Hollywood, um mit ihrer Familie in Paris zusammenzusein. Mit dem Schriftsteller Erich Maria Remarque, Josef von Sternberg, der ein enger Freund der Familie war, und Tochter Maria verbringen die Siebers im Sommer 1939 einen längeren Urlaub an der französischen Mittelmeerküste. Man sieht Marlene Dietrich um diese Zeit viel mit Erich Maria Remarque zusammen, öfter ist sie zu Gast in seinem Haus am Lago Maggiore mit der Sammlung französischer Impressionisten. In Paris lernt sie in einem Restaurant auch den Dichter James Joyce kennen, der ihr sagt, daß er sie im *Blauen Engel* gesehen habe, worauf sie geantwortet haben soll: «Dann haben Sie das Beste von mir gesehen!»

Im Juni 1939 erreichte sie in Paris ein Anruf des Produzenten Joe Pasternak von der Universal-Filmgesellschaft, ob sie nicht einen Western mit ihm drehen wolle. Einen Western? Das schien ihr völlig absurd, aber Sternberg redete ihr zu, und da sie auf seine Meinung etwas gab, sagte sie ja. Die Direktion der Universal war zwar gegen ein Engagement der Dietrich, doch setzte Pasternak, der Marlene vom *Blauen Engel* aus den Babelsberger Studios her kannte, durch, daß sie die Rolle erhielt. Sie hieß jetzt

Frenchy und agierte in *Destry Rides Again (Der große Bluff)* in einem Tanzlokal des Wilden Westens.

Zu dem Zeitpunkt, da die deutschen Truppen in Polen einrückten, begannen in Kalifornien die Dreharbeiten. Der Film wurde ein durchschlagender Kassenerfolg. Bei der Uraufführung im Rivoli Theatre in New York gab es wahre Begeisterungsstürme. Zum erstenmal nach langer Zeit waren die Singstimme Marlene Dietrichs und ihr schauspielerisches Aktionsvermögen wieder gefragt, nicht nur der *Kleiderständer*, wozu sie der spöttische angelsächsische Humor deklariert hatte. «Marlene Dietrichs Frenchy, die in einem Tingel-Tangel des Wilden Westens auftritt, ist schwer zu vereinbaren mit der posierenden Marlene Dietrich, wie man sie zuletzt in Lubitschs *Angel* sah. Eher denkt man an die Darstellung im *Blauen Engel*; wiederum erscheint sie hartgesotten, in voller Kriegsbemalung, und gibt mit ihrer

«Ich werde als nächstes einen Western machen!» flüstert Marlene auf einer Filmparty Mrs. Warner, der Gattin des Produzenten Jack Warner, zu. Schnappschuß zu vorgerückter Stunde.

tiefen Whiskystimme Schlager wie *Little Joe the Wrangler* und *The Boys in the Backroom* zum besten», las man nach der Aufführung in der *New York Times*. Ein anderes Blatt lobte sie als «Herz und Seele dieses guten, altmodischen Wildwesterns». Marlene sei glänzend in Form, die Zwangspause von anderthalb Jahren habe ihr gutgetan, und ihre Stimme habe sie deswegen nicht eingebüßt. «‹See what the boys in the backroom will have›, trällert sie mit ihrer entzückenden Altstimme, und uns geht es sogleich durch Mark und Bein. Sie ist in der Tat erstaunlich und überwältigend.»

Die Songs, die ebenso großartig ankamen wie die turbulente Handlung mit Cowboys, Keilerei und Sheriff, komponierte Friedrich Hollaender. Ihn mit dieser Aufgabe zu betrauen war der Einfall Pasternaks gewesen. *You've Got That Look (That Leaves Me Weak)* und *The Boys in the Backroom* wurden absolute Hits für die Schallplattenfirmen wie für die Notenverlage. Mit achtunddreißig Jahren hatte Marlene Dietrich als singende Schauspielerin einen neuen, ansehnlichen Erfolg. Ihre Stimme war außerdem tiefer geworden, noch aufregender, noch attraktiver.

Mit der federnden Melodie und dem doppeldeutigen Text zum Ruhme der Boys im hinteren Schankraum, die das «Gift» kriegen sollen, das sie verlangen, riß sie das Kinopublikum mit. Das war nach langer Zeit wieder ein echter Marlene-Dietrich-Schlager:

See what the boys in the backroom will have
and tell them I'm having the same.
Go see what the boys in the backroom will have
and give them the poison they name.

Auf dem Weg zum Entertainment

Die Wahl des Stoffes für den verrückten Western hatte sich als guter Griff erwiesen. Joe Pasternak stützte sich dabei auf einen bewährten älteren Tom-Mix-Film gleichen Titels, dessen Handlung er etwas aufmöbeln und personell verändern ließ. Anziehungspunkt war jetzt das Animiergirl Frenchy, eine liederliche, aber im Grunde ihrer Seele gutmütige Person, die allen ihren *Boys in the Backroom* zugetan war. Man lieh sich dafür die allseits bewährte Lola aus, und eigentlich konnte gar nichts schiefgehen. Der Name Frenchy war übrigens eine Reverenz an die große Frankreich-Passion der Hauptdarstellerin, und *Destry rides again* hieß, daß Tom Destry, der Sohn des berühmten Marshalls Destry, wieder einmal in den Sattel steigt, um eine Bande zur Strecke zu bringen. Das Unternehmen gelingt, und dank Prügeleien, Schießereien und Frenchys überwältigenden Songs rückt auch Marlene Dietrich Ende 1939 von ihrer 137. Position als Kassengift wieder siegreich nach oben. Von da ab drehte sie mit Joe Pasternak noch einige andere Filme.

Sie nennt ihre Arbeit für die Universal in Hinblick auf den Krieg, der begonnen hatte, die Zeit der «Flucht vor der Wirklichkeit». Was die Sujets der Filme anbetraf, stimmte das absolut.

Es gab da aber noch eine andere Seite, die nüchtern zu betrachten war, denn ein Teil des Geldes, das sie mit diesen Filmen verdiente, wendete sie an eine politisch wie menschlich wichtige Unternehmung. Es sollte sich für viele Emigranten und Nazigegner, denen die Flucht und ein Neuanfang in der Emigration

gelungen war, als segensreich, in vielen Fällen sogar als lebens-
rettend erweisen.

In der Filmstadt Hollywood verlief der Alltag zunächst weiter
wie gewohnt. Man tat seine Arbeit, fuhr zu den Premieren und
verbrachte die freien Wochenenden mit den Freunden. Rudi Sieber hielt sich inzwischen ebenfalls in Hollywood auf. Ihm war es
geglückt, mit der Tochter Maria bei Ausbruch des Krieges auf
dem letzten englischen Schiff, das Frankreichs Küste verlassen
hatte, nach Amerika zu gelangen. Damit war die Familie Diet-
rich-Sieber erst einmal in Sicherheit. Erich Maria Remarque, der
wenige Tage nach Kriegsbeginn in Amerika angekommen war,
befand sich gleichfalls in Hollywood, wo er mit Marlene Dietrich in einem Bungalow des Beverly Hills Hotels wohnte.

Als im Sommer 1940 die Dreharbeiten zu dem in der Südsee
spielenden Film *Seven Sinners (Das Haus der sieben Sünden)*
beginnen, in dem Marlene Dietrich abermals eine Nachtklub-
sängerin darzustellen hat, stehen die deutschen Truppen bereits
in ihrer geliebten Stadt Paris. Mitte August, der Film ist noch
nicht abgedreht, eröffnen zwei deutsche Luftflotten mit Terror-
angriffen auf die englische Zivilbevölkerung die «Luftschlacht
über England», und zu dem Zeitpunkt schließlich, da in New
York die Uraufführung des Films stattfindet, befaßt man sich im
Führerhauptquartier mit dem Entwurf der «Weisung Nr. 21», in
der festgelegt ist: «Die deutsche Wehrmacht muß darauf vorbereitet sein, noch vor Ende des Krieges gegen England Sowjet-
rußland in einem schnellen Feldzug niederzuwerfen (Fall Barba-
rossa).»

Im fernen Kalifornien spürte man vom Krieg und seinen
Schrecken so gut wie nichts. Die Roosevelt-Regierung übte gegenüber den von Deutschland angegriffenen Ländern «wohl-
wollende Neutralität», die darin bestand, daß die USA Waffen
und Ausrüstungen lieferten. In Hollywood arbeitete damals ein
spezielles Hilfskomitee, das bereits 1933 gegründet worden war
und unter der Leitung von Ernst Lubitsch und Billy Wilder
Rettungsaktionen für politisch Gefährdete und Verfolgte unterstützte sowie praktische Hilfsmaßnahmen für die angekomme-
nen Flüchtlinge in die Wege leitete. Marlene Dietrich war an dieser Arbeit von Anfang an maßgeblich beteiligt, sie half, wie und
wo sie nur konnte. Zu den prominenten Künstlern und Hitler-
gegnern in den USA, deren Name in der Welt etwas galt und
die sich der Arbeit des Komitees zur Verfügung stellten, gehörten auch Heinrich und Thomas Mann, Max Reinhardt, Arnold

Schönberg, Franz Werfel, Eisler und Brecht, Carl Zuckmayer, Albert Einstein, Otto Klemperer und Fritz Kortner, ebenso Salka und Berthold Viertel, deren Haus in Santa Monica bei Hollywood zu einem Zentrum des politischen und künstlerischen Meinungsaustauschs wurde.

Die *Seven Sinners* liefen indessen mit vollem Erfolg. Das Kinopublikum in den großen und kleineren Städten und unzähligen Gemeinden der USA fand wieder Gefallen am «Kassengift» und genoß diese Story mit Action, in der die schöne Sängerin Bijou, eine Dame von zweifelhaftem Ruf, ihrem geliebten Marineleutnant davonläuft, um dessen Karriere nicht zu ruinieren. Es gibt wieder mehrere aufregende Schlägereien und eine fabelhafte Schlußprügelei, bei der die gesamte Einrichtung des Etablissements in Trümmer geht. Von den Schauspielern lobte die Kritik «allen voran Miß Dietrich, die sich fast ein wenig zu verführerisch in den Hüften wiegt, mit den Wimpern klimpert und

Hollywood – weit draußen. Die Filmstudios der Universal City im San-Fernando-Tal. Marlene Dietrich drehte hier ihren ersten Western. Die Landschafts-Szenerie lag gewissermaßen vor der Tür.

mit ihren dickbemalten Lippen ein unterkühlt amüsiertes Lächeln hervorzaubert und zuweilen Gags losläßt, die die Zensoren vor Lachen übersehen haben müssen. Sie singt natürlich mit derselben heiser-rauchigen Stimme drei sinnliche Songs – vorzüglich insbesondere *I've Been in Love Before* und *The Man's in the Navy*. Und sie trägt einige gefährliche Kleider.» Anderen Kritikern gefielen die «ungeheure Komik», das Lokalkolorit sowie die Tatsache, daß der Film drei Gesangsnummern aufwies, wie eben nur Marlene sie singen könne. Dem Titel *The Man's in the Navy* prophezeite eine große New-Yorker Tageszeitung, daß er zu einem Schlager werden würde. Die *New York Herald Tribune* ging sogar noch weiter und behauptete, Gesangsstar Marlene Dietrich sei als Wildwest-Lady besser als im *Blauen Engel*.

Die zitierte Bemerkung, «Gesangsnummern, wie eben nur Marlene sie singen könne», bezieht sich auf die Tatsache, daß ihre Stimme über die Jahre hinweg tiefer und dunkler geworden war und daß es ihr mit der gewonnenen Sicherheit in der Wiedergabe von Lola-Milieu-Liedern möglich war, mit dem Wortmaterial und der melodischen Linie eines Songs nunmehr freier umzugehen. Einen Regisseur, der ihr hätte sagen müssen, wie die einzelnen Lieder im Vortrag zu behandeln seien, hat sie mit Sicherheit nicht gehabt und nie benötigt. In allen Nuancen ihres rhythmisch federnden, hochmusikalischen und delikaten Sprechgesangs ist sie ihr eigener Regisseur. Man braucht nur hinzuhören, um das zu erkennen. Wenn die Kritiker also zu der Feststellung gelangten, daß es Lieder seien, wie nur Marlene sie singen könne, so meinten sie, den Gedanken zu Ende formuliert, daß Marlene Dietrich von ihrer Branche etwas verstand und keine Dilettantin war, weder im Singen noch in der Liebe, und daß einer, der es mit ihr aufnehmen wollte, ein Profi sein mußte.

Ist sie souverän im Umgang mit den Boys, so ist sie es auch im Umgang mit dem Text- und Tonmaterial ihrer Lieder; die «Gefährlichkeit» liegt jedesmal in der Wiederholung des Refrains oder einzelner Zeilen davon. Man kann es auch eleganter sagen, vielleicht so: Ihre Lieder sind maßgeschneiderte Kleider, die erst durch die Kostbarkeit des Körpers, der darin steckt, ihren Wert bekommen.

You'll understand, won't you, darling, when I say:
I've been in love before, it's true,
Been learning to adore just you.

Some old romance taught me how to kiss,
To smile like that and sigh like this.
I've been in love before, you see,
So you mean all the more to me!
A heart that's lived a bit can tell when it bears true:
I've been in love before, haven't you?

Aus dem Nachtlokal der *Sieben Sünden* trat der neue «Love»-Song seinen Siegeszug in die Studios von Rundfunk und Schallplatte an. Die der Filmgesellschaft angegliederte Universal Music Corporation New York belegte den neuen Schlager 1940 mit dem Copyright, und der Verlag Robbins Music Corporation sorgte für die kommerzielle Verwertung auf dem Weltmarkt. Auf den Schallplatten und den Notendrucken erschien Marlene Dietrichs Komponist nunmehr in der neuen, amerikanisierten Schreibweise als Frederick Hollander.

Mit *I've Been in Love Before* und *The Man's in the Navy* waren für ihre Auftritte während des Krieges sowie für das Repertoire ihrer Tourneen, die sie ab 1954 unternahm, zwei weitere attraktive Songs gewonnen.

In den Filmen, die auf *Seven Sinners* folgen, hat sie gelegentlich auch wieder zu singen, aber große Schlager sind nicht dabei. In *The Flame of New Orleans* (1941) agiert sie als glücksuchende Abenteurerin, die mitten aus der Trauung heraus mit dem andern durchgeht, statt dem reichsten Mann von New Orleans ihr Ja-Wort zu geben. Es ist dieselbe Frau, die zuvor mit unschuldigem Augenaufschlag ein *Liedchen über die Frühlingsflora* trällerte.

«Miß Dietrich, ungeachtet ihres sagenhaften Aussehens, ist und bleibt mehr ein Rätsel als eine Schauspielerin», schrieb der Kritiker der *New York Times*.

In *Manpower* von 1941, deutscher Verleihtitel *Herzen in Flammen*, wird ihr zum soundsovielten Male die Rolle einer heruntergekommenen Schlagersängerin übertragen. Das Team Hollaender-Loesser hatte zwei entsprechende Songs für den Film geschrieben, nicht von Belang für sie. Beide Filme erreichten auch nicht den Erfolg der vorangegangenen. Ansonsten verließen sich die Regisseure, die mit ihr arbeiteten, wie René Clair, Georges Marshall, Raoul Walsh, William Dieterle oder Mitchell Leisen auf dieselben todsicheren Wirkungen, die den Weltruf Marlene Dietrichs begründeten: ihren charmant-lässigen Gesangsvortrag, ihre außergewöhnlich schönen, schlanken Beine, auf ihr ganzes Naturell, kurz gesagt: auf ihren tausendfach attestierten Sexappeal, der den Regisseuren die Arbeit erleichterte. Sie brauchten ihn nicht einzustudieren, da Sternberg, der Modelleur dieser Kunstfigur, das Werk bereits vollendet hatte. Es blieb kaum noch etwas hinzuzufügen, und wenn, tat es Marlene Dietrich von sich aus.

Amerika befand sich mittlerweile nicht mehr außerhalb des Kriegsgeschehens. Im Dezember 1941 hatte Deutschland den Vereinigten Staaten den Krieg erklärt. Mit Japan befanden sich die USA bereits seit dem Überfall der japanischen Luftwaffe auf Pearl Harbour im Kriegszustand. Die veränderte Weltlage zwang Marlene Dietrich, darüber nachzudenken, wie sie sich zu dieser Situation stellen sollte. Sie kommentiert ihre Haltung folgendermaßen: «Ich fühlte mich mitverantwortlich für den Krieg, den Hitler verursacht hatte. Ich wollte mithelfen, diesen Krieg so bald wie möglich zu beenden. Das war mein einziger Wunsch. Als Japan Amerika angriff, gab ich auf, was ich besaß ... Es gab nicht viele ‹Berühmtheiten›, die bereit waren, die Unannehmlichkeiten des Krieges mit den Soldaten zu teilen. Amerika hatte mich aufgenommen, als ich Hitler-Deutschland aufgab. Man kann nicht nur nehmen – man muß auch geben. Das steht schon in der Bibel.»

Ihre Einsätze erstreckten sich zunächst auf Unterhaltungsprogramme und Rundreisen innerhalb des Landes zum Zwecke der Geldsammlung. Marlene Dietrich verkaufte «Bonds», eine Art von Kriegsanleihen, trat in Nachtlokalen, in Fabriken und anderswo auf, mitunter sechs- bis achtmal am Tag, manchmal noch nachts. Die Truppenbetreuung an den Fronten des Zweiten Weltkriegs ist vorläufig nicht spruchreif. Sie kann in Ruhe noch an einigen Filmen mitwirken, deren Titel hier lediglich genannt werden sollen: *The Lady Is Willing* (1942), *The Spoilers* (1942), *Pittsburgh* (1942), *Kismet* (1943) und *Follow the Boys* (1944). Vom künstlerischen Standpunkt aus sind sie nichts Besonderes, das weiß auch Marlene Dietrich, aber ihre Familie wird während ihrer Abwesenheit Geld brauchen, so rechnete sie, und deshalb nahm sie die Rollen an.

Der in dieser Reihe genannte Film *Follow the Boys* ist schon ein spezieller Armee-Unterhaltungsfilm, eigentlich mehr ein Show-Nummernprogramm auf Zelluloid, in dem große Berühmtheiten und Music-Hall-Stars mitwirkten wie Sophie Tucker, Jeanette MacDonald, Orson Welles sowie Arthur Ru-

Während in New York der Ernst-Lubitsch-Film *Angel* mit Marlene Dietrich lief, standen sie in Deutschland Schlange für den Film *Fridericus Rex* zur Gratisvorstellung aus Anlaß des sogenannten Volksfilmtages. Dieser Film und sein «Held» Otto Gebühr waren schon 1927 Gegenstand der satirischen Zeitschriften. Zeichnung aus *Lachen links*

Beträchtlich sind seine Verdienste um die deutsche Kino-Industrie. Der Schauspieler Otto Gebühr verdankt ihm alles, was er geworden ist.

Frenchy mit dem jungen Sheriff Tom
Destry, gespielt von James Stewart,
in dem Film *Destry Rides Again*

binstein am Klavier. Marlene Dietrich drehte für diesen Varieté-
Musikfilm auch nur eine Sequenz – es war ihre gemeinsame
Las-Vegas-Zaubernummer mit Orson Welles, der sie zersägen
mußte.

Bevor sich Marlene Dietrich 1943 bei der United States Entertainment Organisation meldete und zur Armee ging, verbrachte sie in Hollywood eine Zeit mit dem Schauspieler Jean
Gabin, der aus dem besetzten Frankreich über Spanien nach
Amerika gekommen war. Sie half ihm nach eigenen Worten
durch «dick und dünn, in Liebe und Bewunderung», sorgte für
Engagements, brachte ihm Englisch bei, studierte die Rollen mit
ihm ein, kochte für ihn, richtete ihm ein ländliches Häuschen
auf einem Grundstück mit Garten und Bäumen ein, so daß er
und seine Freunde sich wohl fühlen konnten. Sie schildert Gabin
als perfekten Gentleman, aber völlig hilflos in praktischen Dingen; wie «ein Fisch auf dem Trockenen» sei er gewesen und
habe an ihr «wie ein Waisenkind» gehangen. «Ich war bereit,
ihn Tag und Nacht zu bemuttern … erstens, weil ich gerne
koche und gerne Gäste habe, die stundenlang essen und es ge-

niessen, zweitens, weil ich mich nur mit französischen Freunden zu Hause fühle. Es lag vielleicht daran, daß ich schon in meiner Kindheit meine Heimat verloren hatte.»

Die bereits durch den Ersten Weltkrieg verlorene Heimat hieß Frankreich, und die tiefe Zuneigung zu diesem Land war es, die Marlene Dietrich mit Gabin verband, denn, so schreibt sie: «Wir waren alle entwurzelt und heimatlos. Wir waren alle in einem fremden Land, mußten eine fremde Sprache sprechen, mußten uns an fremde Sitten und Gebräuche, an fremde Ideen gewöhnen. Wir fühlten uns verloren, obwohl wir alle bekannte Filmleute waren.»

Sie war bei aller Liebe zu dem Mann und zu Frankreich aber nicht bereit, Gabins großen Wunsch zu erfüllen: ihn zu heiraten und mit ihm eine Familie zu gründen. Das wäre nun wieder illoyal gegenüber Rudi Sieber gewesen. In solchen Fällen hatte sie ihre festen Grundsätze.

Marlene Dietrich wohnte 1942 in einem gemieteten kleinen Haus in Westwood mit zwei bildhübschen Perserkatzen. Zu dem Haus gehörte der übliche Hobbyraum, den Biograph Charles Higham als Kuriositäten-Kabinett schildert. Auf dem Ping-Pong-Tisch habe eine Eismaschine gestanden, daneben ein Bügelbrett, ein defekter Leuchter und ein Globus, und auf dem Fußboden hätten Bücher herumgelegen. Für den unbürgerlichen Gabin sei genau das das richtige Milieu gewesen. «Marlene saß stundenlang vor dem Radio und hörte sich die Sendung *Mr. Anthony* an. Ihre Lieblingsplatte *Rites of Spring* legte sie ununterbrochen auf. Sie war Kettenraucherin und trank zum Frühstück nur eine Tasse schwarzen Kaffee.»

In dieser Zeit kümmerte sie sich sehr um ihre Tochter. Maria, mittlerweile herangewachsen, fand immer mehr Beziehung zum Beruf ihrer Mutter; sie wollte unbedingt Schauspielerin werden. Marlene Dietrich unterstützte diese Pläne mit der ihr eigenen Vorbehaltlosigkeit und ließ Maria die von Max Reinhardt gegründete Schauspielschule in Hollywood besuchen. Um nicht mit dem Namen der Mutter Karriere machen zu müssen – das wollte sie um keinen Preis –, nannte sie sich anfangs Maria Marlowe, später Marie Manton. Als hübsches, bezauberndes Mädchen mit Intelligenz und wohlklingender Stimme hatte sie in mehreren Stücken beachtliche Erfolge. Ihre Mutter war natürlich die beste Lehrmeisterin, nicht nur, was Garderobe und Schminken betraf. Mit Gabin kam sie des öfteren zu den Proben und den Aufführungen, lobte und verbesserte Marias Spiel mit

«Der sensibelste Mann, den ich je gekannt habe ...» – Mit der Ankunft Jean Gabins in Amerika begann «eine der größten Liebesgeschichten der vierziger Jahre», schreibt Tochter Maria in ihrem Buch *Meine Mutter Marlene*. Er, drei Jahre jünger, nannte die Dietrich «Ma Grande, meine Liebe, mein Leben». Sie folgte ihm mit Beginn des Krieges nach Algerien. Aber auch diese Romanze hatte eines Tages ihr Ende.

pädagogischem und psychologischem Feingefühl, wie vielleicht nur sie es besaß.

Im Frühjahr 1943 organisierte man in den Vereinigten Staaten zur Erhöhung der Produktionsleistungen in den großen kriegswirtschaftlichen Betrieben bunte Programme. In der Shipbuilding Corporation von Kalifornien wurde die Veranstaltungsreihe mit Marlene Dietrich eröffnet. Sie stand um drei Uhr früh auf, um die Belegschaft der zweiten Nachtschicht um vier Uhr zu unterhalten, und kam mittags zwölf Uhr noch einmal zu einem zweiten Auftritt für die Tagesschicht. Das Programm bestand aus den Liedern des *Blauen Engels* und all den anderen Schlagern, die durch ihre Filme in Amerika populär waren. Sie unterstützte damals auch die Aktionen zugunsten des Roten Kreuzes, so wie sie sich während ihrer gesamten Filmlaufbahn stets in nobelster Weise für karitative Zwecke zugunsten elternloser Kinder, Blinder und Behinderter zur Verfügung stellte.

Im Februar 1944 fuhr sie nach New York, um im Dienst der «United States Entertainment Organisation» das Programm für die Truppenbetreuung in Europa abzusprechen. Der erste Einsatz war in Nordafrika vorgesehen.

In einer alten Militärmaschine startete sie mit einer Truppe von New York in Richtung Grönland und Azoren, um von da

Hollywood, die Metropole des Films. Um 1900 war der Ort noch eine wenig besiedelte Gartenvorstadt mit Holzhäusern zwischen Orangenbäumen gewesen, bis 1911 Mister Al Christie mit einem kleinen Trupp ankam, einen Schuppen umbaute und darin die erste Filmkamera installierte. Schon 15 Jahre später existierten 58 große Filmateliers und 247 Filmgesellschaften. 80 Prozent aller amerikanischen Filme wurden in Kalifornien hergestellt, und davon wieder 80 Prozent in Hollywood. Aus einer Jahrmarktsattraktion hatte sich eine weltumspannende Industrie entwickelt.

Casablanca und Algier anzufliegen. Marlene arbeitete mit dem Komiker Danny Thomas, einem Schauspieler aus dem Libanon, zusammen, der den Conférencier machte. Die erste Vorstellung der kleinen Truppe, zu der noch ein Akkordeonspieler, ein Sänger und eine Artistin gehörten, fand im Opernhaus von Algier statt. Die Soldaten waren entfesselt vor Begeisterung, als der legendäre Hollywood-Star Marlene Dietrich vor ihnen auf der Bühne erschien. Der Auftritt schlug wie eine Bombe ein, und als dann tatsächlich in der Nähe eine Bombe explodierte und das Licht ausging, schrien Tausende Männer in Uniform: «Weitermachen! Weitermachen!». Sie knipsten alle ihre Taschenlampen an und richteten den Lichtkegel auf die Bühne. Marlene Dietrich sang ihre Lieder – es gab Zugabe um Zugabe – und griff schließlich zu ihrer singenden Säge, was erneut Ovationen auslöste. Ihr Conférencier erinnerte sich, daß es in der Nacht Bombenalarm gab. Er selbst wollte in den Keller des Hotels gehen, in dem sie untergebracht waren, aber Marlene hielt das für überflüssig, sie meinte nur: «Wenn sie uns treffen, zahlen wir es ihnen heim!»

Von Nordafrika aus flog Marlene Dietrich weiter an die italienische Front. Wie sie schrieb, war sie bereit, «bis zum Ende des Krieges mitzumachen». Und dabei blieb sie auch. Meist spielte die Gruppe unmittelbar hinter der Front. Die kleine Show hatte ein variables, aber im großen und ganzen festgefügtes Programm. Der Conférencier Danny, der vorher in einem kleinen Nachtlokal in Chicago gearbeitet hatte, eröffnete die Vorstellung mit den üblichen Scherzen und Gags, und unmittelbar nach ihm trat Marlene Dietrich mit ihren Liedern auf. Anschließend spielten sie gemeinsam noch einige kleinere Sketche; Marlene Dietrich brachte meist auch ihre Nummer *Gedankenlesen*, manchmal ein Solo auf der singenden Säge. Lynn Mayberry, eine Artistin aus Texas, die ebenfalls viel Beifall für ihre komischen Darbietungen erhielt, bildete die Schlußnummer.

Die Bühne war, den Verhältnissen entsprechend, entweder ein rasch zusammengezimmertes Brettergestell oder die Ladefläche großer Lastwagen. Mit Jeeps waren sie beweglich genug, um an einem Tag vier bis fünf Vorstellungen geben zu können. Es war anstrengend, nicht selten gefährlich und erforderte ein hohes Maß an Disziplin, Stehvermögen und Kaltblütigkeit, wie es wohl die wenigsten Menschen aus zivilen Berufen aufzubringen vermögen. Improvisation zumal war großgeschrieben. Es kam bei den Soldaten an, wenn Danny Thomas seinen Stahlhelm als

linke Seite: Max Reinhardt mit Marlene Dietrich und der Filmschauspielerin Norma Shearer zur Aufführung des *Sommernachtstraums* in der Hollywood Bowl. Marlene Dietrichs Tochter Maria blieb der Theatertradition treu und besuchte Reinhardts Schauspielschule in Hollywood – den *Workshop for Stage, Screen and Radio*, der 1938 eröffnet wurde.

Trommel benutzte und dazu Lieder sang, die er sich auf populäre Schlagermelodien selbst getextet hatte. Amüsant und mit Witz. Die Songs gingen auf die Situation des Tages ein und sollten die Soldaten bei Stimmung halten. «Und wir sangen, lachten, schliefen, aßen und gingen in Deckung. Wenn man im Krieg ist, lernt man zuerst, sich zu ducken. Sonst ist das Leben einfach. Drei Dinge zählen: essen, schlafen, in Deckung gehen.»

Was das Essen betraf, so wollte Marlene Dietrich unbedingt die Mahlzeiten mit den Mannschaften einnehmen, nicht mit den Offizieren. Man sah sie in einem Pullover geduldig an der Essenausgabe Schlange stehen, während sie sich mit den Soldaten unterhielt, bei dem einen oder anderen aus dem Kochgeschirr probierte. Ihre Wäsche und Strümpfe wusch sie in einem Kübel aus, als hätte sie es in ihrem Leben nie anders gekannt. «Sie war ein fabelhafter Kamerad», erinnert sich ein Colonel, der sie eine Zeitlang in Italien und Frankreich begleitete. Andere, darunter hohe Militärs, priesen ihre soldatischen Tugenden. Freilich durften sie in der Bewunderung einer über die Maßen faszinierenden weiblichen Erscheinung getrost einiges übertreiben, es handelte sich schließlich um eine berühmte und sehr schöne Frau. Und was Marlene Dietrich betraf, so hatte sie angesichts einer ernsten Wirklichkeit zu beweisen, daß sie nicht nur in den Papp-Kulissen der Hollywooder Filmstudios «Heldin» sein konnte.

In Italien bekam sie eine schwere Lungenentzündung, die im Lazarett von Bari auskuriert werden mußte. Nach einem Kurzurlaub, den sie im Juni 1944 in den USA verbrachte, steht sie im September 1944 bereits wieder mit ihrer Show bei den Truppen in Frankreich. Auch hier sind die Bühnen zumeist zusammengeschobene Lastwagen oder Brettergerüste, die abends von den Scheinwerfern der Jeeps angestrahlt werden. Bei Regen spannt man ein notdürftiges Zelt darüber.

Es war Vorschrift bei der Armee, daß jeder nur 55 Pfund Gepäck bei sich haben durfte. Während Marlene vor dem Krieg mit 30 Schrankkoffern und einem Dutzend Hutschachteln zu reisen pflegte, mußte sie sich jetzt auf das Notwendigste beschränken. Und es ging. Die vier Kleider, die sie bei sich hatte, waren mit Pailletten besetzt, was vorteilhaft war, denn sie brauchten für die Auftritte nicht gebügelt zu werden. In ihrem einzigen großen Koffer waren die Bühnengarderobe und die Uniformstücke untergebracht. Sie trug Jackett, vorschriftsmäßige Hose, Stiefel und Mütze. Es gibt von ihr auch Fotos mit Stahlhelm. Sie habe sich während der Zeit des Fronteinsatzes nie über etwas beklagt, erinnern sich Leute, die mit ihr zusammen waren, und niemals habe sie vergessen, die Blumen mitzunehmen, die die Soldaten ihr geschenkt hatten.

Zu den Liedern, die sie in den zwei Jahren als Truppenbetreuerin ständig sang, gehörten *The Boys in the Backroom*, die Broadway-Melodie *Annie Doesn't Live Here Any More*, die von ihr geliebten amerikanischen Lieder *Taking a Chance on Love* und *There I Go Again*, ferner der Musical-Schlager von Cole Porter *You Do Something to Me*, *You Go to My Head* von Coots/Gillespie und – nicht zu vergessen – *Lili Marleen* in der englischen beziehungsweise französischen Fassung. Am meisten gefragt und verlangt waren *The Boys in the Backroom*; mit ihnen eröffnete sie ihren Auftritt.

Von all den Liedern, die sie bis dahin in ihren Filmen gesungen hatte, war gerade dieses wie kein anderes als Song für die kämpfende Truppe geeignet. Dies aus mehrfachen Gründen: Das Lied war original made in USA und schon lange vor dem Eintritt Amerikas in den Krieg so etwas wie eine Nationalhymne der Kinofans geworden, gehörte es doch zu dem geliebten Western mit James Stewart und Marlene Dietrich, den jeder im Kino gesehen hatte. Es war Frenchys Lied, das ins Milieu und in die Landschaft paßte, es roch nach Whisky, die Boys und die verdammte Liebe kamen darin vor, außerdem hatte es einen optimistischen, anfeuernden Charakter. Wer hätte also mehr Wirkung damit erzielen können als «Frenchy» Dietrich, die es kreiert hatte und es nun den Boys in Uniform präsentierte?

Kunst und Leben waren wie immer zweierlei. Auf der Leinwand hatte es freilich Schießereien nur zum Schein und nur Filmtote gegeben. Jetzt, 1944, mußte jeder damit rechnen, daß ihn am nächsten Tag eine Kugel, eine Bombe, eine Granate treffen konnte – auch Marlene Dietrich –, so bekam die Strophe, die sie sich zum Gedächtnis sang, auch in der Ironie noch einen ernsten Akzent. Wenn sie stirbt, meint sie im Lied, sollen die Boys ihr Geld nicht für Blumen oder ihr gerahmtes Bild ausgeben, nicht für einen pompösen Sarg mit brennenden Kerzen drumherum und keinen Prediger bestellen «for speaking of my glory and my fame». Nein, nichts davon! An ihr Lied sollen sie sich erinnern, und deshalb will sie den Jungens hier und jetzt noch einmal eins singen:

And when I die, don't spend my money
on flowers or my picture in a frame –

just see what the boys in the backroom will have
and tell them I sighed,
and tell them I cried,
and tell them I died
of the same!

Die vitale Melodie zu ihrem eigenen Ruhm und dem der Boys ist in musikalischer Hinsicht ein Anschauungsbeispiel für die vielen guten Hollaender-Schlager, die die Fähigkeit dieses Komponisten für Präzision, gut «sitzende» und einprägsame Refrains bezeugen. Eben diese Merkmale hat Ernst Křenek 1929 einmal als die Voraussetzungen eines guten Schlagers bezeichnet, wobei er jedem Komponisten der ernsten Richtung empfahl, gelegentlich auch mal einen Schlager zu schreiben, um sich dadurch in der Fähigkeit zur Präzision zu schulen und zu überprüfen.

Zu den *Boys in the Backroom* ist noch einiges zu sagen, was der Überlegung wert ist. Zunächst einmal entspricht das Lied in der Anlage absolut der Turbulenz und komödiantisch-parodistischen Filmhandlung. Man wird aber, wenn man es genauer unter die Lupe nimmt, noch eine weitere interessante Entdeckung machen, nämlich, daß es in seiner melodischen Faktur mit dem Lola-Song von 1930 verwandt ist: *Kinder, heut' abend, da such' ich mir was aus, – einen Mann, einen richtigen Mann.* Frenchy und Lola haben im Vortrag den gleichen unternehmerischen Schwung, die gleiche entfesselte Vitalität, die, um ein Geringes überzogen, Heiterkeit auslösen muß. Außerdem verwendet Hollaender als Auftakt für die Singstimme eine im Ablauf ähnliche Klangfigur, und nicht zufällig haben auch die Anfangszeilen der Refrains die gleiche Anzahl von Noten und Silben.

Ähnliche Merkmale lassen sich für die sprachliche Seite der beiden Lieder feststellen. Wie seinerzeit der UFA-Textdichter Robert Liebmann das Milieu des *Blauen Engels* mit *Lola – Pianola* auf eine geniale Formel brachte, so ist auch Frank Loesser, der Komponist und Textdichter, mit dem Hollaender in Amerika zusammenarbeitet, auf phonetische Präzision bedacht. Für die Zeilenschlüsse seiner Refrains verwendet er ausschließlich kurze Reimworte wie «sighed – cried – died», oder auch «same – name – flame», denen Hollaender jedesmal den vollen Akzent gibt.

Hätte Marlene Dietrich über ihren Einsatz bei der Armee ein Tagebuch veröffentlicht, so würden die Notizen über den letzten

Kriegswinter in Stichworten folgendermaßen lauten: In Südfrankreich kurzes Wiedersehen mit Jean Gabin, der Soldat bei einer Panzer-Division der *Fusiliers marins* war. – Mit den Truppen der Alliierten Einzug in das befreite Paris. – Wiederbegegnung mit Ernest Hemingway, der als Korrespondent nach Europa gekommen war und mit seiner Frau einige Tage im Pariser Hotel Ritz wohnte. – Lebensbedrohende Situationen im Verlauf der weiteren Kampfhandlungen. – Hinter dem Ardennen-Frontabschnitt bei der letzten deutschen Großoffensive eingekesselt. – Eine amerikanische Luftlandedivision bringt die Rettung. – Der Kommandierende General Gavin landet mit seinem Fallschirm direkt vor ihren Füßen. Sie ist stolz darauf. – In dieser Zeit aber auch «viele Gefallene, viele Verwundete und Amputierte, große Verluste und viele Briefe an die Familien in den Vereinigten Staaten».

Nach abermals kurzem Paris-Aufenthalt ging es entsprechend den Weisungen wieder auf Tournee, und zwar in die rückwärtigen Gebiete der sich immer weiter an die deutschen Grenzen heranschiebenden Front der westlichen Alliierten. Während die meisten ihrer schönen Kolleginnen sich damit begnügten, sich durch Pin-up-Fotos bei den Soldaten in Erinnerung zu halten, folgte Marlene Dietrich als fahrende Komödiantin den Soldaten der englischen und amerikanischen Armeen auf ihrem Vormarsch. Hinter der Kampflinie gab es keine Hotels oder sonst welche Bequemlichkeiten. Was man Unterkunft nannte, waren Zelte, Baracken, Ruinen oder Scheunen. Zu den vielen Strapazen, die ein solcher «Dienst» im Kriege mit sich brachte, zählten nicht nur der Regen, die Kälte oder der Schnee. Es gab auch Ratten und Läuse, und jeder mußte sehen, wie er damit fertig wurde. Auch Marlene Dietrich. Trotzdem, sagt sie, sei ihr Einsatz im Krieg das einzig wirklich Wichtige gewesen, was sie jemals geleistet habe, und nichts in ihrem ganzen Leben sei ihr so schwierig und so lohnend erschienen. Dabei war sie immerhin schon über vierzig, als sie sich für die Truppenbetreuung meldete. Ihre Entschlossenheit, ihre Vitalität, ihr Gefühl für Verantwortung und Pflichterfüllung und nicht zuletzt ihre politische Einstellung halfen ihr, diese Zeit durchzustehen. Sie lernte viel Leid kennen, sah Verwundete und Sterbende, und wenn sie später, nachdem sie die Uniform längst abgelegt hatte, in einem der großen Theater in London oder Paris ihre Konzerte gab – *Sag mir, wo die Blumen sind – wo sind sie geblieben?* –, sang in ihren Liedern der Schmerz darüber mit.

Im Rahmen seiner Propagandaaktionen beschloß das amerikanische Office of Strategic Services während des Krieges, eine Anzahl Schallplatten mit ihren Liedern in Umlauf zu bringen. Darauf waren sowohl Evergreens in deutscher und englischer Sprache zu hören als auch das bei den Soldaten beliebte Lied *Lili Marleen*. Im Herbst 1943 nahm Marlene Dietrich es ins Repertoire auf.

Dieses Lied von Hans Leip, das auf englisch jetzt *Lili of the Lamplight* hieß, war mit seiner lyrisch getragenen Melodie das ganze Gegenteil zu *The Boys in the Backroom*. Marlene Dietrich sang es als Soldat, der sie in gewisser Weise doch war, auch wenn sie der Armee nur «angeschlossen» war. Und sie sang es für Soldaten, deren Empfindungen sie mit ihrem unvergleichlichen Einfühlungsvermögen – Carl Zuckmayer gebrauchte einmal dafür das Wort «prachtvolle Kameraderie» – im Ton versachlichter Romantik Ausdruck zu geben vermochte. Daß sie das Lied in ihrem Repertoire an erste Stelle rückte, war und blieb ein politisches Faktum und eine Demonstration gegen Hitlerdeutschland. Zu dem Titel wäre sie allerdings nie gekommen ohne den deutschen Soldatensender Belgrad, der das Lied allabendlich – als Schallplattenaufnahme mit Lale Andersen – ausstrahlte, «Ohrwurm» nicht nur der deutschen, sondern auch der alliierten Soldaten.

Über sie und das Lied ist eine bezeichnende Episode überliefert. Während einer Sendung des englischen Rundfunks unterbrach sie sich einmal und redete auf deutsch weiter. «Jungs, opfert euch nicht. Der Krieg ist doch Scheiße! Hitler ist ein Idiot!» Als sie darauf, ganz impulsiv, *Lili Marleen* auf deutsch zu singen anfing, wurde sie vom Moderator unterbrochen, dies sei eine englische Sendung. Marlene Dietrich schwieg darauf einen Moment und fuhr in der englischen Version von Tommie Connor fort:

Underneath the lantern
by the barrack gate,
darling, I remember
the way you used to wait.
't was there that you whispered tenderly
that you lov'd me, you'd always be
my Lili of the Lamplight,
my own Lili Marlene.
My own Lili Marlene.

LILI MARLEEN

Englischer Text von Tommie Connor
Französischer Text von Henry Lemarchand

(Hans Leip)

Musik von Norbert Schultze

MODERATO

Vor der Kaser - ne vor dem grossen Tor stand ei - ne La-ter - ne und steht sie noch da-vor, so wolln wir da uns
Un - derneath the lan - tern by the bar-rack gate, dar - ling I re-mem-ber the way you used to wait. 'Twas there that you whis-pered
De - vant la ca - ser - ne quand le jour s'en-fuit la vieil - le lan-ter - ne sou - dain s'al-lu - me et luit. C'est dans ce coin la

wie - der - sehn, bei der La-ter - ne wolln wir stehn wie einst, Li - li Mar - leen, wie
ten - der - ly, that you lov'd me, you'd al - ways be, my Lil - li of the lamp - light, My
que le soir ou s'at - ten - dait rem - plis dès - poir, tous deux Li - ly Mar - lène Tous

einst Li - li Mar - leen. leen.
own Lil - li Mar - lène. lène.
deux Li - ly Mar - lène. lène.

(IV^a volta poco meno)

dolce rall.

Hatte sie Auftritte vor Einheiten der französischen Truppen, sang sie die französische Fassung der *Lili Marleen*, wie sie von Henry Lemarchand nachgedichtet worden war.

Marlene Dietrich hebt durch die absolut unsentimentale, männlich zurückhaltende Empfindungsart, in der sie die *Lili Marleen* vorträgt, die Strophen gleichsam aus dem Staub der Marschstiefel in eine saubere, poetische Sphäre, wo man das Gefühl akzeptieren kann. Zumal in der vokalreichen, zärtlichen französischen Sprache wandelt sich ihre *Lili Marleen* zu einem wirklichen Chanson. Deshalb kommt der belgische Filmhistoriker Johan Daisne in seinem Essay über die Geschichte des Liedes zu der an sich ungewöhnlichen Feststellung, daß die *Lili Marleen* von Hans Leip für ihn genauso poetisch sei wie die besten Lieder von Charles Trenet. Das ist eine hohe Wertschätzung, wenn man bedenkt, daß Charles Trenet in den vierziger Jahren der Stern am französischen Chanson-Himmel war. Und von dem amerikanischen Romancier John Steinbeck ist der Ausspruch überliefert: «Das schönste Liebeslied aller Zeiten. Schade, daß es auf deutsch entstand.»

Wie ist es überhaupt entstanden?

Von allen Marlene-Dietrich-Liedern ist es, so muß man zunächst sagen, das Lied mit der längsten Entstehungszeit. Der Hamburger Hans Leip schrieb es als Soldat an einem Frühlingstag im Jahre 1915 in Berlin, als er auf Wache vor der Kaserne stand. Damals hatte das Liedchen nur drei Strophen, aber schon eine eigene Melodie, die Leip selbst dazu ersann. 1936 hat es erstmalig ein Münchner Komponist professionell vertont, Rudolf Zink, ohne besonderen Erfolg. Von drei Strophen wuchs das Lied schließlich auf fünf Strophen im Jahre 1935, als Leip seine Band *Die Hafenorgel* zusammenstellte und dieses Gedicht darin aufnahm. Diese Fassung ist in der Vertonung des Berliner Komponisten Norbert Schultze, dessen sonstige Kompositionen wie *Panzer rollen in Afrika* oder *Bomben auf Engelland* und etwa zwanzig weitere «Endsieg»-Schlager nicht gerade friedlichen Charakter trugen, zum populärsten Schlager des Zweiten Weltkriegs geworden. Lale Andersen, die erste Interpretin des Liedes, ersang sich mit *Lili Marleen* ebenso wie die Dietrich Ruhm über trennende Gräben und Ländergrenzen hinweg.

Mit der Niederlage bei Stalingrad wurde *Lili Marleen* wegen der metaphysischen Schlußstrophe, die als wehrkraftzersetzend galt, von Goebbels verboten und durfte offiziell nicht mehr gesendet und gesungen werden.

linke Seite: *Lili Marleen* wurde in der Aufnahme mit Lale Andersen zum meistgespielten Schlager Anfang der vierziger Jahre. Die erste Vertonung des Gedichts von Hans Leip, das 1915 entstanden war, stammte vom Autor selbst.

Aus dem stillen Raume,
aus der Erde Grund
hebt mich wie im Traume
dein verliebter Mund.
Wenn sich die späten Nebel drehn,
werd' ich bei der Laterne stehn
wie einst, Lili Marleen.

Das Lied paßte nicht mehr in die verordnete «Endsieg»-Stimmung. Zu dieser Zeit existierten auf die jedem Schulkind bekannte Melodie bereits politische Parodien wie die folgende: «Hört, ihr deutschen Michel, / ihr sieget euch zu Tod! / Der Hammer und die Sichel, / die bleiben ewig rot! / Ihr werdet Moskau niemals sehn, / vielmehr daran zugrunde gehn / wie einst Napoleon!» Ein Favorit unter den Oldtimer-Schallplatten, die in den einzelnen Ländern gesucht und gesammelt werden, ist heute noch immer die Aufnahme, gesungen «von der dunklen, so zu Herzen gehenden Stimme von Marlene Dietrich», wie der belgische Filmhistoriker Johan Daisne schreibt. In den sechziger und siebziger Jahren bei ihren internationalen Auftritten gab Marlene Dietrich dem Titel stets diesen Kommentar bei. «Und jetzt ein Lied, das mir sehr am Herzen liegt. Ich sang es während des Krieges. Ich sang es drei lange Jahre lang: in Afrika, Sizilien, Italien, in Alaska, Grönland und Island, in England, in Frankreich, in Belgien und Holland, in Deutschland und in der Tschechoslowakei.»

Die Bemerkung «Tschechoslowakei» bezieht sich auf eine Begegnung mit der sowjetischen Armee im Mai 1945 in Prag. Marlene sang ihre Lieder von einem Panzer herab und erhielt auch vor diesem Auditorium ungewöhnlichen Beifall. Es war eine Sympathiekundgebung von beiden Seiten. Als sie 1964 in Moskau und Leningrad Konzerte gab, erzählte sie wiederholt von diesem Treffen.

Für ihren aktiven Einsatz bei der Truppenbetreuung erhielt sie von der amerikanischen Regierung nach dem Krieg die *Congress Medal of Freedom*. Die französische Regierung verlieh ihr den Orden *Ritter der Ehrenlegion* mit dem *Offizierskreuz der Ehrenlegion*. Die Auszeichnungen mögen sie erfreut haben, über die französische war sie, wie Freunde berichten, direkt glücklich, aber sie waren nicht das Entscheidende. Wertvoller für sie war, daß sie auf diesen Kriegstourneen ihre Fähigkeit entdeckt hatte, auch allein arbeiten zu können, ganz auf sich selbst

Mit Tochter Maria Riva während einer
Sendung für CBS 1943

gestellt. Sie brauchte für ihre Soloauftritte weder aufwendige
Studiotechnik noch das ganze Drum und Dran, wie es beim
Film und beim Theater üblich war, nur einen guten Pianisten
und einen guten Beleuchter, und sonst war sie einzig und allein
sich selbst und ihrem Publikum verantwortlich. Ganz allein, nur
mit ihrer Stimme, vermochte sie ein Programm zu tragen. Das
war eine neue Erfahrung, die der Krieg sie gelehrt hatte. Sie
sollte von weitreichender Bedeutung für ihr Leben sein.

Am 8. Mai 1945 ist der Krieg in Europa zu Ende, im August
kapituliert auch Japan. Marlene befand sich mit den alliierten
Truppen auf deutschem Boden, daher konnte sie ihre in der
Nähe von Bergen-Belsen lebende Schwester besuchen und ihre
Mutter in Berlin wiedersehen, die noch immer da wohnte. Über
diese Zeit gibt es eine Erinnerung von Hubert von Meyerinck,

der Marlene Dietrich zu seinen «berühmten Freundinnen» zählte. Er schreibt über seine Wiederbegegnung mit ihr nach dem Krieg:

«Viele Jahre hatten wir uns nicht gesehen, Marlene, da flatterte eines Abends ein Brief in meine Garderobe; ich spielte gerade den Mackie in der *Dreigroschenoper*. ‹Hupsi, bitte komm in die Wohnung meiner Mutter – ich bin hier –, aber sag es niemandem. Deine Marlene.›

Zu der Zeit war noch ‹No Fraternisation›-Befehl. In einer Art Taumel spielte ich den letzten Akt zu Ende. Und dann fuhr ich mit dem Rad zu Dir – ganz Berlin fuhr zu dieser Zeit Rad.

Deine Mutter, Frau von Losch, öffnete mir selbst. Ich wartete eine Weile in dem kleinen möblierten Zimmer, in dem Deine Mutter wohnte, denn auch sie hatte alles verloren.

Und mein Herz klopfte. Es war soviel geschehen, seit wir das letzte Mal in Paris Abschied genommen hatten. So viel Grauen, so viel Brand und Verbrechen – wie würdest Du mich dieses Mal begrüßen?

Und dann war es wie immer. Nur trugst Du diesmal Uniform. Du reistest mit der amerikanischen Armee und sangest den Soldaten Deine Lieder vor. Du sangest auch *Lili Marleen* ...

Deine Haare waren blond und seidig wie einst, und Deine Beine, diese berühmten Beine, unter dem kurzen Uniformrock, schlank wie je. Aber Dein Gesicht war müde geworden.

Am nächsten Tag brachte ich Dir noch rasch herbeigeholte Kollegen. Heinz Rühmann und Hilde Körber, Walter Frank und Alexa von Porembsky, und Du warst es, die Rühmann den Tip für das Stück *Harvey* gab, das Stück, mit dem er später einen so großen Erfolg hatte.

Dann sah ich Dich noch einmal kurz danach. Deine Mutter starb bald nach Deinem Besuch, und Du kamst aus Paris, um von ihr Abschied zu nehmen, zu ihrem Begräbnis.

Du standest am Grab, schlank, schwarz und still. Es regnete, und um uns waren Trümmer.»

Bei ihrer Rückkehr in die Vereinigten Staaten hat Marlene Dietrich bittere Erfahrungen machen müssen wie alle demobilisierten amerikanischen Soldaten, die plötzlich auf der Straße standen, wenig vom Dank des Vaterlandes verspürten und sich recht überflüssig vorkamen. Die Ankunft in New York schildert sie so: «Man setzte uns am La Guardia Airport ab. Natürlich regnete es. Niemand war da, um uns zu helfen. Wir schleppten unsere

Hubert von Meyerinck, einer ihrer Freunde aus den frühen Tagen des Films. Nach 1945 gab es in Berlin das erste Wiedersehen.

Sachen selbst, wurden von Kopf bis Fuß inspiziert – und mußten all unsere geliebten Kriegsandenken abgeben. Da standen wir nun, ohne einen Pfennig in der Tasche, vor der Taxihaltestelle und wußten nicht, wohin wir gehen sollten. Wenn man kein Geld hat, ist man vollkommen verloren, besonders in Amerika. Es nutzte nichts, als wir sagten, wir kämen gerade aus dem Krieg. Nichts zu machen. ‹Wir sind beschäftigt. Also macht, daß ihr weiterkommt!›»

Kritisch resümiert sie in ihren Erinnerungen: «Keine der vielen Versprechungen wurde gehalten … Wir kehrten zurück, als alles vorbei war – und wir wurden mit nichts anderem als dummen Bemerkungen begrüßt. Die Männer durften kein Restaurant ohne Krawatte betreten, ungeachtet der Orden auf ihren Fallschirmjägeruniformen … Diese Herren hinter ihren großen fetten Steaks, die nie einen Krieg erlebt, nie eine Bombe gehört hatten, waren fest etabliert; wir anderen waren die Außenseiter, und ich muß sagen, wir waren es gern. Wir wünschten sie alle zum Teufel.» Die enttäuschenden Erfahrungen der ersten Mo-

Mit den Alliierten zog Marlene Dietrich 1945 in Deutschland ein. Wo sie erscheint, muß sie Autogramme geben.

nate nach Kriegsende in den USA haben ihren kritischen Blick für dieses Land und seine Gegensätze geschärft. Sie schreibt, in ihren Ansichten durchaus Realistin, Amerika sei nicht auf Redlichkeit gebaut, und man könne nicht über andere Länder urteilen, wenn das Leben im eigenen Land auf Betrug und Räuberei beruhe, auf Krieg gegen die Schwachen, auf Vernichtung der Eingeborenen, denen man – zum Beispiel – einen Dollar für die Halbinsel gegeben habe, die heute als New York bekannt ist.

Das Erlebnis des Krieges und die Erfahrungen mit dem Land, in dem sie lebte, dessen Bürgerin sie geworden war, haben zweifellos prägend auf ihr weiteres Leben, ihre soziale Einstellung und die völkerverbindende Botschaft ihrer Konzertprogramme gewirkt.

Die Dietrich war in jenen Jahren den ungewöhnlichen Weg von der *Shanghai-Lily* zur *Lamplight-Lily*, von den Studios für Leinwand-Illusionen in eine rauhe Realität gegangen, um sich angesichts weltbedrohender Katastrophen für Vernunft und Humanität zu engagieren. Nun war der Krieg zu Ende. Sie mußte sehen, wo und wie sie in ihrem Beruf als Schauspielerin weiterkam und wer ihr dabei half.

rechte Seite: Statt Hut den Helm: Marlene Dietrich im Fronteinsatz 1944

Ich selbst – und sonst gar nichts!

Ihr erster Western hatte ihr nach der Pause, die auf die Stern-berg-Ära gefolgt war, einen neuen Aufschwung gebracht, der es ihr gestattete, die dreißiger Jahre so erfolgreich zu beenden, wie sie sie begonnen hatte. Das war, wie sie anerkannte, das Ver-dienst ihres Produzenten Joe Pasternak, der sie, alles auf eine Karte setzend, in das neue Rollenfach gedrängt hatte und ihren Ruhm auf diesem Feld vielleicht hätte ausbauen können, wenn die Zeitumstände günstiger gewesen wären. So aber kam der Krieg, alles verlief in anderen Bahnen.

Auch Marlene wußte, daß sich die Zeiten mittlerweile ge-ändert hatten. Waren die dreißiger Jahre ungebrochen Marlene-Dietrich-Jahre gewesen, so waren es die vierziger schon nicht mehr. In den Ateliers von Hollywood traten in den ersten Nach-kriegsjahren neue Gesichter vor die Kameras, in den Vorspan-nen der Filme sind neue Namen aufgeführt. Die Kinosterne von gestern waren schon verblaßt. Auch eine Marlene Dietrich hatte für die Produzenten nicht mehr den Kurswert von ehedem, was sich in niedrigen Gagen ausdrückte, die sie akzeptieren mußte. Hinzu kam, daß sie sich meist in Europa aufhielt – in Paris oder London –, daher für die Regisseure nicht schnell genug erreich-bar war.

Das einzige Filmangebot des Jahres 1946 erfolgte von einem französischen Produzenten, der für seine Romanverfilmung *Martin Roumagnac* das vielberedete Paar Dietrich–Gabin auf der Leinwand vereint sehen wollte. Als verwitweter Blauer Engel einer Kleinstadt gibt Marlene Dietrich in diesem Streifen

Blick auf Paris von der Kathedrale Notre-Dame aus. Marlene Dietrich hat Paris, «die Stadt der ewigen Jugend», wie Stefan Zweig sie nannte, von Kindheit an geliebt und ist auch als Diseuse immer wieder hierher zurückgekehrt.

ihr französisches Filmdebüt, das besonders reizvoll ist, weil man sie an der Seite des so männlich und zärtlich wirkenden Jean Gabin bewundern kann. Er ist Bauunternehmer und läßt für sie als die Erwählte seines Herzens ein Haus errichten, das ihm selbst aber kein Glück bringen soll. Verlierer auf der ganzen Linie, trifft ihn am Schluß die Kugel eines fanatischen Verehrers der schönen Witwe.

In dem Film spielt auch Margo Lion mit, die «beste Freundin» aus der Revue von 1928. Doch trotz großartiger Schauspieler wurde *Martin Roumagnac* kein Erfolg. Man bemängelte daran das zu wenig ausgeprägte Profil, das Fehlen einer deutlichen, künstlerischen Handschrift, aus der sich größere filmische Wirksamkeit hätte ergeben können. Und außerdem: Marlene als Besitzerin eines Vogel- und Tierfuttergeschäfts in der Provinz – das glaubte man ihr sowieso nicht. Zu sehr hing ihr bereits das Klischee als *Blauer Engel* an!

Nachdem Marlene Dietrich in Paris mit Gabin gefilmt hatte, meldete sich Hollywood wieder. In den nun folgenden fünf Jah-

Geigensolo für Jean Gabin

ren dreht sie für diverse Firmen jeweils einen Film pro Jahr, jeder hat einen anderen Regisseur. Zwar sind berühmte Namen darunter wie Billy Wilder, Alfred Hitchcock und Fritz Lang, doch große Welterfolge stellten sich auch diesmal nicht ein.

Obgleich sie in Hollywood so lange Zeit von der Leinwand weg war, was sie selbst als nachteilig empfand, gab ihr Mitchell Leisen 1946 mit seinem Unterhaltungsfilm *Golden Earrings (Goldene Ohrringe)* wieder eine Möglichkeit, Geld zu verdienen, wenn auch die Rollenbesetzung gegen den Einspruch der Paramount erfolgte. Für ihre Rolle als verführerische Zigeunerin suchte Marlene Dietrich die Zigeunerlager in der Nähe von Paris auf, um die Lebensgewohnheiten der Zigeuner kennenzulernen. Sie interessierte sich speziell für die Kleidung dieser Leute.

Als der Film dann in den Kinos anlief, war die Kritik nicht einverstanden damit, daß eine Miß Dietrich, für alle Welt die Verkörperung graziler Eleganz, als zigeunernde Schlampe, mit einer fettigen dunklen Salbe beschmiert, in schmutzigen Lumpen herumhüpfte und zur Zither klimpernd mit tiefer Altstimme – «Oder ist es ein Baß?» fragte eine New-Yorker Zeitung – schmachtende Lieder sang, die bei einem Teil des Publikums unfreiwilliges Gelächter, bei einem anderen Teil wehmütige Seufzer auslösten.

Golden Earrings war aus ihrer Sicht wieder einer jener Dutzendfilme, die man macht und die nachher vergessen sind, einige Büchsen Zelluloid, die hinterher in den Archiven der Filmfirmen verschwinden. Marlene Dietrich war realistisch genug, das nicht zu überschätzen. Unter dem Blickwinkel ihres Song- und Chansonrepertoires ist erst wieder der mit Billy Wilder gedrehte Film *A Foreign Affair* (1948) von Interesse, da er sehr eindrucksvolle, von Friedrich Hollaender komponierte Lieder enthält. Nach der Uraufführung wurden sie sofort von Decca Records aufgenommen. *Romantic Illusions* heißt das melodisch einprägsamste Lied dieses Films. Es ist eine poesievolle Melodie zum Träumen und zum Tanzen, hinter deren nur mäßiger Bewegtheit Leidenschaftlichkeit und Sehnsucht nach Romantik erkennbar sind, jener Romantik, derentwegen die lyrischen Filmsongs Hollaenders so geliebt werden.

1950 führte die Filmarbeit Marlene Dietrich zum erstenmal mit Alfred Hitchcock zusammen. Für sie war er in jeder Hinsicht der perfekte Regisseur, an dem sie in einem bislang nicht gekannten Maße Ruhe und Autorität bewunderte. Er habe alle «bezaubert, entzückt, belehrt, beherrscht und verhext, ohne einen Finger zu rühren». Daß er damals, als die Ernährungslage in England noch kritisch war, per Flugzeug eigens aus den USA Steaks und Roastbeef kommen ließ, um seine beiden weiblichen Stardarsteller Marlene Dietrich und Jane Wyman in den besten Londoner Restaurants durchfüttern zu können, hat Marlene Dietrich mit ihrem allzeit guten Appetit nicht vergessen. Von außergewöhnlichen Persönlichkeiten und von dem, was man Stil zu nennen pflegt, ließ sie sich immer beeindrucken. In dem Buch ihrer Erinnerungen und Reflexionen hat sie dieser Beefsteaks und ihres Spenders in besonderer Weise gedacht.

Außer den Beefsteaks sind an dem Film *Stage Fright*, wörtlich übersetzt mit *Lampenfieber* und sonst unter dem deutschen Verleihtitel *Die rote Lola* bekannt, noch die Kostüme aus dem Pariser Atelier Christian Dior sowie die mitunter recht makabren Pointen und die beiden Lieder erwähnenswert, die Marlene Dietrich in ihrer Rolle als mordverdächtiger Revuestar vorträgt. Der Film ist ein Theaterkrimi, genauer gesagt: eine unglaubhafte Story von einem Mord unter Theaterleuten, mehr auf kurze Lacherfolge als auf durchgehende Spannung aus. Manche Rezensenten wollten das Produkt deshalb auch nicht als Film im herkömmlichen Sinne gewertet sehen, sondern eher als «eine Reihe von Programmnummern bei einem Theater-Gartenfest», wie sich ein englischer Filmkritiker ausdrückte. Einige Zeitungen meinten gar, *Die rote Lola* sei Hitchcocks «größter Bluff», aber es genüge, daß Marlene Dietrich eines ihrer unsterblichen Beine über das andere schlage, und schon beginne es in der Luft zu knistern. Außerdem war da noch ihre Gesangsstimme, die das gewisse Flair erzeugte und Lieder, auch wenn es Schlager von dunnemals waren, gleichsam neu aufgeladen mit Erotik und Esprit präsentierte.

La Vie en Rose, ein weltbekannter französischer Boulevard-Caféhaus-Schlager, und Cole Porters schon 1927 komponiertes Lied *The Laziest Gal (Girl) in Town* waren zwei solche Lieder. Ob Marlene Dietrich diese beiden Titel selbst als für ihre Rolle passend ausgesucht oder Hitchcock ihr dazu geraten hat, was allerdings bei seiner Toleranz in solchen Fragen gegenüber seinen Schauspielern wenig wahrscheinlich ist, bleibt im dunkeln. Mit Sicherheit hat aber Edith Piaf, eng mit Marlene Dietrich befreundet, die Anregung zu *La Vie en Rose* gegeben, denn ihr gehörte das Lied, den Text hatte sie selbst verfaßt; es war seit langem schon ein Weltschlager (deutsch: *Schau mich bitte nicht so an*). Und obwohl es Marlene Dietrich in dem englischen Grotesk-Krimi singt, ist es weiterhin Edith Piafs Lied geblieben. In diesem Fall war es einmal nicht so wie sonst, daß Schauspielerinnen, denen Marlene Dietrich einen Titel «entwendete», anschließend auf den Besitz des Liedes verzichteten – klugerweise, wenn auch nicht unbedingt glücklich dabei. Aber was blieb ihnen übrig? Denn wann immer sich eine anstrengte, ihre Position gegenüber der Konkurrenz Marlene zu behaupten und auf «ihrem» Lied weiterhin zu bestehen, ist das Ergebnis meistenteils zu ihren Ungunsten ausgefallen: Die marlenesche Fassung hat sich irgendwie immer durchgesetzt.

Die Freundschaft zwischen Marlene Dietrich und Edith Piaf begann nach Angaben von Charles Higham Ende der vierziger Jahre in Paris. Auf beiden Seiten war es uneingeschränkte Bewunderung füreinander, die die beiden so ungleichen Frauen zusammenführte. Die Piaf wirkte klein und zerbrechlich, vom Aussehen her war sie keineswegs eine Schönheit. Das Phänomen an ihr war jedoch, daß dieser fragile Körper über eine gewaltige, theatralische Stimme verfügte, die in der Lage war, große Konzerthallen auch ohne Mikrofon auszufüllen, was ihr die Bezeichnung *Tragödin des Chansons* eintrug. Jean Cocteau meinte, es sei ein Organ, das «aus den Eingeweiden» käme.

Wie man von Edith Piaf selbst und aus den Mitteilungen anderer über sie weiß, haben ihr die Tragödien der Liebe im privaten Leben arg zugesetzt, und daß es so war, verlieh ihren rührseligen, melodramatischen Geschichten auf der Bühne Glaubwürdigkeit. Edith Piaf verdankte Marlene Dietrich in den vielen

Zu den ersten Liedern, die nach 1945 wieder auf Schallplatte erschienen, gehörten die englische *Lili Marlene*, der Cole-Porter-Song *You Do Something To Me*, Hollaenders *Illusions* und das musikalische Poem *Symphonie* – eine Liebeserklärung an Paris.

Piaf-Hochzeit mit dem französischen Liederkomponisten Jacques Pills in New York 1952. Marlene Dietrich war Trauzeugin. Rechts Nicholas Prounis, Inhaber eines Nachtlokals, als zweiter Trauzeuge

Krisen ihres Lebens uneigennützigen Beistand, obgleich ihr chaotischer Lebenswandel es den Freunden schwermachte, zu ihr zu halten. Was immer geschah, wie oft sie auch betroffene Zeugen der Zusammenbrüche und Katastrophen in Ediths Leben waren, so waren ihre Freunde doch immer wieder von ihr fasziniert, wie seinerzeit in New York, als «der Spatz» in seinem schwarzen Taftkleid auf einem kleinen Podium vor zartgrünem Vorhang erschien, das ihr von Marlene geschenkte kleine goldene Kreuz mit Smaragden als Kette um den Hals, und ihre Chansons darbot – eine nie endende Hymne auf die Leiden der Liebe. La vie und l'amour waren und blieben bis zu ihrem Tode im Jahre 1963 Piafs eigentliches Thema. Auf diesem Gebiet war diese kleine Frau die Größte.

Marlene Dietrich war beeindruckt von dem Temperament und der Lebensenergie dieser Frau, von der eigenwilligen Technik, wie sie alle großen Naturtalente des Chansons besitzen, die sich im Lied selbst darstellen, in gewisser Weise darin verbrennen, und deren Stil sich mit ihrer Persönlichkeit in beglückender wie erschreckender Weise deckt. Und sie bewunderte die «scheinbar konfuse Harmonie der Sängerin» (Higham), deren gebändigte, eruptive Leidenschaft mit dem selbstzerstörerischen und selbsterhaltenden Trieb alles mitriß und umriß, wenn es sein mußte.

«Meine Freundin Piaf … in meinen Augen war sie der ‹Spatz› – so hatte man sie ja genannt, mit ihrem unersättlichen Durst nach Liebe und Aufregung, der sie für ein Gefühl von Unvollkommenheit entschädigte, für ihre ‹Häßlichkeit›, wie sie es nannte.» Das sagt Marlene Dietrich über jene Frau, deren Leidenschaft das Lied, das Leben und die Liebe waren. Die Chansontitel, aneinandergereiht, ergeben fast die Biographie der Sängerin: *Cri du cœur, Hymne à l'amour, Milord, Mon légionnaire, Le droit d'aimer, La vie, l'amour, Si, si, si, Toujours aimer, Non, je ne regrette rien.* Es sind Schlager, die den Namen Edith Piaf weltberühmt gemacht haben.

Unter den ersten Nachkriegsfilmen Marlene Dietrichs war 1948/49 ein Krimi, bei dem ein versierter Mann vom Rundfunk namens Fletcher Markle Regie führte; er war auch Mitautor des Drehbuchs. Die Präzision und Zügigkeit seiner Dialog-Regie wurden allgemein gelobt. Der Film mit dem Titel *Jigsaw* aus dem Milieu des New-Yorker Underground-Bandenwesens richtete sich gegen Rassismus und religiöse Intoleranz. Durch Markles Verbindungen zum New-Yorker Rundfunk wechselte Marlene Dietrich in ein für sie neues Fach, das ihr nach eigener Aussage großes Vergnügen gemacht habe, mehr als der Film. Es war der Rundfunk.

In Zusammenarbeit mit Fletcher Markle gestaltete sie in den fünfziger Jahren viele Rundfunksendungen. Sie erhielt gute Rollen in Hörspielen, wie Anna Karenina, Madame Bovary, die Kameliendame, auch Frauen-Sprechrollen aus modernen Werken, die ihr der Film nie angeboten hatte. Außerdem war es ein anderes künstlerisches Klima, in dem sie sich wohl fühlte. Die besondere, nicht auf andere Medien übertragbare Funktion des Radios erkennend und anerkennend, schrieb sie über ihren neuen Job: «In Amerika erreichte der Rundfunk seinerzeit alle Klassen, besonders die armen Leute, die kein Geld hatten, sich eine Zeitung zu kaufen. Das Radio brachte ihnen die wichtigsten Nachrichten, auch Vergnügen mit Musik und Unterhaltung, und es vermittelte einsamen Menschen die Illusion, nicht

Im Rundfunk in New York bei der Generalprobe zu *Madame Bovary* mit van Heflin (links) und Claude Rains. Für Columbia begannen alsbald auch die Schallplatten-Neuaufnahmen ihrer Lieder.

allein zu sein … Radio – mein schon längst verlorener Freund! Ich hatte ein Zuhause beim Rundfunk, das ich heute sehr vermisse», klagte sie 1975 bei der Niederschrift ihrer Erinnerungen. Man erkannte beim Rundfunk ihr außergewöhnliches Talent, sich darzustellen. Und wer hatte schon so eine interessante Stimme wie sie?

Bei zwei großen Radiostationen bekam Marlene Dietrich damals je einen eigenen Programmplatz: bei CBS für eine Abenteuer-Sendung und bei NBC für eine Ratgeber-Reihe. Als Betreuerin von Hörerpost konnte sie ganz individuell auf die Sorgen und Anfragen ihrer Briefschreiber eingehen, von keinem Regisseur behelligt, was ihr das Gefühl der Nützlichkeit und Selbständigkeit vorm Mikrofon gab. Auch war beim Rundfunk ihr Schreibtalent gefragt.

In der Öffentlichkeit war es damals und ist es heute noch wenig bekannt, daß sich Marlene Dietrich wiederholt an Kurzgeschichten versucht hat. Die Anregungen dazu kamen von Ernest Hemingway und Erich Maria Remarque, für deren eigene Manuskripte Marlene Dietrich oft die erste urteilende Instanz gewesen ist. Von Hemingway zum Beispiel weiß man, daß er öffentlich ihr gutes literarisches Urteil rühmte und bekannte, er sei nie glücklicher gewesen, als wenn er etwas geschrieben hätte, was er gut finde, und sie lese es und es gefalle ihr auch. Für seine schriftstellerische Tätigkeit bedeutete ihm ihr Urteil mehr als das mancher Kritiker, weil sie sich in den Dingen, über die er schrieb, bestens auskannte: Land und Leute, Leben und Tod, Fragen der Ehre, des Verhaltens und der Liebe. «Ich finde nämlich, sie versteht mehr von der Liebe als sonst jemand.»

Ernest Hemingway an Bord seiner Yacht. «Was Ernest so einzigartig macht», sagte Marlene Dietrich im Gespräch mit dem Hemingway-Biographen A. E. Hotchner, «ist wahrscheinlich, daß er die Zeit gefunden hat, all das im Leben zu tun, wovon andere Männer meistens nur träumen. Er ist ein richtiger Mann.» Mary Welsh erinnert sich: «Marlene sang uns auch immer wieder *Lili Marleen* vor, und Ernest und ich steuerten aus unserem reichen Vorrat andere Lieder bei.»

Der Austausch der Meinungen zwischen den beiden erfolgte zuzeiten täglich per Telefon zwischen Paris und New York oder Paris und jenem wild-romantischen Ort St. Francisco de Paulo, außerhalb von Havanna, wo Hemingway in einer kleinen Hazienda auf dem Hügelgelände über der Stadt residierte.

Zu jener Zeit war es, daß das amerikanische Frauenmagazin *Ladies Home Journal* ihr ein Honorar von 25 000 Dollar für einen Artikel von dreitausend Wörtern anbot. Thema: Was eine Frau tun muß, um geliebt zu werden. Dreitausend Wörter – das sind etwa zehn Manuskriptseiten. Marlene Dietrich erzählte einem Reporter. «Ich bin keine Schriftstellerin, und ich hasse jeden Dilettantismus. Aber andererseits sagte ich mir: 25 000 Dollar nicht nehmen – das ist eine Sünde! Ich setzte mich also hin und schrieb den Anfang. ‹Liebe ihn, bedingungslos. Er muß wunderbar sein, denn du selbst hast ihn dir ja ausgesucht.› – Es war ganz leicht. Aber dann wußte ich plötzlich nicht weiter, und ich rief Hemingway an. Er fragte mich: ‹Weißt du schon, was du schreiben wirst?› – ‹Natürlich weiß ich das, Papa, aber das Problem, mit dem ich nicht fertig werde, ist, daß ich keinen Satz hinschreiben kann, bei dem der Rhythmus stimmt. Was soll ich machen, wenn mir nur ein einsilbiges Wort einfällt an der Stelle, wo eigentlich ein zweisilbiges zu stehen hätte.›»

Hemingway seufzte: «Oh, Mamma, da hast du dir ausgerechnet das Schwerste ausgesucht. Aber wenn du überzeugt bist, daß diese Art zu schreiben richtig ist, dann mußt du dabei bleiben!»

Sie setzte sich also wieder hin und fand immer neue Vorwände, die Arbeit vor sich herzuschieben. Am nächsten Tag rief Hemingway an. «Na, Mamma, wie weit bist du?» Sie sagte, daß sie noch kein einziges Wort geschrieben habe. Hemingway, unvermittelt: «Hast du schon den Kühlschrank abgetaut?» – «Ja, aber woher weißt du das?» – «Na, weil ich das auch immer mache, wenn ich mich vor dem Schreibtisch drücken will.»

Marlene Dietrichs kostbare dreitausend Wörter über die Liebe und was eine Frau anstellen muß, um geliebt zu werden, waren der Anfang einer erfolgreichen Serie. Sie erhielt so viele Briefe, daß die NBC ihr eine ständige Sendefolge in der Nacht vom Sonnabend zum Sonntag einräumte. 17 Millionen Amerikanerinnen, so hat man ermittelt, lauschten voller Hingabe Marlenes dunklem, beruhigendem Alt und ihren Ratschlägen, die absolut einleuchtend waren.

Wenn aber manche Klatschblätter glaubten, auf Kosten der Künstlerin Profite machen zu können, so hatten sie sich geirrt.

Mehrfach hat Marlene Dietrich Zeitschriften und Zeitungen verklagt, so 1961 die Frauenillustrierte *McCall's* auf zwei Millionen Dollar Schadenersatz wegen der verleumderischen Behauptung, Frau Dietrich habe den Steuerbehörden ihren Mann Rudolf Sieber als lebendes Pfand angeboten, und sie sei der Scheidungsgrund des amerikanischen Generals Gavin gewesen. Dazu sagte sie. «Es ist schon genug Unsinn über mich geschrieben worden, aber wenn man mir die Ehre abschneiden will, kann ich das nicht auf mir sitzen lassen!»

Die Arbeit für den Rundfunk blieb nicht auf die fünfziger Jahre beschränkt. 1965 wurde mit ihr ein Hörspiel *The Child (Das Kind)* nach einem Manuskript von Shirley Jenkins produziert, das im Oktober 1965 über Radio BBC London lief. Die Autorin gestaltet darin Gedanken und Gefühle einer Frau während der Geburt ihres Kindes. Marlene Dietrich hat sich über die künstlerische Qualität dieses Stückes und seine Verfasserin in Tönen höchster Anerkennung geäußert. «A great script writer.» Von der gleichen Autorin gibt es noch ein zweites Stück, ebenfalls für Marlene Dietrich geschrieben, in dem eine Frau reiferen Alters Rückschau auf ihr bisheriges Leben hält; es wurde ebenfalls gesendet und bekam gute Kritiken.

Zu keiner Zeit hat Marlene Dietrich das Leben einer eleganten Nichtstuerin geführt. In den fünfziger Jahren spielte sie über einen längeren Zeitraum hinweg im Rundfunk die Rolle einer Nachtklub-Unterhalterin. Einmal in der Woche war sie als *Diane la Velte* – den Namen hatte sie sich selbst gegeben – Sprecherin in zwei Star-Hörspielfolgen unter dem Titel *Zeit für Liebe* und *Café Istanbul*. Sie sprach mit rauchiger Stimme eine Sängerin in verschiedenen Nachtlokalen verschiedenster Weltstädte und wurde dabei in aufregende Abenteuer und Liebesaffären verstrickt.

Die preußische Berlinerin mit dem amerikanischen Sexappeal erschien den Zeitgenossen auch in anderer Hinsicht bemerkenswert. Sie gab sich keine besondere Mühe zu verschleiern, daß sie nahe der Jahrhundertwende geboren ist. Mit mütterlichem Stolz sprach sie über die Erfolge ihrer hübschen blonden Tochter Maria Riva, und in ihre beiden Enkelkinder – später wurden es drei, alles Jungen – war sie ganz vernarrt. Persönliche Freunde, von denen sie viele hatte, beschrieben sie als großzügig, gütig, rücksichtsvoll und von einer Impulsivität, die sie manchmal zu ungewöhnlichen Handlungen verleitete. Einmal brachte sie mehrere Tage damit zu, einen erkrankten entfernten Bekannten

Die Mistinguett, Frankreichs Music-
Hall-Legende und ewig junger Jahrgang
1875, war 77 Jahre alt, als ein Film
über sie gedreht werden sollte.
In der Hauptrolle Marlene Dietrich.
Einwand der Mistinguett: «Ist Marlene
nicht zu alt für meine Rolle?»

zu pflegen, der keine Freunde oder Angehörigen in der Stadt hatte. Ein anderes Mal stellte sie eine ganze Rundfunkstation auf den Kopf, um für einen alten Freund aus Deutschland eine Anstellung zu finden. Sie schaffte es; er bekam eine Stelle.

1952, sieben Jahre nach dem Krieg, hat man ihr angetragen, in einer Verfilmung der Lebensgeschichte der Mistinguett, Frankreichs legendärem Music-Hall-Star, mitzuwirken. Die Mistinguett lebte noch, als die beträchtlich jüngere Marlene Dietrich für dieses Filmprojekt im Gespräch war, und es ist kennzeichnend, wie die alte Dame aus den glanzvollen Tagen der Folies-Bergère auf die Nachricht reagierte. Sie fand, Marlene Dietrich sei viel zu alt für diese Rolle, und prophezeite dem Film keinen Erfolg. Es wurde dann auch nicht gedreht.

Ab 1951 gibt es fünf Jahre lang für Marlene Dietrich keinen Film mehr. Das vorläufig letzte Mal erscheint sie, wie bereits erwähnt, 1950 auf der Leinwand als Revuestar unter Hitchcocks Regie, dann 1951 unter Fritz Lang als eine durch Glücksspiel reich gewordene ehemalige Chansonette, die sich auf eine Farm an der mexikanischen Grenze zurückgezogen hat und dort Gejagten und vom Gesetz Verfolgten Zuflucht gewährt. Der Film hieß *Rancho Notorious*, in der deutschen Fassung: *Engel der Gejagten*. Von ihr wurde darin *Gypsy Davey* und *Get Away, Young Man* gesungen.

Zwischen diesem Fritz-Lang-Western von 1951 und ihrem nächsten Film, der Jules-Verne-Verfilmung *Around the World in 80 Days (In 80 Tagen um die Welt)* von 1956 liegt ein halbes Jahrzehnt Pause beim Film. Doch eigentlich war das der Beginn einer neuen Karriere als Showstar. Diese Karriere brachte sie in wenigen Jahren an die Spitze des internationalen Showbusiness und präsentierte der erstaunten Welt eine neue, vor allem auch jung gebliebene Marlene Dietrich.

Eine Zäsur in ihrer Laufbahn hatte bereits das Jahr 1950 gebracht. In New York gab es ein besonderes künstlerisches Ereignis. Das Museum of Modern Art veranstaltete – genau zwanzig Jahre nach dem *Blauen Engel* – ein über zwei Monate laufendes Dietrich-Filmfestival, das erste dieser Art in der Welt. Es stieß auf großes Interesse der Öffentlichkeit. Ihre Filme waren inzwischen Bestandteil der Dietrich-Legende geworden; sie erlebte ihren eigenen Ruhm, wie viel oder wie wenig er ihr auch bedeutet haben mag.

Die Retrospektive bot Gelegenheit zu erkennen, daß Marlene Dietrich nicht allein und ausschließlich der einzigartig schöne

Star war, sondern auch ein magisches, letzten Endes unerklärbares Stimmphänomen. Als *La voix Marlenéenne* hat es die Publizistin Renate Reisman bezeichnet und mit Recht zu einer Institution erhoben. Diese Stimme, ein bisher weder durch den Film noch durch den Rundfunk ausgeschöpftes Potential, blieb für zwei Jahrzehnte ihr wichtigstes Kapital, das sie nutzte, um mit ihrer Kunst in den Menschen große, starke Gefühle zu erwecken und ihnen im Lied von den Freuden und Leiden des Lebens zu erzählen, ihnen ganz Eigenes, Persönliches mitzuteilen.

William Blezard, ein Musiker, der Marlene Dietrich als Dirigent begleitet hat, kennzeichnet die Dietrich-Stimme wie folgt: «Sie umfaßt eineinhalb Oktaven. Ihr tiefster Ton entspricht dem tiefsten Ton einer Bratsche; sie hat die Stimmlage einer Bratsche. Sie phrasiert ungewöhnlich subtil: Sie macht die Sprechstimme populär und hat sie auch weiterentwickelt. Klugerweise vermeidet sie es, den Ton zu lange zu halten. Sie hat so etwas auch gar nicht nötig. Sie benutzt eigene Variationen und Texte und überarbeitet die von anderen. Es gelingt ihr mühelos, über dem Orchester zu singen. Ein Lied bietet sie dar wie eine Bühnenschauspielerin.»

Was hier im letzten Satz von Blezard formuliert ist, sind die Stilmerkmale einer Diseuse, die ausschließlich von schauspielerischen Grundlagen und Haltungen aus an ein Lied herangeht, es als Rollenmonolog begreift und auf andere Weise als eine Schlagersängerin zu einer eigenen, unwiederholbaren Formung gelangt.

Marlene Dietrich nimmt 1951 vom französischen Botschafter in den USA, Henry Bonnet, in Washington das Kreuz der Ehrenlegion für ihren Truppenbetreuungseinsatz während des Zweiten Weltkriegs entgegen. Diesen Orden, es ist der bedeutendste der französischen Nation, erhielt als erster Deutscher Johann Wolfgang von Goethe aus der Hand Napoleons.

Die neue Karriere der Dietrich war zufällig oder vorherbestimmt, wie man will. Es begann damit, daß sie auf einer Wohltätigkeitsveranstaltung in New York im Madison Square Garden im Mai 1953 in Stiefeln, Shorts und Zylinder erschien. Die Chambrière, wie die Dresseure sie für Pferdenummern verwenden, vorschriftsmäßig in Gebrauch, sagte sie als Zirkusdirektorin die einzelnen Nummern an. Es war der Wunsch der Tochter Maria gewesen, daß ihre Mutter bei dieser Veranstaltung mit von der Partie sein sollte. Weil es ihr Spaß machte, willigte Marlene ein und machte ihre Sache «marvellous» – wunderbar. Niemals in der Geschichte des Zirkus hatte es einen so attraktiven, aufregenden Direktor mit so langen, schönen Beinen gegeben.

Aus diesen mehr oder weniger zufälligen Anfängen im «Schaugeschäft» sollte sich eine Karriere unvorstellbaren Ausmaßes ergeben, von deren Verlauf Marlene Dietrich am Anfang

Der schönste Zirkusdirektor der Welt erschien 1953 «beinfrei» in der Arena. Es war der Anfang einer neuen Karriere im Showgeschäft.

wohl selbst nicht die rechte Vorstellung hatte. Nur eins war sicher: Die neue Tätigkeit machte ihr Vergnügen, sie fand es reizvoll, selbst vor ihr Publikum hinzutreten und etwas spielen und sagen zu können, was sie vorher nicht mit Regisseuren, Tonmeistern, Kameraleuten und sonstwem einzustudieren hatte. Und wenn sie jemals ernsthaft ins Showgeschäft einsteigen sollte, dann mußte ihre Nummer die Sensation aller Sensationen werden. Das stand ebenfalls fest!

Schon wenige Monate nach dem Zirkusauftritt bekam sie im Dezember 1953 ein Engagement vom Chef des exklusiven Sahara-Hotels von Las Vegas angeboten, der ihr 30 000 Dollar pro Woche offerierte. «Eine unglaublich hohe Gage, ich konnte nicht nein sagen.» So kam es zu ihrem Gastspiel in Las Vegas. Es war für drei Wochen vorgesehen, dauerte aber vier Wochen, die Marlene Dietrich als ein «reines Vergnügen» empfand. Da ihr Auftritt nur als kurze Bühnendarbietung zur Unterhaltung der Spielcasinogäste gedacht war, durfte er 20 Minuten nicht überschreiten. Das war die Zeit für etwa sechs Lieder.

Las Vegas als das amerikanische Paradies der Spieler, Glücksritter und Touristen hat auch einen exzellenten Ruf als Zentrum des internationalen Showbusiness. Jeder Künstler der Branche, der etwas galt, hat wiederholt Engagements in Las Vegas absolviert. Es heißt, daß diese Stadt an die Bühnengrößen des Entertainments die höchsten Anforderungen stellt, da nur das Beste vom Besten geboten wird. Marlene Dietrich war also in jeder Weise gefordert, als sie das Engagement dorthin annahm.

Das Bühnenkostüm für ihren ersten Las-Vegas-Auftritt war aufsehenerregend. Sie erschien in einem Riesen-Chiffonschal, der um ihren ansonsten so gut wie unbekleideten Körper geschlungen war. Eine Drapierung von gewagtester Raffinesse. Den Verschluß dieses Schleierkleides bildete eine Brosche in Form eines kleinen Seepferdchens, das das gesamte «Bauwerk» an der Körperstelle, wo der rechte Oberschenkel endete, zusammenhielt. In diesem wehenden Gewand begrüßte eine zufrieden lächelnde Marlene das bis auf den letzten Platz gefüllte Sahara-Hotel. Sie wußte, wie sie mit diesem Publikum umzugehen hatte. Es gab immer wieder Sonderapplaus zwischen den Liedern, der als Huldigung sowohl der Modeschöpferin als auch der Chansonkünstlerin Marlene zu verstehen war. «Sollte Miß Dietrich jemals Bedenken wegen einer Karriere als Nachtklub-Sängerin gehabt haben», meint *Variety*, «so kann sie diese Sorgen getrost fallenlassen. Die Wirkung, die sie ausübt, beweist, daß sie eine große Attraktion ist. Klasse und Glamour drücken ihrem Auftritt den Stempel auf.» Alle waren beglückt. Dagegen wetterte alsbald aus der anderen Richtung des Globus das *Bayerische Volks-Echo*, das dem Filmstar mit dem moralischen Zeigefinger drohte: «Marlene Dietrich trat kürzlich in einem Nachtklub, in dem sie mit ihrem ‹Whisky-Tenor› gewagte Chansons sang, halbnackt auf. Dabei ist Marlene längst Großmutter. Ob sie sich nicht schämt?»

Im Jahre 1954 kam Marlene Dietrich an den Ort ihres Erfolgs zurück. Natürlich in einem neuen Kleid. Das Publikum von Las Vegas konnte den Filmstar als ein noch immer intaktes Wunder der Mode, als eine Grande Dame der Bühne und souveräne Schönheit erleben. Ihr Kleid aus dem Pariser Atelier Jean Louis war eine solch kostbare, hochelegant-raffinierte Kreation aus hautfarbenem Soufflé – «Ich sah nackt aus, obwohl ich es nicht war» –, daß allein die Vorführung des Kleides das Eintrittsgeld wert gewesen wäre. Die Robe, übersät mit aufgestickten Perlen, Diamanten und Pailletten, war damals für sie fast noch wichtiger als die Lieder, aus bestimmtem Grund: Marlene Dietrich sagt, daß von dem Moment an, da sie dem Publikum auf gering-

Las Vegas: Das Leben beginnt erst am Abend, wenn die Leuchtreklameketten die Stadt in ein gleißendes, buntes Lichtermeer tauchen. Das *Mint* gehörte zu den Großunternehmen der Spielcasino-Industrie, die mit dem *Lido*, dem *Tropicana*, den Hotels *Sands* und *Sahara* die nächtliche Silhouette der Stadt bestimmten.

ste Distanz gegenüberstand, die Garderobe von enormer Wichtigkeit für sie gewesen sei, zumal ihr Singen am Anfang noch viel zu wünschen übriggelassen habe. Sie meinte damit, daß der Auftritt live vor einem bestimmten Publikum etwas vollkommen anderes ist als die Produktion einer Tonkonserve im schalldichten Studio. Dies wissend, arbeitete sie seit dem ersten Gastspiel an der Perfektionierung ihres Auftritts- und Gesangsstils, mit der gleichen Zähigkeit und Gewissenhaftigkeit, wie sie mit Hilfe ihrer Regisseure einst an einer Lola, einer Amy Jolly, einer Shanghai-Lily und einer Blonden Venus gearbeitet hatte. So kam über die Jahre jenes weiche, elegante Ineinanderfließen von Kopf- und Körperhaltung, von Ruhe und Bewegtheit, Gesichtsausdruck und Stimmführung zustande. Dies alles und das geheimnisvolle, rätselhafte Lächeln und Schweigen unter den Jalousien ihrer langen Wimpern hinterließ den Eindruck der Perfektion schlechthin.

Das freie, natürliche Singen vor Publikum mit der besonderen Atmosphäre und dem unwiederholbaren Moment mußte ihr nach vielen Jahren des Films «wie der Himmel auf Erden» erscheinen, zumal sich das Publikum von Las Vegas mitreißen ließ und Marlene Dietrich das Auftreten leichtmachte. Da sie mit den Liedern aus ihren Filmen gefiel, kam für 1954 wiederum ein Engagement zustande, was sich rasch herumsprach. Auch andere Unternehmer der Branche waren mittlerweile an Verträgen mit der Entertainerin Marlene Dietrich interessiert. Das Interesse war gegenseitig. Als man die Filmdiva Greta Garbo 1954 bat, im Café de Paris in London aufzutreten – sie sollte sich nur zeigen und irgend etwas tun, was, war ihr absolut freigestellt –, sagte die berühmte Diva ab. Sie wollte sich auf kleiner Bühne nicht so hautnah den Blicken der Zuschauer präsentieren. Marlene Dietrich, zwei Jahre älter als die Garbo, hatte in diesem Punkt keine Bedenken, und es zeigte sich, daß ihr erstes Erscheinen in Europa, 1954 in London, mehr Interesse auslöste als das irgendeines Spitzenstars. Es mußten Polizeikordons aufgeboten werden, um die vielen hundert Schaulustigen, die sich auf den Straßen und vor dem Eingang zum Café de Paris drängten, unter Kontrolle zu bringen. Obwohl der Saal nur 350 Personen faßte, zwängten sich mehr als 500 Personen hinein; die meisten mußten allerdings wieder nach Hause gehen.

In London ereignete sich die gleiche Szene wie in Las Vegas. Mit dem Eröffnungstitel, jenem bewährten französischen Schlager *La Vie en Rose*, hatte sie sogleich die Sympathien des Publi-

linke Seite: Das gewagteste Bühnenkleid, das es jemals in der Geschichte des Showbusiness gegeben haben dürfte, trug Marlene Dietrich im Oktober 1954 bei ihrem zweiten Auftritt in Las Vegas. Eine Windmaschine sorgte dafür, daß das geschlitzte, vorhangartige Gebilde aus weißem Chiffon den Liedvortrag mit zärtlich wehenden Bewegungen begleitete.

kums auf ihrer Seite. Alles übrige war kein Problem mehr. Sie hätte selbst das *Gebet einer Jungfrau* vortragen können, wie ein Kritiker meinte, und man hätte ebenso vor ihr auf den Knien gelegen. Das Programm war so aufgebaut, daß sich die lyrischen Titel nach altem Varieté-Brauch mit heiteren und dramatisch akzentuierten Liedern abwechselten. Auf *La Vie en Rose* folgten die anfeuernden *Boys in the Backroom*, darauf ein speziell für junge Liebesleute gedachter Titel *Lazy Afternoon (Fauler Nachmittag)*. Einen besonders rhythmischen, herausfordernden Akzent setzte darauf als vierte Nummer die bereits legendäre Lola, in englisch, die wiederum überleitete zu dem lyrischen *Look Me over Closely* und der alten Robert-Stolz-Melodie *Frag nicht, warum ich gehe*, die sie zur Erinnerung an ihren Freund, den großen deutschen Tenor Richard Tauber, vortrug.

Der zweite Teil ihres Elf-Titel-Programms zeigte den gleichen Ablauf im Wechsel wie der erste. Wieder zunächst ein Filmsong – *The Laziest Gal in Town*, den die Engländer als englischen Titel betrachteten, da er aus dem in England gedrehten Hitchcock-Film *Stage Fright* stammte, anschließend ein amerikanisches Volkslied aus dem 17. Jahrhundert, aus dem sie eine ergreifende Ballade um das Leid verlorener Liebe zu machen verstand.

Go away from my window,
Go away from my door,
Go 'way 'way 'way from my bedside
And buther me no more!

Nach diesem kleinen Juwel aus der amerikanischen Folklore, es war die Titel-Nummer acht, blieb nur noch, für *Jonny* und *Lili Marleen* den notwendigen Platz zu reservieren, zwei ihrer Weltschlager, auf die jeder im Saal wartete. Den Abschluß des Auftritts bildete ihr Lola-Lied in englisch, *Falling in Love Again*, mit dem Marlene Dietrich zwanzig Jahre zuvor die goldenen Stufen des Filmruhms emporgestiegen war.

Der Londoner Auftritt dauerte insgesamt 35 Minuten. Wenn es nach dem Willen des Publikums gegangen wäre, hätte sie die ganze Nacht hindurch singen können. Doch als das Programm zu Ende war, verneigte sie sich vor den Zuhörern, sagte einige Worte des Dankes und verließ die Bühne – eine distinguierte Erscheinung von Kopf bis Fuß.

Von Kopf bis Fuß war wohl ihr endgültig letzter Titel, er konnte jedoch nicht die Funktion eines wirklichen Finales für einen Dietrich-Chanson-Abend erfüllen. Was sie damit versprach, wurde nicht mehr gehalten. An der entscheidenden Stelle hörte Marlene Dietrich auf und ging ab. Das änderte sich, als der Komponist und Bandleader Burt Bacharach in ihr Leben trat und ihr musikalischer Begleiter wurde. Er drehte mit seinem Sinn für modernes Accompaniment und für Showwirkung das Programm Marlenes um, indem er aus ihrer Schlußnummer *Ich bin von Kopf bis Fuß* ein Orchester-Entrée für die gesamte Show komponierte, so daß mit dem Öffnen des Vorhangs und dem Erscheinen des Stars im Lichtkegel sogleich jene erwartungsvolle Stimmung hervorgezaubert wurde, die jeden einzelnen ihrer Auftritte zu einem Gala-Abend werden ließ.

Am 15. Dezember 1953 hatte somit in Las Vegas in Nevada die neue große Karriere der Marlene Dietrich begonnen, und viele fragten sich, ob und wie lange sie diese wohl durchhalten würde. Der Weg bis dahin war doch schon lang genug gewesen. Marlene Dietrich wußte nichts von Müdigkeit. Jetzt hatte sie die große Chance. Nach bedeutungslosen Rollen im Stummfilm Anfang der zwanziger Jahre, ersten Bühnenschritten an Max Reinhardts Theatern, Bewährung in Revuen und Schauspielen, einer vielversprechenden Tonfilm-Karriere in den dreißiger und vierziger Jahren war sie nunmehr im Begriff, zum *White Express of Entertainment* emporzusteigen. Das war nach amerikanischen Begriffen das Höchste, was es geben konnte.

Mit dem geglückten Übergang vom Film zum Showbusiness – erst Nachtklub, dann Theater – bestand für sie nie mehr das Problem, einen anderen Charakter als ihren eigenen darstellen zu müssen. Sie war glücklich darüber. Ihre künstlerische Arbeit kann für die folgenden Jahre daher ganz und gar unter das Motto gestellt werden: Ich selbst – und sonst gar nichts!

Einen speziellen Gesangsstil brauchte sich die frischgebackene Entertainerin nicht zuzulegen, denn seit der Berliner Revue *Es liegt in der Luft* von 1928 und erst recht seit dem *Blauen Engel* hatte es die singende Marlene Dietrich gegeben. Sie hatte in vielfach abgewandelten Varieté-Rollen im Film gesungen, und es gab rund zwei Dutzend Schallplatten von ihr. Langjährige Freundschaften verbanden sie mit den besten Komponisten des Genres (Friedrich Hollaender, Mischa Spoliansky, Peter Kreuder und Franz Wachsmann) sowie mit Künstlern des Chansonfachs der englischen, amerikanischen und französischen Bühne (Noël Coward, Maurice Chevalier, Edith Piaf, Frank Sinatra und viele andere) – die Erfahrungen und Ratschläge dieser

Profis waren für sie von allerhöchstem Wert. Hinweise nahm sie jederzeit ernst, ganz gleich, ob es sich um Tontechniker, Pianisten, singende und tanzende Broadway-Stars oder andere Talente des Entertainments handelte. In Las Vegas beispielsweise kam es Mitte der fünfziger Jahre zu einer Begegnung mit dem berühmten Sänger und Pianisten Nat King Cole, einem der Großen des amerikanischen Showgeschäfts. Er gab ihr den Rat, die Auftritte in den Nachtklubkasinos aufzugeben zugunsten des Theaters, was dem Kunstgehalt ihrer Chansons besser entspreche. Sie solle außerdem nur mit erstklassigen Musikern auftreten und sich nach einem guten Agenten umsehen, der die Tourneen für sie organisiert und in den betreffenden Städten alles entsprechend vorbereitet. Das war ein nützlicher Rat. «Ohne ihn», meinte Marlene Dietrich, «hätte ich wahrscheinlich nie den Schritt von Nachtlokalen zum Theater gewagt.»

«Eine potente Attraktion, Klasse und Glamour und Sinn für Humor.» Das war es, was dem Publikum an den Auftritten Marlene Dietrichs immer wieder gefiel und natürlich die Freizügigkeit ihres Modestils.

Oft wurde gesagt, ihr Gesangsstil sei wesentlich von Friedrich Hollaender geprägt worden. Sie dementierte das und behauptete, ihr Gesangsstil, wenn sie überhaupt einen besitze, habe wahrscheinlich mit ihrem musikalischen Gehör zu tun und dem musikalischen Training während der Zeit, da sie Musik studiert und Violine gespielt habe. Schon früh habe sie gelernt, wie wichtig es sei, bestimmte Noten oder Passagen hervorzuheben.

Bei ihrem zweiten Auftritt im Londoner Café de Paris im Juni 1955 erschien sie in Begleitung ihres damaligen Verehrers Douglas Fairbanks jr. Er sprach auch die einführenden Worte, eine Geste voller Noblesse, die mit einem Gedicht von Christopher Fry für den Star des Abends endete. Die Vorstellung war, wie die Zeitungen übereinstimmend betonten, «an essay in showmanship expertise», überstrahlt von der Persönlichkeit Marlene Dietrichs. Man sprach von einem «topdrawer event» das sämtliche «show biz nabobs» vom Broadway und von Hollywood herbeigelockt habe, die der singenden Marlene uneingeschränkten Tribut zollten. Jeden Abend danach sprach ein anderer namhafter Schauspieler ihr zu Ehren die Eröffnungsworte. Ein Jahr zuvor war es Englands populärster Komödien- und Bühnendichter, der Schauspieler Noël Coward gewesen, der Marlene Dietrich dem Londoner Publikum mit einem fünf Strophen langen Gedicht vorgestellt hatte:

Now we all might enjoy
seeing Helen of Troy

as a gay cabaret entertainer.
But I doubt that she could
be one quarter as good
as our legendary, lovely Marlene.

Coward verglich sie mit der Helena des klassischen Altertums
und deklamierte mit der Geste des englischen Gentleman.

Wir sähen sicher alle gern
die schöne Helena als Stern
im Kabarett und auf der Szene.
Doch glaub' ich kaum, daß ihr Talent
sich im geringsten messen könnt'
mit dem unsrer bezaubernden Marlene! –

Noël Coward mit dem Gast des Abends. Begrüßung auf dem Flugplatz in London

so hieß es in der deutschen Übertragung. Der namhafte Theaterkritiker und Buchautor Sheridan Morley, ebenfalls Engländer, nahm ihren Londoner Auftritt zum Anlaß, über das «Phänomen» Marlene Dietrich etwas gründlicher nachzudenken und eine Antwort auf die Frage zu suchen, was eigentlich das Besondere an ihr sei. Er kam zu folgendem Urteil:

«Die Dietrich der Nachkriegsjahre war vor allem und fast ausschließlich eine Bühnenkünstlerin und vielleicht die allergrößte Errungenschaft der Bühnentechnik seit der Erfindung der Falltür ... Aus der ‹Marlene› der dreißiger Jahre, jener deutsch-amerikanischen Schöpfung des Regisseurs Josef von Sternberg und einiger ausgezeichneter Kameraleute und Beleuchtungstechniker, ist während und nach dem Krieg ‹Die Dietrich› geworden, eine unvergleichliche und starke Persönlichkeit, die sich zuerst auf ihren Truppenbetreuungs- und danach auf ihren Konzerttourneen eine der höchsten Weisheiten des Theaters zu eigen gemacht hat: Verschwende nichts! ... Obwohl sie im Rampenlicht kühl, ja fast frostig ist, hat sie immer wieder das Zeug zum Star bewiesen, die Fähigkeit, nicht irgend etwas zu tun, sondern präsent zu sein. Die Dietrich beschwört aus dem Nichts eine Art von Theaterzauber herauf, der wenig mit ihrem Alter oder der Wirklichkeit zu tun hat, sondern alles dem Können eines Stars verdankt, und damit verführt sie uns alle, ihr Loblied zu singen ... Die Dietrich ist eine musikalische Mutter Courage, die auf niemanden und keine äußere Hilfe angewiesen ist, außer vielleicht auf das sie zärtlich umspielende Spotlight, mit dem sie eine ständige und ausschließliche Liebesaffäre unterhält. Sie strahlt eine animalische Anziehungskraft aus, das Bewußtsein, daß es nicht genug ist, nur zu singen. Sie gehört – mit Lotte Lenya, Noël Coward, Judy Garland, Edith Piaf und gegenwärtig Barbra Streisand und Liza Minelli – jener exklusiven Gruppe von Sängern an, deren Darbietungen eher theatralisch-schauspielerisch als musikalisch zu werten sind. Ich kenne keine Stimme, die so augenblicklich erkennbar, so unmittelbar ansprechend und ihrem tiefsten Wesen nach theatralisch ist. Nach rasch verflogenen neunzig Minuten ihrer Gegenwart verläßt man das Theater in dem Bewußtsein, wahrer Größe und einem der erstaunlichsten Erfolge im Schaugeschäft begegnet zu sein.»

Die Konzertabende, die Marlene Dietrich von 1953/54 an regelmäßig gab, verliefen im wesentlichen nach einem festen Schema. Im ersten Teil erschien sie feminin gekleidet und verkündete vorm Mikrofon, daß sie zunächst für das männliche Publikum singen werde. Im zweiten Teil kam sie unter Ankündigung eines Trommelwirbels in Frack und Zylinder auf die Bühne und setzte das Publikum in Kenntnis, daß der zweite Teil des Programms für die Damen gedacht sei. Die beiden Teile des Programms waren durch eine Balletteinlage verbunden, bei der sie ebenfalls mitwirkte. In einer kleinen Truppe von sechs bis acht weißgekleideten Tanzgirls, die ihre Töchter hätten sein können, warf Marlene Dietrich – eine junggebliebene Bühnenseniorin – im Takt die Beine in die Luft.

Um das Jahr 1954/55 herum hielt sich Marlene Dietrich einige Zeit in New York auf, wo sie mit Hildegard Knef zusammen war, die die Hauptrolle in dem Cole-Porter-Musical *Silk Stockings* am Broadway spielte. Marlene Dietrich hatte die Knef, die als erste Deutsche nach 1945 in Amerika spielte – dazu noch Berlinerin und ihr sympathisch –, gleich beim Eintreffen in New York unter ihre Fittiche genommen. Sie kümmerte sich um die Vervollkommnung der englisch-amerikanischen Aussprache der Knef, besuchte die Proben, kochte für «Hildekind» und sorgte für deren Wohlbefinden. Sie griff auch ein, wenn es um so etwas Entscheidendes wie die Bühnenkostüme ging. Als sie die Kleider zum erstenmal zu Gesicht bekam, sagte sie mit dem alten Theaterausdruck zur Knef weiter nichts als: «Kötzschenbroda!», worauf sich in der Kostümabteilung rasch einiges änderte.

In Hildegard Knefs Lebensbericht *Der geschenkte Gaul* liest sich der Rapport über die Stunden und Gespräche mit und bei Marlene Dietrich in New York wie folgt:

«Nach der Vorstellung fuhr ich in die Park Avenue. Die Tür ihrer Wohnung stand offen. In der Nische der kleinen Diele war der Eßtisch gedeckt. Marlene kniete auf dem Boden der winzigen Küche und sah in den Backofen. ‹Es ist bestimmt verdorben. Du kommst eine halbe Stunde zu spät.›

‹Entschuldige, ich konnte nicht früher …›

Sie stellte die Terrine auf den Tisch, nahm meinen Mantel, hängte ihn neben zwei schwarze Stoffmäntel und einen hellen Regenmantel. ‹Wo sind die Nerze?› fragte ich. – ‹Ich brauche keine, jeder glaubt sowieso, ich hätte zehn›, sagte sie und schloß den Schrank.

‹Willst du Weißen oder Roten?›

‹Weißen.› Sie ging in die Küche, kam mit Flasche und Korkenzieher zurück. Sie nippte am Wein, sagte: ‹Ich glaube, sie schießen hier Alkohol durch den Korken, für einen Mosel ist er zu süffig.› Sie setzte sich auf den gebrechlich wirkenden Stuhl, murmelte: ‹Iß endlich!› …

Auf dem kleinen Schreibtisch stand ein Foto, Hemingway, ernst, Stirn zerfurcht gen Sommerhimmel. ‹To Kraut with love, Papa› stand darunter. ‹Das Kraut werden wir auch nicht mehr los›, sagte ich.

‹Aber von ihm ist es eine Auszeichnung›, sagte sie und sah fast schwärmerisch auf den Silbergerahmten.»

Die Proben zu dem Knef-Musical am Broadway, die Marlene Dietrich in Begleitung des befreundeten Noël Coward des öfteren besuchte – sie selbst war kein Broadway-Star und nahm niemals an einer der spektakulären Broadway-Revuen teil –, waren für sie praktischer Anschauungsunterricht in Sachen Cole-Porter-Songs. Schon um diese Zeit begann sich Marlene Dietrich für die Schlager von Cole Porter zu interessieren. Man weiß von ihr, daß sie von den Objekten ihres Interesses nie abließ, bevor sie nicht ihr Ziel erreicht hatte. Mit welcher Perfektion und makelloser «Intonation» sie einen Broadway-Schlager beherrschte, konnten die Besucher ihrer Konzerte alsbald in London, Paris, Amsterdam, Wien, Westberlin und Moskau feststellen, wenn sie den Cole-Porter-Song *Miß Otis Regrets (Miß Otis bedauert)* in englischer oder deutscher Fassung im Sprechgesang deklamierte: «Mein Mann ist verhindert, Liebste, er kann sie unmöglich sehn.»

Mit den ausklingenden fünfziger Jahren nähert sich die Filmarbeit Marlene Dietrichs allmählich dem Ende. Bevor sie sich

Cole Porter, erfolgreicher amerika-
nischer Schlager- und Musical-
Komponist. Marlene Dietrich hatte
von ihm mehrere Lieder im Repertoire.
Furore machte sie vor allem als
«The Laziest Gal in Town».

jedoch ganz dem Chanson zuwendet, übernimmt sie nochmals einige Filmrollen. Sie fährt in den Wintermonaten 1956 zu den Dreharbeiten nach Rom und Monte Carlo, wo sie in den Gewändern einer Marquise zusammen mit dem charmanten Vittorio de Sica ein pleite gegangenes, nicht mehr ganz junges aristokratisches Spielbank-Liebespaar in Farbe auf die Leinwand zaubert, für ihr Publikum wie immer nobel und bewundernswert, mochte die Kritik sich auch mokieren.

Zu den bedeutendsten Filmen der Nachkriegszeit und ihrer Filmlaufbahn überhaupt gehört die nach dem Bühnenstück von Agatha Christie gedrehte *Zeugin der Anklage* (1957), in der sie ihren großen Auftritt als Christine Vole hat. Sie beweist auf glänzende Weise, daß sie auch dramatische Rollen spielen kann und mit 56 Jahren eine stimmlich gut disponierte Schlagersängerin geblieben ist. In diesem Film singt sie eine schon vor ihrer Zeit klassische Walzermelodie zu den Worten *I May Never Go Home Anymore*. Es ist die englische Version des 1912 entstandenen Schlagers *Auf der Reeperbahn nachts um halb eins* von Ralph Arthur Roberts. Die Produktion des Liedes auf Schallplatten erfolgt noch 1957 in New York, und 1958 steht es bereits auf dem Programm ihres vierten Las-Vegas-Auftritts.

Jahre danach befragt, wer die ihr liebsten Partner beim Film gewesen seien, nannte sie unter anderen den beleibten und beliebten Charles Laughton, der in *Zeugin der Anklage* den Richter von Old Baley spielte und seiner amerikanischen Kollegin Marlene das Cockney, das ordinäre Straßen-Englisch, für ihre Doppelrolle beibrachte. Sie hat diesen Dialekt, wie er im Osten Londons gesprochen wird, auch für den Chansonvortrag beibehalten und war ihrem Kollegen und Lehrmeister sehr dankbar für den erteilten Sprachunterricht.

1961 war noch einmal Gelegenheit, eine profilierte Rolle zu übernehmen, die sich von den Standards früherer Hollywood-Produktionen durch ihren künstlerisch und historisch-realistischen Gehalt unterscheidet und eine völlig andere Marlene Dietrich zeigt. In Stanley Kramers großem Nachkriegsfilm zur Thematik der Nürnberger Kriegsverbrecher-Prozesse (*Urteil von Nürnberg*, 1961) übernahm sie die von ihr sehr subtil und distanziert gespielte Rolle einer deutschen Generalswitwe, deren Mann durch den Urteilsspruch von Nürnberg hingerichtet worden war. Der Film stellt die Frage nach der Schuld und der Mitverantwortung der Deutschen am Faschismus und an den von den Nazis begangenen Verbrechen.

rechte Seite: In New York in der Park Avenue hatte Marlene Dietrich 1945 ihre Wohnung, wenige Häuserblocks von ihrer Tochter und deren Familie entfernt; links oben ein Stück vom Central Park, der grünen Oase, wo sie die Enkelkinder spazierenfuhr.

Eine Überraschung für ihre Kollegen war die Privatvorstellung, die Marlene Dietrich 1956 während der Dreharbeiten zu dem Film *Die Monte Carlo Story* gab. Sie sang Lieder und begleitete sich selbst am Klavier, spielte Gitarre und saß am Schlagzeug.

Damit wird auch ein zentraler Punkt im Leben Marlene Dietrichs berührt. Für sie, die in Deutschland geboren wurde, ist die Auseinandersetzung mit der faschistischen Vergangenheit dieses Landes immer ein zentrales Thema gewesen und geblieben. Wie man weiß, war sie von Anfang an eine Gegnerin der Nazis und mußte sich als «Deutsche» noch viele Jahre nach dem Ende des Zweiten Weltkrieges von lernunfähigen, borniertem Landsleuten vorwerfen lassen, daß sie ihr «Vaterland» verraten und mit dem «Feind» gemeinsame Sache gemacht hätte. Weil sie die Abrechnung mit dem Hitlersystem und dessen Ideologie für eine historisch wie moralisch unaufschiebbare und niemals gleichgültig zu behandelnde Sache ansah, arbeitete sie 1962 auch an einem einschlägigen Dokumentarfilm mit. Dieser Film, *The Black Fox* (1962), steht mit dem *Urteil von Nürnberg* thematisch in direktem Zusammenhang; auch haben beide Werke nachhaltige Bedeutung für die Zusammenstellung ihrer Programme für die Konzerttourneen der 60er Jahre.

Der *Schwarze Fuchs*, Regie und Buch Louis Clyde Stoumen, wird als eines der Meisterwerke des politischen Dokumentarfilms angesehen. Er führt in eindeutiger, zwingender Weise die Verbrechen des Faschismus vor Augen und will als Mahnmal und Warnung verstanden sein. Kein leichter, kein erbaulicher, aber ein notwendiger Film, der mit moralisch unbestechlichem Engagement vieles ausspricht, was noch immer gesagt werden mußte.

Marlene Dietrich übernahm zu diesem amerikanischen Film den Kommentar. Manchmal versagt ihr vor Erregung die Stimme. Sie redet und ist dabei doch sprachlos. Sie übernahm auch die Kommentare für die deutsche, französische und spanische Fassung in eigenen Übersetzungen. Diese Arbeit hat sie, wie man berichtet, ohne Bezahlung getan, aus jenem Gefühl der Pflichterfüllung heraus, das seit frühester Jugend ihre Lebensmaxime war und immer zu ihren Grundsätzen gehört hat. 1962 erhielt dieser Film den Oscar als bester Dokumentarfilm des Jahres. Pressevertretern gegenüber erklärte sie damals: «Das war ein Film, der unbedingt gedreht werden mußte!» Und in gleichem Zusammenhang sagte sie, sie sei auch darüber glücklich gewesen, daß man ihr Gelegenheit gegeben habe, in dem Anti-Nazi-Film *Urteil von Nürnberg* mitzuwirken.

Von Kopf bis Fuß auf Lieder eingestellt

Marlene Dietrich hatte ihren 50. Geburtstag bereits hinter sich, als sie sich zu ihrer One-Woman-Show rüstete, die sie in viele Länder der Erde führen sollte, unabhängig von der politischen Geographie. In einem Alter, in dem andere Divas zu erzählen pflegen, wie aufregend sie einmal waren, zog die Dietrich, bereits Großmutter, in der fleischfarbenen Kleidhaut und dem eindrucksvollen Schwanenfedern-Cape, das einer majestätischen Robe glich, als Grande Diseuse durch die Konzertsäle der Welt. Sie ist verliebt in das Leben und seine Lieder und wird bestaunt und umjubelt als das perfekte Wunder des Showbusiness. Die göttliche Garbo ist – weltentrückt – längst ins Niemandsland der Anonymität eingegangen, da gilt Marlene Dietrich mit ihrer tadellosen Figur und dem zeitlos schönen Gesicht noch immer als die am meisten umschwärmte Frau Amerikas. Sie erneuert ihre Legende, indem sie ihrem alten Ruhm aus Hollywood-Tagen neuen Ruhm als singende Schauspielerin hinzufügt. Ihr Stern am Himmel des Chansons ging auf zu einer Zeit, die als Periode des Kalten Krieges bezeichnet wird. Gerade dieser Tatbestand gab ihren Tourneen eine besondere Bedeutung.

In den Berichten der New-Yorker Fachzeitschrift *Variety* liegt uns eine zuverlässige Chronik darüber vor, wie sich in der zweiten Hälfte der fünfziger Jahre im Dreieck London–Paris–Las Vegas der künstlerische Erfolg Marlene Dietrichs vorbereitete und verbreitete. Es begann mit dem ersten Engagement in Las Vegas 1953 und dem Auftritt in London mit dem George-Smith-Orchester im Juni 1954, wo das billigste Eintrittsbillett neun Pfund kostete. Die Lieder, die sie in den Anfangsjahren vorträgt, sind alle aus ihren Filmen, sie bleiben im wesentlichen dieselben,

New York 1955: One-Woman-Show
in der Carnegie Hall

Burt Bacharach, Jahrgang 1929, Komponist, Pianist, Bandleader und Arrangeur, Schüler von Milhaud, Cowell und Martinů, arrangierte ihre Lieder und begleitete Marlene Dietrich fast ein Jahrzehnt auf ihren Tourneen. Er war der Mann, der sie als Sängerin durchsetzte.

so auch der Sound und der Stil der Orchester, von denen sie begleitet wird. Marlene Dietrich hatte anfangs einen Arrangeur, Pianisten und Dirigenten mit Namen Peter Matz, den sie einmal gutmütigerweise an ihren Freund Noël Coward «verlieh», um ihn für immer zu verlieren. Man schickte dafür Burt Bacharach zu ihr, «ganz jung, mit den blauesten Augen, die ich je gesehen hatte. Er trat in mein Leben», heißt es in ihren Memoiren, «und änderte es.» Dieser junge, vitale Musiker mit dem Namen nach dem rheinisch-pfälzischen Weinort Bacharach war der Sternberg ihrer Show und sollte der wichtigste Mann in ihrem Leben werden für die Zeit, da sie auf der Bühne stand.

Variety, New York, vermerkte bereits im März 1959 Bacharachs «artfull arrangements», die die Erscheinung der Schauspielerin umschmeichelten und ihre Persönlichkeit, die schon ohne Musik betörend genug war, voll ins Rampenlicht rückten. Burt Bacharach gehört zu jenen Künstlerpersönlichkeiten, die Marlene Dietrich in das «ABC» ihres Lebens aufgenommen hat, wo er unter dem Buchstaben B unmittelbar nach «Bach» erscheint, von ihr mit den Worten charakterisiert: «Meine amitié amoureuse.»

Bacharach war 28 Jahre jünger als sie und hatte zu dem Zeitpunkt, als er die Show der Dietrich in die Hand nahm, um das international Modernste daraus zu machen, schon in Kabaretts, Nachtklubs und Varietés gearbeitet, war versiert als Pianist und

linke Seite: Im neuen Beruf und neuen Kleid steht Marlene Dietrich bereits 1955 in New York auf der Bühne und singt ihre Lieder von «Jonny», «Lola», den «Boys in the Backroom» und von der «Trägsten Göre in der Stadt». Aufnahme vom Konzert in der Carnegie Hall

Begleiter von namhaften Sängern, für die er Schlager komponierte und arrangierte. Sein geniales Einfühlen in eine Song- oder Schlagerkomposition, seine Liebe zur Show und das Gespür für die in einem Titel steckenden Möglichkeiten der Orchestrierung trugen natürlich zum enormen Erfolg der Konzerte Marlene Dietrichs bei. Die Arrangements waren jeweils ihrer Stimme angepaßt, so daß ein künstlerisch durchgeformtes Programm mit einer erkennbaren Konzeption entstand. An diesem Programm war nunmehr alles perfekt, so daß sie es mit jedem anderen Star der Showszene aufnehmen konnte. Nur zwei Beispiele dafür:

1957 trat sie im *Sands* in Las Vegas auf und Harry Belafonte am gleichen Ort im *Riviera*. Trotz der Konkurrenz waren ihre Vorstellungen immer ausverkauft. Das Beste, was sie in Las Vegas gebe, meinte der Kritiker der *Variety*, seien ihr german sex song *Jonny* und *The Laziest Gal in Town*, wobei Burt Bacharachs souveräne Leitung des Orchesters «Klasse zu einem Klasseakt hinzufügte».

Als Frank Sinatra im März 1958 sein Engagement in dem Bade- und Kurort Miami Beach zum festgelegten Termin nicht antreten konnte, sprang Marlene Dietrich für ihn ein, obwohl sie zu der Zeit im Engagement in Las Vegas war. Gern ließ sie sich von Nevada nicht nach der Ostküste der Vereinigten Staaten abwerben, da sie das Ungezwungene, noch immer mexikanisch Geprägte von Las Vegas besonders liebte.

Mit dem Jahr 1959 begann die Ausdehnung der Dietrich-Bacharach-Show über die bisherigen Auftrittsorte hinaus. Auf dem Programm stand jetzt eine große Südamerika-Tournee nach Brasilien und Argentinien, die ein wahrer Triumphzug werden sollte. Die Große Oper in Buenos Aires war für alle drei Konzerte ausverkauft. Das Publikum, temperamentvoll in seinen Huldigungen in- und außerhalb des Theaters, war nicht zu bändigen, und die Journalisten schrieben voller Verzückung: «Der *Blaue Engel* hat sich zu uns herniedergelassen.»

An einem der Abende wurde sie bei der Ankunft vor dem Theater dermaßen von der Menge bedrängt, daß sie in Ohnmacht fallen mußte – die einzige Möglichkeit, um zur Vorstellung pünktlich auf der Bühne zu sein. Die uniformierten Hüter der Ordnung trugen die kostbare Last durch die Menge, die nunmehr den Weg freigab. Der Abend war für Buenos Aires ein Ereignis. Die Zuhörer applaudierten, als ob sie sich von einer großen inneren Bewegung befreien müßten. Nach den üblichen Zugaben verließ der gefeierte Star die Bühne, aber das Publikum applaudierte begeistert weiter und stampfte so lange mit den Füßen, bis der «Liebling aller» zurückkam, um seinen Bewunderern eine Kußhand zuzuwerfen.

War die Begegnung mit dem argentinischen Publikum in Buenos Aires schon ein Höhepunkt, so gab es beim Empfang durch die Brasilianer noch eine Steigerung. Rund 25 000 Menschen hatten sich in Rio de Janeiro bereits auf dem Flugplatz zu ihrer Begrüßung eingefunden. Es war ein ziemliches Durcheinander, was Marlene Dietrich etwas mißfiel. Als sie an der Gangway erschien, wurden die Begeisterten von ihrer Leidenschaft fortgerissen, durchbrachen die Absperrungen und stürmten, ohne Rücksicht auf Takt und Höflichkeit, über das Rollfeld auf sie zu. Am Abend auf der Bühne wiederholten sich die temperamentvollen Begrüßungsovationen; zweimal mußte sie ansetzen, ehe sie mit dem ersten Lied beginnen konnte. Ein Augenzeuge berichtet: «Es war unglaublich, ich hatte so etwas noch nicht erlebt. Die Leute rannten auf die Bühne, und wer da keinen Platz fand, der kletterte auf seinen Tisch. Beim Finale eines Titels nahmen die Leute ihr Besteck und schlugen damit im Takt gegen das Geschirr. Einfach unbeschreiblich. Im letzten Teil der Show, als Marlene in Männerkleidung erschien und *I've Grown Accustomed to Her Face* sang, fingen die Leute an zu weinen. Hunderte saßen im dunklen Zuschauerraum und schluchzten vor sich hin.»

Das Programm ihrer Südamerika-Tournee ist auf der Columbia Schallplatte *Dietrich in Rio* festgehalten, die am Ort aufgezeichnet wurde und die sie selbst zu einer ihrer besten Platten erklärt hat. Die einzelnen Titel werden unterbrochen von Applaus und ihren eigenen einführenden Worten. Es wechseln, wie in ihrem Programm üblich, lyrisch-melodramatische oder romantische Titel mit Liedern spaßigen oder ausgesprochen heiteren Inhalts. Durchweg waren es Lieder über die Liebe in dieser oder jener Form, geschrieben und vertont von Komponisten, die international längst ein Begriff waren.

Ihr letzter Titel, ein romantischer argentinischer Tanzschlager, den sie auf portugiesisch sang, wurde als Liebeserklärung an den Kontinent und seine Lieder verstanden. «And now a song which you all love and all know!» sagte sie mit ihrer dunkeltönenden Stimme ins Mikrofon und ließ das Publikum im Saal mit *Luar do Sertao* dahinschmelzen. Sie hielt es immer so, daß sie ein populäres Lied des Gastlandes mit in ihr Programm aufnahm, soweit ihr das möglich war.

Auf Lateinamerika folgte Ende November 1959 ein Gastspiel

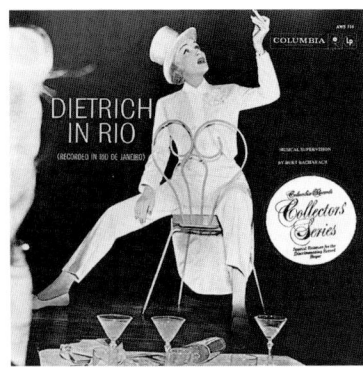

Im weißen Frack sang sie ihre be-
rühmten Männerlieder vom «Whoopee»-
Machen, die klassische Melodie aus
*My Fair Lady, Ich hab' mich so an dich
gewöhnt*, den Monolog eines sitzen-
gelassenen Mannes in nächtlicher Bar,
*One for My Baby And One for the
Road*, und andere Schlager von
Weltrang.

in Paris im Théâtre de l'Étoile. Eröffnet wurde mit einer Gala-
vorstellung vor 1500 Prominenten, die gekommen waren, um
einer anderen Prominenten ihre Reverenz zu erweisen. Wenige
Minuten nach Mitternacht führte der 70jährige Maurice Chevalier, der Senior der französischen Chansonniers, Marlene Dietrich auf die Bühne, die das sagenhafte Kostüm «von fast nichts
mit viel Musselin drum herum» trug.

Im Programmheft für diesen Abend fand sich der poetische
Hymnus Jean Cocteaus an Marlene Dietrich, der fünf Jahre zuvor für ihren Auftritt anläßlich des *Bal de la Mer* in Monte Carlo
geschrieben und von Jean Marais vorgetragen worden war:
«Marlene vorzustellen, das ist gar nicht erst notwendig. Ich will
sie grüßen und ihr danken, daß es sie gibt. Nur selten tritt jemand in die Annalen der Geschichte so ein: gerüstet von Kopf
bis Fuß. Wie Kinder, die Reiterspiele machen, ist Marlene zur
Legende geworden: rittlings auf einem Stuhle sitzend ... Sie ist
nicht nur ein Paradiesvogel, ein prächtiges Schiff mit geblähten
Segeln, nicht nur verkörperte Grazie, deren Federbüsche, Pelze
mit der Haut verwachsen scheinen. Sie gehört zu den seltenen
Menschen, die die Güte in Person sind, die nicht davor zurück-
schrecken, den Ozean zu überqueren, wenn es darum geht, be-
hilflich zu sein. – Mehr braucht nicht gesagt zu werden.»

Nach ihrem Auftritt im Lunt-Fontanne-
Theater. Der einzig sichere Platz vor
dem Ansturm der Menge ihrer Verehrer
schien das Autodach zu sein; auch
das wieder eine geniale Inszenierung
für die Fotografen.

Gala-Vorstellung in Paris im Théâtre de l'Étoile. Paris, die Stadt des Chansons, war hingerissen von ihrer Erscheinung und ihrem Charme.

Die Konzerte in Paris machten den Weg frei für ihre Europa-Tournee. Es kamen Verträge mit Österreich, Schweden, der Bundesrepublik Deutschland und Italien zustande. Mit großen Künstleragenturen anderer Staaten begannen die Verhandlungen. Das hieß, daß es für Marlene Dietrich auch außerhalb der Vorstellungen ständig Arbeit gab, zumal sie in Paris das gesamte Programm allein bestritt und nicht wie in Las Vegas nur als eine Nummer erschien. Sie war in Paris gewissermaßen die ganze Show, nicht nur deren Star, was ihr zum Teil die Aufgaben des Regisseurs, des Produzenten und Managers aufbürdete. Reporter, die sie im Hotel aufsuchten, wunderten sich, daß ihre Nerven den Betrieb und all die Strapazen, die zum Leben reisender Künstler gehören, die enorme Konzentration allein schon in der Vorbereitung der Auftritte überhaupt aushielten. Und Marlene Dietrich bereitete alles und jedes bis ins kleinste Detail mit einer Perfektion ohnegleichen vor.

Ein Mann von der Zeitung unterhielt sich einmal in Paris mit einem Reklamefachmann aus Hollywood darüber, woher diese Frau eigentlich die Kraft für das immense Arbeitspensum nahm. Der Amerikaner, der Marlene assistierte, meinte nur: «Gerritstein Spruttel!» und lächelte geheimnisvoll. Gemeint war Gerolsteiner Sprudel, das Mineralwasser, das Marlene Dietrich bevorzugte. Ihm selbst habe die Energie der Schauspielerin schon wiederholt Respekt abverlangt. Vor der Abreise in ein neues Engagement sei er einmal frühmorgens gegen fünf Uhr ins Hotel zurückgekommen, wo er Marlene in ihrem Appartement angetroffen habe, wie sie ihre mehr als 20 Koffer eigenhändig beschriftete – der eine mit diesem Hut, der andere mit jenem Kleid und so weiter. Als er sich wunderte, warum sie sich denn mit dieser Arbeit abgebe, sagte sie resolut: «Einer muß es doch tun!» Zwei Stunden später startete bereits das Flugzeug.

In den sonst stillen Bars ihrer Pariser Hotels war immer Betrieb um sie. Unausgesetzt Telefonate, die aus London, Hamburg, Brüssel oder Paris kamen. Dazu Telegramme und Kabel. Für sie der normale Alltag. «Schließlich besteht meine Truppe aus fünfzig Personen. Achtundzwanzig Musiker, ausschließlich Franzosen. Zwölf Girls, alle aus England. Hinter allem muß man selbst her sein! Jetzt höre ich gerade, daß die Musiker erst zwei Tage, bevor wir in Wien auftreten, kommen werden. Das bedeutet, daß wir sehr wenig Proben mit Musik haben. Das ist schlecht für die Girls.» – Wieder Telefonate, die das Gespräch mit ihr unterbrechen. Der Chefbeleuchter, der wichtigste Mann

der Technik, muß sich mit ihr beraten. «Ja, ja, hm, hm, das können wir so machen ...» Das Haus Dior ruft an wegen eines Ter-
mins für eine Anprobe. Das Haus Balenciaga ... das gleiche.

«Wie viele Kostüme werden Sie diesmal auf der Bühne tragen?» – «Na, das mit dem Cape aus Schwanenfedern und dann
natürlich den Frack! Außerdem brauche ich ja auch ein paar
Kleider für mich privat. Ich kann schließlich nicht nackt herum-
laufen ...»

Als Marlene Dietrich 1962 im *Olympia* ihr drei Wochen
während Paris-Gastspiel gab, stellten sich abermals die Journalisten ein. Sie hatte manchen Bekannten unter ihnen, den sie
mochte und der demzufolge auch einen Termin bekam. Die
Leser großer Tages- und Wochenzeitungen fanden dann in ihrem Blatt Berichte von den Eindrücken, die die Verfasser an ihre
Redaktionen durchgaben. «Marlene, eine blaugetönte Brille auf

Geburtstagsfeier für einen jung-
gebliebenen Star. Die Musiker vom
Sahara-Hotel in Las Vegas schenkten
der «Legs» zu ihrem Fünfzigsten
einen vier Zentner schweren Kuchen,
gekrönt von ihren schönen Beinen
in Marzipan. Mit den Musikern
zusammen gibt sie ein Geburtstags-
ständchen.

Auf dem Presse-Empfang in Berlin/
West 1960: Nach rund 30 Jahren zum
erstenmal wieder auf einer deutschen
Bühne

der Nase, regiert mit der Präzision einer Managerin. Sie kniet auf dem Teppich und kritzelt in große Listen die Rangordnung für die Prominenten. Dann kehrt sie zu ihrem schottischen Whisky zurück. Eine französische und eine amerikanische Sekretärin umschwirren sie, die Stenoblöcke gezückt. Da sind Umbuchungen für die Flugkarten, da sind (wieder!) Anproben im Modehaus Dior. Da sind die Berge von Einladungen für ihre Galavorstellung ...» Später beim Empfang, der auf der Bühne des *Olympia* stattfand, war Marlene Dietrich in Zylinder, Frack minus Hose, dafür Höschen, abermals der Mittelpunkt. Inmitten von jungen und jüngsten Pariser Starmannequins, umgeben von Seide, Samt und kostbaren Spitzen der anwesenden Damen, konnte es sich Marlene Dietrich leisten, sich in Frische und Natürlichkeit den Fotografen zu stellen, sooft diese wollten.

Von der Faszination ihrer Lieder wie auch von der gewinnenden Schönheit ihrer Erscheinung her war es kein Wunder, daß sie den Ruf genoß, «die fabelhafteste aller Frauen im Showbusiness» zu sein, denn sie verstand stets das Geheimnis ihres Wesens zu wahren, während all die anderen Frauen heutzutage sich krampfhaft bemühen würden, ihr Geheimnis zu verlieren, wie der Kritiker des *San Francisco Chronicle* witzelte. Für ihn war sie der «großartigste Soloakt», den er je gesehen habe. «Marlene erschien, 700 Zuschauer hielten den Atem an, und dann donnerte der Applaus. Eine Stunde lang sang sie Lieder, die sie berühmt gemacht hatte, und andere, denen sie neues Leben gab.»

Gemeint war wohl, daß sie ihren erotischen Chansons eine neue Dimension hinzufügte: Humor – gepfeffert und diabolisch.

164

Während sie sang, glaubte der Kritiker des *Chronicle* die Klagen der anderen schlagersingenden Nachtigallen zu hören, «die mit Selbstmord drohen». Es gebe unter ihnen sicher manch eine, die eine größere Stimme habe, aber keine besitze Marlenes Persönlichkeit und keine habe die Gabe, sich mit so viel Atmosphäre zu umgeben. Nun, da er Marlene gesehen habe, sei er einer Sache sicher. Solange sie in der Welt des Theaters bleibe, sei an der Spitze kein Platz für irgendeine andere Person.

Nachdem sich Marlene Dietrich Paris, die Wiege des Chansons, erobert hatte, war ihr Erfolg in den benachbarten Ländern abzusehen. Ein Problem für sie wurde allerdings die gebuchte Tournee durch Berlin/West und die Bundesrepublik Deutschland, die für sie weniger im künstlerischen, aber im politischen Bereich Belastungen bringen sollte, noch ehe sie überhaupt aufgetreten war. Das konnte sie aus Drohbriefen schließen. Es handelte sich um eine Hetzkampagne, die sich in verschiedenen Störaktionen, Beschimpfungen und Verleumdungen äußerte.

Das Gastspiel fand im Mai 1960 statt. Für die Tournee war folgender Ablauf vorgesehen: Eröffnung im Titania-Palast, Berlin/West, anschließend Auftritte in Hamburg und Oldenburg mit Abstecher nach Skandinavien (Kopenhagen, Göteborg, Stockholm), danach wieder zurück zu Vorstellungen in Düsseldorf, Essen, Köln, Hannover, Wiesbaden, Stuttgart und schließlich Abschiedsvorstellung im Deutschen Theater in München.

Zwischen Wiesbaden und Stuttgart lag noch ein Termin für die Schweiz mit einem Auftritt in Zürich. Für die Truppe und nicht weniger für Marlene Dietrich war das ein ziemlich angefüllter Terminkalender mit nur zwei auftrittsfreien Tagen während der gesamten Tournee, die sich über drei Wochen erstreckte. Diese Leistung verdiente Hochachtung, um so mehr, als Marlene mit fünfzig Personen reiste, für die sie in gewisser Weise die Verantwortung zu tragen hatte. Die Musiker und Tanzgirls waren übrigens «Angestellte» ihrer Show, sie hatte für die Gagen und sämtliche anfallenden Kosten aufzukommen.

Nach einem Zeitraum von rund 30 Jahren, von einem Auftritt 1945 vor amerikanischen Soldaten abgesehen, stand Marlene Dietrich erstmals wieder auf einer Bühne ihrer Heimatstadt Berlin, willkommen geheißen von Filmregisseur Helmut Käutner. Die Presse bestätigte ihr einhellig «die große Schule des Vortrags» und den siegreichen Einzug in die alte Heimat mit Lolas Liedern, mit *Jonny* und *Peter*, vermischt mit ihren englischen und französischen Lieblingsstücken, die schon in London und

Las Vegas Applausstürme entfesselt hatten. Als sie für die Berliner als Zugabe das von Erich Kästners Freund Aldo von Pinelli geschriebene, schöne Lied *Ich hab' noch einen Koffer in Berlin* sang, steigerte sich der Beifall zu Ovationen, und beide Seiten waren glücklich.

Wunderschön ist's in Paris / auf der Rue Madeleine.
Schön ist es, im Mai in Rom / durch die Stadt zu gehn!
Oder eine Sommernacht, / still beim Wein in Wien;
Doch ich häng', / wenn ihr auch lacht, heut' noch an Berlin!

Ich hab' noch einen Koffer in Berlin,
deswegen muß ich nächstens wieder hin!
Die Seligkeiten / vergangner Zeiten
sind alle noch in meinem kleinen Koffer drin!

Ich hab' noch einen Koffer in Berlin,
der bleibt auch dort, und das hat seinen Sinn:
Auf diese Weise / lohnt sich die Reise,
denn wenn ich Sehnsucht hab',
dann fahr' ich wieder hin!

Auf der Bühne des Titania-Palastes trug Marlene Dietrich zwanzig Lieder vor. Die Vorstellung dauerte achtzig Minuten. Sie hatte das Publikum im Saal, der über 2000 Plätze verfügt, vom ersten Ton an völlig in der Hand. Im Parkett saß an diesem Tag auch der Korrespondent des New-Yorker *Variety*, der die besondere Atmosphäre des Abends mit den Sätzen umschrieb: «Miß Dietrich ist im gewöhnlichen Leben nicht gerade das, was man eine sentimentale Erscheinung nennen kann. Aber hier in Berlin, ihrer Geburtsstadt, fühlte man, daß sie den Tränen nahe war. Es war offenkundig, daß die Berliner noch immer mächtig an ihr hingen.» Umgekehrt war es ebenso.

Auch in den Städten der Bundesrepublik Deutschland gab es für die Künstlerin nicht enden wollenden Beifall – für sie und für ihre Lieder, die von dem uralten Thema der Liebe erzählten, lachend und galgenhumorig, romantisch und elegisch oder traurig, mit tröstlicher Pointe. Jede Nummer verkaufe sie über Preis, mit einem Schuß Lustig-Ordinärem oder purer Sentimentalität nicht sparend, meinte eine Zeitung dazu.

Die Tournee von 1960 verlief nicht immer glücklich. In Wiesbaden stürzte sie, als sie dem Podiumsrand zu nahe kam, im

rechte Seite: Vor Beginn jeder Vorstellung, wo sie auch hinkam, machte Marlene Dietrich ihre berühmte tiefe und anhaltende Verneigung vor dem Publikum, Ausdruck einer besonderen Eleganz und der ihr angeborenen Distinktion.

166

Die charmanteste Großmutter der
Welt, mit Noblesse karikiert von
R. P. Bauer

Dunkeln von der Bühne und fiel in die erste Parkettreihe hin-
unter. Trotz einer verrenkten Schulter und heftiger Schmerzen
absolvierte sie mit der Disziplin eines Soldaten das abendliche
Programm und alle weiteren Auftritte, indem sie den verletzten
Arm mit einem Stück Stoff fest an den Körper band. Es ging
ziemlich gut, wenngleich das Singen mit zwei Armen etwas ganz
anderes sei als mit nur einem Arm, wie sie scherzte.

Ärgerlich auf dieser Konzertreise waren gelegentliche Haß-
bekundungen gegen das Auftreten der politisch engagierten
Künstlerin, die Hitlerdeutschland konsequent gemieden und die
Alliierten im Krieg gegen das eigene Vaterland unterstützt hatte.
Auch hatte sie sich niemals zu Äußerungen hergegeben, die mit
der Politik des Kalten Krieges konform gingen. Das mißfiel et-
lichen Leuten, die nun gegen sie Front machten. Transparente
wurden vor den Theatern entrollt mit der Aufschrift «Marlene
go home!» und «Marlene raus!». Eine Zeitung fragte besorgt,
ob es eigentlich ein so weiter Weg sei von «Juden raus!» zu
«Marlene raus!». Marlene Dietrich wußte selbst sehr gut, daß es
noch Deutsche gab, die ihr Gastspiel nicht gern sahen. «Was
wollen diese Leute eigentlich? Seit Jahren beschimpfen sie mich,
weil ich nicht nach Deutschland komme. Jetzt beschimpfen sie
mich, weil ich komme ... Diese Leute trauern offensichtlich
noch immer dem Hitlerregime nach.»

An der Kampagne gegen Marlene Dietrich beteiligten sich
1960 auch einige bekannte große Tageszeitungen. Der in Brüssel
lebende Schriftsteller und Essayist Jean Améry hat sich damit
kritisch auseinandergesetzt. Er fand es bezeichnend, daß man,
als das alberne «Verräter»-Argument sich nicht mehr so recht
zeitgemäß ausnahm, Marlene Dietrich flugs zur «Oma» dekla-
rierte, die als solche überhaupt nicht mehr interessieren könne.

Améry schreibt: «Was die deutsche Presse sich damals an Vulgarität, Klatschsucht, falscher Sentimentalität, Insinuation bis hin zur offenbaren Niedertracht geleistet hat, könnte der Anlaß zu einer Analyse des bundesdeutschen Medienverhaltens und des Problems der ‹öffentlichen Meinung› im allgemeinen sein. Dergleichen ist hier [in Belgien; d.V.] unmöglich.»

Die Beschimpfungen und Beleidigungen gegen sie, von denen sie zutiefst betroffen war, die beschämenden Reaktionen einiger Zeitungen konnten den künstlerischen Erfolg der Tournee nicht in Frage stellen. Majestätisch schritt Marlene Dietrich in München aus den Kulissen, «betörend und pompös, frech und siegesbewußt, eine unwahrscheinliche Theaterkönigin, mit der nie ausgespielten Möglichkeit zum Ordinären». So empfanden es die Zuschauer im Deutschen Theater. Ein eleganter Schwung mit dem gigantischen Schwanenflaum, der ihr weich und willig folgte, eine gemessene Verbeugung, die ein Kunstwerk an sich war, und das Spiel begann. «Wer hätte gedacht, daß sie in Wirklichkeit immer noch besser singt als auf den abgespielten Grammophonplatten?» verwunderte sich eine Münchener Zeitung. «Wer hätte gewagt, sich das berüchtigte, hauteng glitzernde Las-Vegas-Kleid auch so hautähnlich vorzustellen, wie es in den Klatschspalten mit unglaubwürdiger Deutlichkeit beschrieben wurde?» So stehe sie noch immer von Kopf bis Fuß zu ihrem vor dreißig Jahren gegebenen Wort. Ihre «Mä-n-n-n-er» hätten noch ein paar stimmhafte «n» mehr als früher, die «Mottä-h-n» umschwirrten sie mit dem längsten und offensten «ä», das je auf einem Podium zu hören gewesen sei.

In einer der ersten Reihen im Deutschen Theater saß auch ein kleiner, temperamentvoller Herr mit zerfurchten schalkhaften Gesichtszügen. Es war einer der Väter des Marleneschen Weltruhms, Friedrich Hollaender, dem die aus den Kinderschuhen entwachsene Lola von der Bühne her zurief: «Dank dir, Friedl!» Für die Anwesenden war es ein historischer Augenblick. Es gab auch ein herzlich gefeiertes Wiedersehen mit alten Freunden wie Trude Hesterberg und Max Colpet, das zu den angenehmen Erlebnissen der anstrengenden Tour gehörte. In München bekam Marlene Dietrich sechzig Vorhänge, Blumen über Blumen und Beifall, der auch dieses Mal nicht enden wollte.

Das Schauspiel überlegener Bühnenpräsenz wiederholte sich in anderen Städten und Ländern. Wenn sich auch die Reihenfolge der Lieder zuweilen änderte, blieben die Show-Effekte beibehalten. Während des Singens war Marlene fast pausenlos mit

Friedrich Hollaender. Weltberühmt und doch nur ein Anhängsel der Dietrich-Legende. Er trug es mit Gelassenheit.

imaginären Flirts beschäftigt, sie genierte sich, biß sich ein wenig auf die Unterlippe, riskierte kokette Lola-Blicke, schien dann tatsächlich einen Herrn zu entdecken, mit dem sie gewisse Erinnerungen gemeinsam hatte, vermied aber das allzu eindeutige Lächeln, wehrte geschmeichelt, doch distinguiert Anträge des Parketts ab, begrüßte in jeder Ecke einen vertrauten Freund und vertröstete ihn gleichzeitig auf später, da sie gerade Jonny zu sich eingeladen hatte – «nachmittags ... um halb ... vier». Die Kritiker empfanden das als eine «unverschämt Hohe Schule, die Marlene einem hingerissenen Publikum vorführte – Eros als Kunstform, wie eine Erinnerung an eine scheinbar geheimnisvolle und elegantere Zeit der Liebe, als der Teenager noch nicht erfunden war und dessen pubertäres Gehabe noch nicht die Bühnen-, geschweige denn die Lebensmode bestimmte».

Ihre Personality-Show war bis ins Detail hinein berechnet: Der in genau 45 Sekunden (in Paris nur 32 Sekunden!) hinter der Bühne vollzogene Wechsel vom Kleid zum klassischen Revue-Frack mit Zylinder und weißer Nelke, das spitzbübische Wegblasen einiger Flaumfedern, die angedeutete Hilfe beim Verschieben des Klaviers, der gehauchte Kuß für ihren Dirigenten und Begleiter Burt Bacharach, das hinter die Galerie gewinkte Ahoi, die halbmilitärischen Ehrenbezeugungen nach links und rechts – das war schon etwas!

Der Berliner Musikkritiker Klaus Geitel bewertete ihren Auftritt als «Gesamtkunstwerk aus Stimme und Licht, Kleid und Körper, Perlen und Pelz», das gleichsam wie «Kaviar auf glitzerndem Eis» serviert werde. Aber wenn die Marlene-Dietrich-Songs nicht jene Echtheit der Gefühle offenbart hätten, Gefühle, mit denen sich ein unterschiedliches Publikum identifizieren konnte, wäre dieser Künstlerin trotz bester Showeffekte kaum so lange und so intensiv der Erfolg im Entertainment treu geblieben. Beifall war in ihrem Fall nicht nur Zustimmung für die supermoderne Show, ihr pariserisches Flair, ihre Hollywooder Extravaganz. Er war auch eine Ergebenheitsbekundung für die Schauspielerin, die Diseuse, die Berlinerin Marlene Dietrich, die ihren Galgenhumor, ihre Lust am amourösen Marionettenspiel, ihre Zärtlichkeit, ihr gutes Herz, ihren Lebensrhythmus und ihren gesunden Menschenverstand in die Auffassung und Interpretation der Lieder einbrachte.

In Schweden, Dänemark und der Schweiz wiederholte sich 1960 die Wirkung des Wunders Marlene Dietrich. Zeitungen, die als zurückhaltend galten, wie die *Neue Zürcher Zeitung*,

rechte Seite: Das übliche Bild eines anstrengenden Berufs: der Reisewecker, der Aschenbecher, der Spiegel, die Flaschen und Fläschchen und im Glas vielleicht die Kopfschmerztablette

Gilbert Bécaud amüsiert sich über die Geschichte von der Schachtel.

ließen sich zu spontanen Huldigungen hinreißen. «Marlene Dietrich war in Zürich, und sie hat die Zürcher besiegt. Mit ihrer Kunst, mit ihrem Charme, mit ihrer Persönlichkeit. So habe ich ein zürcherisches Publikum noch nie erlebt, so frenetisch im Beifall, so hingerissen im Mitgehen, so herzlich im Darbieten der Sympathie ... Als sie ihr letztes Lied, ihre zärtliche Liebeserklärung an Berlin, *Ich hab' noch einen Koffer in Berlin*, gesungen hatte, da standen die Zuhörer von ihren Sitzen auf, drängten nach vorn an die Rampe, streckten der Künstlerin die Hände entgegen, hätten sie auf den Schultern davongetragen ... Bewunderung galt dieser Frau, die einen Abend lang ihre Kunst darbot, perfekt, frei, mit einem Lächeln, einem Glanz.»

Die Monate Dezember und Januar waren in der Regel den Auftritten in Las Vegas vorbehalten. Wenn sie von Tourneen außerhalb Amerikas zurückkehrte, folgte jedoch meistens erst ein Aufenthalt in Paris. Dann gab es ein Wiedersehen mit den

Freunden, Vorbereitungen für die obligaten Pressekonferenzen, Termine für Interviews und natürlich Proben, Proben und immer wieder Proben. Nicht zu vergessen die kleinen Geschichten um den großen Star, die die Zeitungen ihren Abonnenten präsentierten und über die sich Marlene Dietrich oft lustig zu machen verstand. Vor einer Abreise von New York nach Paris fütterte sie die Boulevard-Blätter einmal mit folgender Story: «Wenn ich auf dem Flugplatz ankomme, werde ich ein winziges Päckchen von der Größe einer Zigarrenschachtel in den Händen halten. Und jeder wird sagen: Marlene, laß mich die Schachtel tragen! Und ich werde sagen: Nein, die muß ich selber tragen! Dann werden sie wissen wollen: Marlene, hast du deinen Schmuck in dieser Schachtel? – Und ich werde sagen: Nein, aber sie ist so wertvoll, daß ich sie selber tragen muß. Und schließlich wird jemand fragen: Marlene, was hast du so Wertvolles in deiner Schachtel? – Und dann werde ich sagen: das Kostüm, in dem ich auftreten werde …»

Sie flog von New York ab, und als sie in Paris ankam, stand in jeder Pariser Zeitung, daß Marlenes Kostüm so winzig sei, daß es in einer Schachtel, nicht größer als ein Schmuckkästchen, Platz habe.

Als man ihr die Zeitungen zeigte, lachte sie.

Allezeit umschwärmten sie Reporter, viele darunter, deren Fragen langweilig waren und oft von einem Niveau, auf das sie sich weder begeben konnte noch wollte: «Wie ist Ihr Gulaschrezept? Wer ist Ihr Favorit unter den Männern? Was hat Ihr Kleid gekostet?» Daher hatte sie 1954 aus Jux einmal ein Anti-Interview gegeben, dessen Antworten stereotyp mit «Nein!» begannen und Tatsachen ihrer Biographie so hanebüchen verdrehten, wie es gewisse Blätter von ihr haben und hören wollten:

«Sie wollten doch in Ihrer Jugend Schauspielerin werden?»

«Nein, Geigerin. Ich studierte in Berlin an der Hochschule für Musik, brach mir das Handgelenk, na, dann ging ich zur Bühne.»

«Sie haben sich nach dem Mädchennamen Ihrer Mutter genannt?»

«Nein. Den Namen hat mein erster Filmregisseur Sternberg erfunden. Ich hieß Maria Magdalena von Losch, mein Vater war ein preußischer Offizier. Meine Mutter war eine Französin.»

«Sie leben diät, um Ihre Figur zu erhalten?»

«Nein. Ich esse, was mir schmeckt, und ich habe einen Hunger wie ein Seelöwe.»

«Dann werden Sie also massiert?»

«Nein. Ich turne nicht, ich schwimme nicht, ich spiele nicht Tennis.»

«Dann gebrauchen Sie ein anderes Mittel zum Abnehmen?»

«Nein, ich schlafe nur fünf Stunden, das allein hält mich frisch, jung, gesund und schlank.»

«Sie werden nach Weihnachten Ihren 50. Geburtstag feiern?»

«Nein, ich bin 71 Jahre alt. Das antworte ich auf solche Fragen immer, denn dann sind die taktvollsten Fragesteller über mein noch so jugendliches Aussehen begeistert.»

Ihre Selbstverulkung fanden die Zeitungen trotzdem großartig und druckten sie.

Im übrigen war Marlene Dietrich, von der Noël Coward gesagt hat, sie sei ein «Realist und ein Clown», darauf bedacht, ihr Privatleben, wie andere Menschen auch, privat zu führen und sich vorwiegend um ihre Tochter, ihre Enkelkinder und um Rudi Sieber zu kümmern, der in der Nähe von Los Angeles eine Hühnerfarm betrieb.

Schon 1955, bei ihrem zweiten London-Auftritt, hatte *Variety*-Kritiker Myro konstatiert, was alle nachfolgenden Rezensenten sinngemäß wiederholten: daß die Lieder, die sie singe, angesichts der starken Ausstrahlung, die von ihrer Persönlichkeit ausgehe, von sekundärer Bedeutung seien. Wenn das in dieser Verabsolutierung auch nicht zutrifft, kann doch soviel gesagt werden, daß es Marlene Dietrich nur kraft ihrer Ausstrahlung möglich war, stilistisch völlig konträre Titel zu einem homogenen Programm zusammenzufügen. Man wird in der Geschichte des Chansons und des Schlagers nach einem ähnlichen Fall lange suchen müssen, wo sich im Repertoire eines Bühnenstars Titel aus einem Zeitraum von rund vierzig Jahren befanden, die zudem noch in so ungleichen musikalischen Böden verwurzelt waren wie die Lieder der Dietrich.

Der Struktur nach hatte das Tourneeprogramm stark autobiographischen Charakter, es war als Lebensbild in Liedern angelegt. So waren selbstverständlich *Peter*, das *Blonde Baby* ihrer Berliner Jahre und auch das katzenhafte Bekenntnis zu ihrem *Jonny* dabei.

Jonny! Wenn du Geburtstag hast,
Bin ich bei dir zu Gast für eine Naaaacht!

eine Aufforderung zum Lebensgenuß mit gutmütiger Ironie in der Stimme, die auf noch mögliche andere Abenteuer Lolas weist, sich aber mit gleicher Entschiedenheit gegen alle Ansinnen abriegelt, wenn die Dietrich sich, im elegischen Ton meditierend, auf das eigene Ich zurückzieht:

Ich weiß nicht, zu wem ich gehöre,
ich gehöre ja mir nur, ja mir nur allein.

Erinnerungen an frühere Filmtage in Tempelhof und den Neubabelsberger Ateliers blitzten auf, wenn sie – eine Reverenz an Sternberg – den alten Operettenschlager von Hugo Hirsch, *Wer wird denn weinen, wenn man auseinandergeht, wenn an der nächsten Ecke schon ein andrer steht*, mit kultivierter Nonchalance darbot.

In diesen ihr ans Herz gewachsenen Schlagern waren ebenso Erinnerungen an das Berlin von 1924/25 eingeschlossen: mit Tango und Tingeltangel, Five o'clock tea und Palais de Dance, Kempinski und Hotel Adlon, wo die junge Dietrich nach Theaterpremieren mit Bühnenkollegen zum Nachtmahl erschien. Genau diesem Milieu gehörte der temperamentvolle *Jonny* an. Marlene Dietrich sang ihn in allen Ländern stets auf deutsch, da ihrer Meinung nach eine ihren Ansprüchen genügende Übertragung des Textes ins Englische nicht existierte. Sie hat *Jonny* zusammen mit dem Robert-Stolz-Lied *Frag nicht, warum ich gehe* zu ihren wichtigsten Liedern gezählt und war höchst ungehalten, als man aus ihrer großen Televisions-Show in London 1972, die der bekannte Produzent Alexander Cohen mit ihr aufzeichnete, gerade diese beiden Lieder herausschnitt mit der Begründung, daß sie nicht in englisch gesungen würden.

Wie *Jonny*, die *Boys*, *Lili Marleen* oder *Allein in einer großen Stadt* hatten auch andere Lieder so etwas wie eine autobiographische Vergangenheit. Es sei in diesem Zusammenhang das melodramatisch stark von ihr stilisierte Lied *Frag nicht, warum ich gehe, frag nicht, warum* erwähnt. Sie sagte am Mikrofon, daß sie es in Erinnerung an den 1948 in London gestorbenen Tenor Richard Tauber singe, den sie zu ihren Freunden gezählt habe. Es war ein erst spät einstudiertes Lied. Viel Seele, viel Emphase legte sie in diesen English-Waltz, sie ging bis an die Grenze des Sentimentalen, so daß manche Rezensenten diesen Titel, wenn sie ihn auch bewunderten, als Kinoschmalz und Schmarren apostrophierten. Sie selbst hielt dem entgegen:

Richard Tauber, einer der führenden lyrischen Tenöre seiner Zeit, eng verbunden mit der Dresdner, Wiener und Berliner Staatsoper sowie der Operettenbühne. Er emigrierte 1933 nach Wien und 1938 nach London, wo er 1948 starb. Seit den zwanziger Jahren war er mit Marlene Dietrich befreundet. Ihm zum Gedenken sang sie sein Lied: *Frag nicht, warum ich gehe, frag nicht, warum.*

«Warum darf ich denn nicht einmal sentimental sein?» Was die wenigsten ihrer Kritiker wußten und von ihr auch nicht erfuhren, war, daß sich mit dieser Melodie eine besondere Erinnerung an Willi Forst, den Bel-Ami des deutschen Films, verband, der, wie man weiß, eine Jugendliebe von Marlene Dietrich war und dieses Lied 1930 in einem Tonfilm darbot. So ist auch dieser Walzer ein besonderes Lebenslied für sie gewesen, ein Erinnerungstraum an Wien und ihre Jugendjahre, da sie am Theater gespielt hatte und die Schauspieler Igo Sym und Willi Forst ihre charmanten Begleiter durch die Wiener Theater und Caféhäuser gewesen waren, als sie noch kein Hollywood-Ruhm belastet hatte und «die Welt noch jung» gewesen war, wie es in ihrem französischen Chanson vom *Chevalier de Paris* heißt.

Im Verlauf der anderthalb Stunden, die Marlene Dietrich auf der Bühne stand, formte sich so Stück für Stück nicht nur einer Autobiographie in Liedern, sondern auch eines weltgeschichtlichen Brettl-Weges, der beim kessen Berliner Lola-Jargon begann, Pariser und Hollywooder Stationen einbezog und bei jenem Kaugummi-Amerikanisch endete, das sie, die Wahlamerikanerin, mit dem *Laziest Gal in Town*, dem erheiterten Publikum regelrecht vorkaute. Dazwischen lagen *Blue Heaven* und *The Boys in the Backroom*, mit denen sie noch immer im augenzwinkernden Einverständnis lebte. Sie erteilte weiterhin Anschauungsunterricht in Sachen Liebe auf französisch mit *La Vie en Rose* und auf deutsch mit *Jonny*, dessen Geburtstag sie mit allen Künsten der Stimme auf allen Bühnen mit einer Raffinesse zelebrierte, als stecke er die «gahanze Naacht» bei ihr im Mikrofon. Von der verborgenen Fußspitze aus schienen die Töne bis in den Kehlkopf zu dringen, sie gurrte und knurrte im tiefsten Alt, sie flüsterte so verrucht wie verraucht und schmetterte, wenn sie einmal Luft und Lust getankt hatte, lauter als Frankreichs berühmtester Trompeter Aimé Barelli, den sie mitsamt Orchester als instrumentale Begleitung auserwählt hatte.

Ein Teil der amerikanischen Lieder, die zu ihrem festen Repertoire zählten, stammten aus den dreißiger und vierziger Jahren. Es waren jedoch auch Titel dabei, die noch älter waren, wie der von Jimmy McHugh komponierte Slowfox *I Can't Give You Anything but Love, Baby*. Dieses Lied, als Duett angelegt, gehörte zu einer Negro-Revue, die 1928 in New York Premiere hatte und zu den besten Stücken des Genres zählte. Die Darsteller waren ausnahmslos Farbige, der Titel der Revue hieß *Black-*

linke Seite: Auf der Bühne in London beim Vortrag des Liedes *One for My Baby*. Es ist der Monolog einer unglücklichen Liebe, vorgetragen nachts um halb drei in der Bar.

birds of 1928. Die Blues-Sängerin Adelaide Hall, ein damals neuentdeckter Star der Musikbühne, hob das Lied mit Willard MacLean aus der Taufe und machte es zu einem Erfolg auf dem Plattenmarkt. In diesem Song spiegelt sich die soziale Welt der Farbigen, die zu den Besitzlosen Amerikas gehören, weshalb der junge Mann im Lied sagt, er habe weiter nichts als seine Liebe und sei sonst ein armer Kerl. Sollte er einmal das große Los gewinnen, dann würde er seinem Mädchen alles kaufen, wonach ihr Herz begehrt. Vorläufig aber:

I can't give you anything but love, Baby.
That's the only thing I've plenty of, Baby.
Dream awhile, scheme awhile,
We're sure to find happiness …

1928 kam dieser Schlager nach Deutschland und wurde auch hier ein Erfolg. In der deutschen Übersetzung ging das Lied allerdings der sozialen Aspekte verlustig. Übrig blieb ein oberflächlicher Text, der lediglich die Musik okkupierte, sich aber um die im Original angelegte soziale Aussage des Liedes nicht im geringsten kümmerte, wie es im Prozeß der Kommerzialisierung von Schlagern häufig geschah.

Marlene Dietrich, seit frühester Jugend auf dem laufenden, was Neuheiten betraf, kannte auch den amerikanischen Quickstep, der Liebeserklärungen auf jene originell-naive Art machte, die als modern galt, und mit der Wort-Simplizität aller Schlager das Verführerisch-Gefällige der Melodie gemeinsam hatte:

You're the cream in my coffee,
You're the salt in my stew.

Die erotische Lässigkeit dieses Liedes, einst von ihr vor Sternberg geschauspielert, entschied über ihre Filmkarriere. Es war nach ihren eigenen Wort «the song, which brought me in the picture».

Es gab, wenn sie auf der Bühne stand, mitunter Momente, da entstand eine Atmosphäre, so erregend und bewegend, daß die Leute wie hypnotisiert reagierten, als wären sie nicht mehr Herr ihrer Gefühle. Sie warfen Sachen auf die Bühne, denen Marlene gemessen und sehr distinguiert auswich, denn sie war es gewöhnt, daß nicht nur Blumen, sondern auch Armbanduhren, Brillen, Ohrringe und dergleichen durch die Luft flogen. Sie sammelte die Gegenstände stets sehr sorgfältig ein, weil meist am nächsten Tag die Besitzer erschienen, um ihre Sachen wieder abzuholen. Während einer Vorstellung in London war es, daß ein Herr vor Begeisterung sogar sein Smoking-Jackett auf die Bühne warf. Das fing sie auf, zog es an und sang darin einfach weiter. Ein wunderbarer Show-Effekt. Unglücklicherweise war dieses Jackett dann von ihrer Garderobiere irgendwo verlegt worden; man konnte es nicht wiederfinden, als der Mann erschien. Er brauchte es dringend zurück, weil der Smoking geliehen war. Marlene Dietrich blieb nichts weiter übrig, als ihm das Angebot zu machen, einen neuen zu besorgen.

Wo Marlene Dietrich auch hinkam, gehörten ihr die Sympathien. Man hat immer wieder ihr bestrickendes Aussehen gerühmt, das auf männliches wie weibliches Publikum gleichermaßen verzaubernd wirkte. Sie hatte nicht die peinlichen Allüren älterer Damen an sich, die sich gewollt jung geben und leicht komisch wirken. Marlene Dietrich war im Wesen jung geblieben und hatte sich die Natürlichkeit, Schalkhaftigkeit und Lebensenergie ihrer Jugend bewahrt. Ihr Auftreten strahlte Energie und Selbstvertrauen im Bewußtsein großer Schönheit aus, und so konnte sie sagen: «Die Leute scheinen mich halt nun einmal gerne zu sehen, und solange es ihnen Spaß macht, werde ich ihnen wohl den Gefallen tun.»

Das Geheimnis ihrer Jugend war es sicher auch, was die Beatles 1963 bei der Royal Command Performance in London bezauberte und bewog, sich mit der grandmother des Showgeschäfts im lächelnden Einvernehmen fotografieren zu lassen. Das Foto mit Marlene und den vier Pilzköpfen ging um die ganze Welt.

1962 standen zum erstenmal die Niederlande auf ihrem Tourneeplan. Die nüchternen Chansonfreunde, die im Juni des Jahres möglicherweise skeptisch ins Kurhaus von Scheveningen gekommen waren, konnten sich davon überzeugen, daß Marlene Dietrich «nog altijd een fascinerende persoonlijkheid» war. Die niederländische Zeitung *Het Vaderland* vom 18. Juni 1962 gibt von ihr folgende Personenbeschreibung, die ihren Liebreiz nur in der Sprache der Niederländer bewahrt:

«Marlene Dietrich: een vrouw, achter in de vijftig, zeer discret gekleed, opvallend gemakkelijk van bewegen, goed opgemaakt. Lange wimpers, feilloos getekende wenkbrauwen, blauwe oogen, 'n grote mond. Her gezicht is wat scherper geworden, maar niet oud. Of ze sich niet te oud vindt, wordt gevraagd.

‹Ik voel me niet oud›, zegt ze laconiek. Zo is ze in haar gehele optreden, rustig, zelfverzekerd.» *

Das Urteil der Journalisten nach der Pressekonferenz lautete: «Eine prächtige Frau, eine starke Persönlichkeit, auffallend jugendlich für ihr Alter, mit Allüren – ja, toch geen grand lady.»

Das erste Auftreten Marlene Dietrichs in den Niederlanden erfolgte als Abstecher von Paris aus und im wesentlichen mit dem gleichen Repertoire, das sie schon in Las Vegas, London und Paris vorgetragen hatte. Kleine Veränderungen nahm Marlene Dietrich lediglich in der Richtung vor, daß sie ihren «opener», wie das Eröffnungslied in der Bühnensprache genannt wird, austauschte. In Paris und London stand meist *La Vie en Rose* an erster Stelle, in anderen Ländern oder Städten stellte sie das intimere, romantisch-bewegte *Look me over closely / and tell me what you see* – oder den Oldtimer ihrer angelsächsischen Schlager *I Can’t Give You Anything but Love* von Jimmy McHugh an den Anfang.

Mit den Beatles 1963 in London, Schnappschuß von der Royal Command Performance

McHugh war ein erfolgreicher und populärer amerikanischer Schlagerkomponist, der im gleichen Jahr wie sie nach Hollywood gekommen war und dort Karriere gemacht hatte. Von ihm nahm sie ebenfalls den lyrischen Titel *I Couldn't Sleep a Wink Last Night* (deutsche Fassung: *Ich hab' die ganze Nacht geweint*) ins Programm. In ihrem Liedvortrag tauchten mitunter auch die Weltschlager *Moon River* oder *Honeysuckle Rose* auf, sonst aber blieb das Repertoire im wesentlichen gleich. Und in diesem Punkt bestand zwischen ihr und ihrem Publikum niemals die geringste Meinungsverschiedenheit. Ergab sich mitunter ein Spaß, wie im Februar 1962 im Riviera-Night-Club von Las Vegas, wo sie im Duett mit der Trompete Louis Armstrongs, der auch gerade dort im Engagement war, ein improvisiertes *C'est si bon* schmetterte, dann war das eine Sondereinlage zum abendlichen Programm. Mit solchen Gags deutete sie an, daß sie als Entertainerin noch viel mehr konnte, als sie zeigte.

Eine wichtige Programmänderung wurde während des Jahres 1962 vorgenommen. Von da ab war auf ihren Tourneen als neuer Titel das Antikriegslied *Sag mir, wo die Blumen sind* zu hören, das insbesondere in den Niederlanden zu einem nachhaltigen Höhepunkt wurde, wie die Zeitungen einhellig vermerkten. Nachdem sie die Vorstellung mit diesem Lied beendet hatte, stand sie auf der Bühne im Licht der Scheinwerfer, die Arme voller Blumen, und während der bis auf den letzten Platz gefüllte Saal ihr minutenlang Ovationen darbrachte, sah man, wie sich ihre Augen mit Tränen füllten. Die Erinnerungen an die Zeit des Krieges, die sie heraufbeschwor, die Wirkung, die sie mit dem melancholisch beseelten Lied von den Blumen, den Mädchen und den Soldaten im Saal auslöste, waren so stark, daß die Emotionen auf sie zurückwirkten.

Im Oktober 1963 kam Marlene Dietrich abermals in die Niederlande, um an der *Grand gala du disque* in Scheveningen teilzunehmen, in der auch die Jazz-Vokalistin Sarah Vaughan, Frankreichs Teenager-Idol Françoise Hardy, das Sänger-Paar Esther und Abi Ofarim, die gefeierte Petula Clark und bekannte einheimische Unterhaltungsstars auftraten. Für ihre künstlerisch überragende Interpretation des Pete-Seeger-Lieds von den *Blumen* erhielt Marlene Dietrich den niederländischen Schallplattenpreis *Edison*. Anschließend wurden in den Niederlanden zwei Schallplatten von ihr produziert. Unter der Firmenmarke *His Masters Voice* erschienen *Sag mir, wo die Blumen sind* und *Die Welt war jung (Le Chevalier de Paris)* und auf einer zweiten

Programmheft von der Konzerttournee in Brüssel, Amsterdam und Antwerpen im Januar 1975. Dirigent war William Blezard. «Miß Dietrich», so informiert das Programmheft, «beginnt ihren Auftritt präzis auf die Minute, es wird deshalb gebeten, nach Ende der Pause die Plätze wieder einzunehmen.»

Platte diese beiden Titel noch einmal, erweitert um *Lili Marleen* und den deutschen Schlager *Ich hab' noch einen Koffer in Berlin*.

In den Niederlanden befanden sich zur Zeit der *Grand gala du disque* fünf Platten mit dem aktuellen Lied *Sag mir, wo die Blumen sind* auf dem Markt. Interpretiert wurde es von dem Studenten-Chansonnier Jaap Fischer, der Französin Jacqueline François, der Italienerin und vormaligen ägyptischen Schönheitskönigin Dalida und dem niederländisch-dänischen Duo Nina und Frederik. Plattensammler und Chansonfreunde gaben aber der Platte von Marlene Dietrich den Vorzug, die allein den emotionalen und gedanklichen Reichtum des Liedes mit ihrer tiefdunklen, vollen Stimme ausgeschöpft hatte. In Marlenes Interpretation vereinten sich die Stimmen aller Männer und Frauen, Witwen und Waisen, Mädchen und Mütter, denen der Krieg tiefstes Leid zugefügt hatte.

Hier scheint ein Gedanke der großen Yvette Guilbert seine Bestätigung zu finden. Aus der Erfahrung ihres langen Bühnenlebens schrieb sie einmal: «Wie viele strahlend schöne Frauen betreten die Bühne, und doch fehlt es ihnen völlig an Persönlichkeit, an Anziehungskraft oder ganz einfach nur an Charme! Warum? Weil sie ohne Seele sind. Was ist Seele? Eine Verbindung unseres geistigen Vermögens mit unserem Verständnis und all unseren Erfahrungen und Einsichten: denen des Herzens, des Hirns, des Fleisches, der Kunst, des Lebens und des Todes. Ein Künstler braucht zahlreiche Hirne, Herzen und Seelen.»

Begabung und Talent eines Künstlers bewirken nur wenig, wenn seine Seele mittelmäßig ist, sagt die Guilbert. Ist die Empfindungsfähigkeit begrenzt, wird seine Ausdruckskraft ebenfalls begrenzt sein. Nur wer alle Liebe, allen Schmerz erfahren hat, wird auch allen Ruhm erfahren.

Das ist ein Wort, das auf die große Chansonkunst Marlene Dietrichs wahrhaft zutrifft.

Für die Niederlande und Belgien zählten die Auftritte Marlene Dietrichs in Scheveningen, Brüssel, Amsterdam und Antwerpen damals und auch noch Jahre später stets zu den größten kulturellen Ereignissen. Die Bilder, die sie bei der Ehrung der Kriegsopfer am Kriegerdenkmal auf dem Dam zeigen, brachte jedes Journal. Sie sicherten auch dem politisch urteilsfähigen Menschen Marlene Dietrich die Sympathien des niederländischen Publikums.

Das nicht ohne Grund, denn bei Marlene Dietrich lag der ganz besondere Fall vor, daß die Vortragende selbst im Krieg gewesen war. Sie wurde damit der tiefsten Bedeutung jenes Kästner-Gedichts gerecht, in welchem er von der Chansonette fordert, daß sie das Leben kennen und wissen muß, wovon sie singt. Marlene hatte in diesem Zusammenhang einmal die Bemerkung gemacht, wer nicht im Krieg gewesen sei, der solle nicht vom Krieg reden. Mit Sicherheit hatte sie auch eine ähnliche Auffassung, was das Singen von Liedern über den Krieg betraf. Mit dem Chanson *Sag mir, wo die Blumen sind* stellte sich in den sechziger Jahren eine andere Marlene Dietrich vor, die ihrem Repertoire mit engagierten, aktuellen Titeln von Pete Seeger und Bob Dylan Entscheidendes hinzufügte und die Fesseln der *Lola*-Legende sprengte.

Dabei hatte sie dem englischen Folksong *Where Have All the Flowers Gone?* am Anfang distanziert gegenübergestanden. Sie hatte ihn von einer Gesangsgruppe gehört, ohne davon besonders beeindruckt gewesen zu sein. Ihre Tochter Maria dagegen, der das Lied sofort gefiel, war der Meinung, ihre Mutter sollte es in ihr Repertoire aufnehmen. «Dieses Lied sei wichtig für mein Programm, und es gelang ihr schließlich, gemeinsam mit Burt Bacharach, mich davon zu überzeugen.»

Zum erstenmal trug Marlene Dietrich das Lied in Paris auf französisch vor: *Qui peut dire ou vont les fleurs?* Nach verschiedenen Quellen soll dies 1962 bei einem Konzert zugunsten des Welt-Kinderhilfswerks gewesen sein. Sie selbst gibt in ihrem Erinnerungsbuch *Nehmt nur mein Leben* hierzu keine Jahreszahl an, wie sie es generell auch zu anderen Ereignissen nicht tut. Sie sagt nur, daß sie das Lied ein Jahr später in französisch, englisch und deutsch auf Schallplatte gesungen habe. Eine englische Aufnahme ist aber in der sonst zuverlässigen Diskographie zu den beiden Dokumentarbänden über Marlene Dietrich von Werner Sudendorf nicht verzeichnet. Für die französische Aufnahme der Firma Pathè ist als Datum Mai 1962 und als Ort Paris angegeben. Eine deutsche Aufnahme erscheint in dieser Diskographie schließlich erst unter dem Jahr 1964.

Sag mir, wo die Blumen sind gehörte zu den internationalen Spitzentiteln der frühen sechziger Jahre und hatte weltweite Wirkung. Pete Seeger, der Komponist und Autor, 1919 in New York geboren, war ein vierzigjähriger Mann, als die Fall River Music Inc., New York, das Coypright für dieses Lied erwarb. Seegers Name war damals bereits ein Begriff durch das Lied *We Shall Overcome*, das als heimliche Hymne der linken amerikanischen Jugend galt. Durch das Elternhaus – der Vater war ein bekannter Musikwissenschaftler, die Mutter eine Violinistin – fand Pete Seeger schon früh den Weg zur Musik, die ihn veranlaßte, das ursprüngliche Berufsziel Journalistik aufzugeben, die Harvard-Universität zu verlassen und sich ganz dem Beruf des Liedermachers zuzuwenden. Unter dem Einfluß von Woody Guthrie, dem Vater des Folksongs, mit dem er gemeinsam auftrat und 1941 die berühmt gewordenen *Almanac Singers* gründete, mündeten die Aktivitäten Seegers und des Folksong-Revivals unmittelbar in den Gewerkschaftskampf und das *Civil Rights Movement*, die Bewegung für die Rechte der Farbigen in den USA.

Nach eigenen Worten legte Seeger Wert auf schöne Melodien und einen interessanten Rhythmus. «Ich liebe Lieder», sagt er, «die eine Geschichte erzählen oder eine Frage beantworten, die mich und mein Publikum zu diesem Zeitpunkt dringend angehen oder bewegen.» In diesem Sinne äußerte sich auch Marlene Dietrich gegenüber einer Pressekorrespondentin 1966 in Warschau, als sie erklärte, sie liebe Lieder mit guten Texten und gerade deshalb liege ihr so viel an Pete Seegers Chanson; es behandele das wichtigste Anliegen der Menschen.

Wo sind alle Blumen hin? Gepflückt von den Mädchen. – Wo sind denn die Mädchen hin? «Gepflückt» von den Jungen. – Und die Jungen selbst? Gefallen in der Schlacht. – Die Mädchen haben die Blumen auf ihre Gräber gelegt. Alles ist aus. Kaputt.

Die Textstruktur des Liedes ist ebenso einfach wie eingängig, und darin liegt das so ungemein Kunstvolle. Die Wirkung beruht auf dem Prinzip der ständigen Wiederholung der Haupt- und Anfangszeile *Sag mir, wo die Blumen sind*, getrennt nur durch kurze, abgewandelte Zwischenzeilen, die sich ebenfalls in Frageform direkt an den Zuhörer wenden. Ein Ausweichen ist nicht möglich.

Der Folksong von Seeger war zu ihrem alten Titel *Lili Marleen* eine ideale Ergänzung, außerdem wurde das Gesamtprogramm historisch schärfer gegliedert und mit neuem Akzent versehen. So konnte Marlene Dietrich, gestützt auf ihre Erfahrungen, mit Recht vor dem Mikrofon sagen: «It's my favorite song», das Lied, das ich am meisten liebe. Mit Bacharachs Instrumentation und ihrer Vortragsintensität ist es ein großes, berühmtes Lied geworden.

Beim Auftritt in Washington im September 1963 vor dem akkreditierten Diplomatischen Korps wurde das sie begleitende Bob-Cross-Orchester durch sechs Violinen, eine Viola und ein

Cello verstärkt. Hauptsächlich wegen des Liedes von den *Blumen*. Es war jene Stelle ihres Programms, da sie wirklich das Publikum mitriß, wie die *Los Angeles Times* schrieb, «als ihre Stimme sich in ein rauhes Knurren verwandelte, als die Augen unter den geschminkten Wimpern stählerne Blitze zu senden schienen und der Mund wie eine karmesinrote Wunde aussah». Sie sang Pete Seegers Lied *Where Have All the Flowers Gone?*, «oder sie stellte es dar, oder was immer sie damit tat, mit dem Orchester in ihr drin, das in ein wildes, furioses Crescendo überging. Da fühlte man mit ihr, da bekam man Gänsehaut, ja, sie peitschte einen geradezu mit den Worten: ‹When will they ever learn?› Das war kein herbstlicher Rauch, das war beißender Pulvergestank, war Blut und Tod von Schlachtfeldern und der verzweifelte Angstschrei, der den vulkanischen Ausbruch der Musik übertönte. ‹When will they ever learn?› – ‹Wann, wann wird man endlich lernen!!!›» – «The ovation was enormous.» Ihre Zuhörer spürten, hier war eine andere Marlene Dietrich als die von Las Vegas mit *Falling in Love Again* und Lola-Lächeln unter halbgeschlossenen Lidern.

Als sie im September 1963 in Washington auf der Bühne stand, waren die Verträge mit den Konzertagenturen für das kommende

Vor ausländischen Korrespondenten gibt sie das erste Interview und sorgt, wie immer, für Heiterkeit.

Jahr bereits perfekt, darunter Gastspiele in Warschau, Moskau und Leningrad, die auf neue Weise zu Höhepunkten in der Diseusenlaufbahn Marlene Dietrichs werden sollten. Bevor es aber soweit war, konnte sie im November 1963 in England wiederum einen ihrer großen Erfolge feiern. In den sechziger und siebziger Jahren kam Marlene Dietrich häufiger als früher nach London, wo es ihr sehr gefiel und wo sie viele Freunde und gute Bekannte hatte, darunter Noël Coward, Mischa Spoliansky, den Schauspieler «Binkie» Beaumont, ihren Fan John Marven, ein Schiffssteward, der ihr überallhin folgte, und den Theaterkritiker Kenneth Tynan.

Seit nahezu zehn Jahren hatte sie nun schon in den Programmen großer britischer Konzertagenturen ihren festen Platz. Diesmal trat sie in der Royal Command Variety Performance im Prince of Wales Theatre in Anwesenheit der Königin-Mutter auf. Es war die gleiche Show, mit der die Beatles ihren Durchbruch erzielten. Marlene Dietrich gab in London außerdem in der Royal Albert Hall anläßlich des Jahrestreffens der Achten Englischen Armee eine Sondervorstellung. Ein Gastspiel im altehrwürdigen Drury Lane Theatre, gemeinsam mit Music-Hall-Altstar Sophie Tucker, im Queen's Theatre sowie in Golders Green Hippodrome schlossen sich an.

Überall, wo sie in London auftrat, ja überhaupt zu sehen war, versammelten sich im Nu Menschen um sie, die ihr zujubelten und Autogramme haben wollten. Rasch kritzelte Marlene Dietrich ihren Namen, das «M» ging unmittelbar in das «D» über, dann folgte ein langer Strich, majestätisches Kürzel einer Hoheit, die sich ihrer Größe wie auch der Lästigkeit des Ruhms bewußt war.

Im Londoner Hotel Claridge, wo sie öfters wohnte, mußte sie wegen der nicht abzuschüttelnden Menschenmassen den Hintereingang benutzen, aber nicht nur deshalb. Das Hotel sah weibliche Gäste in Hosen ungern den Haupteingang durchschreiten. Da Marlene Dietrich bekanntermaßen eine Vorliebe für dieses Kleidungsstück hatte, zog sie künftig vor, im *Dorchester* oder im *Savoy* zu wohnen, wo man weniger an der Etikette hing.

Nicht nur die Vorliebe für Hosen, auch die Begeisterung ihrer Fans brachte sie mehrfach in schwierige Situationen. Gegenüber dem Hotel Claridge stand einmal mehrere Tage lang ein junges Mädchen, um von ihr ein Autogramm zu ergattern. Eines Tages, als gerade der Chauffeur mit dem Rolls-Royce vorfuhr, rannte der Teenager kopflos über die Straße, direkt in das Auto hinein.

Marlene Dietrich war im gleichen Moment aus dem Hotel gekommen und half dem Mädchen, dem nichts weiter passiert
war, wieder auf die Beine, wobei sie es gehörig ausschimpfte:
«Sie hätten tot sein können, und das meinetwegen! Wie können
Sie nur so etwas machen, Sie dummes Ding!» Sie war so wütend, daß sie sich erst Wochen später zu dem gewünschten
Autogramm bereit zeigte.

Erfreulicher war demgegenüber die Idee eines ihrer Fans aus
allernächster Umgebung. Er hieß Derek und war Beleuchter
ihrer Show in Glasgow. Als Marlene Dietrich ihr großes Lied
Where Have All the Flowers Gone? sang, ließ er bei der letzten
Strophe von der Beleuchterbrücke Hunderte von Rosenblättern
auf sie niederrieseln. Einen Moment war sie irritiert, fand die
Idee aber großartig. Der Rosenblätterregen wurde von da an
planmäßiger Bestandteil der Show.

An einem eiskalten, schneeigen Winternachmittag im Januar
1964 steht Marlene Dietrich in Warschau auf der Bühne. Der
große Saal des Kulturpalastes mit seinen 3000 Plätzen ist über-
füllt.

Wie üblich läuft erst ein einstündiges Vorprogramm ab, ehe
Marlene Dietrich nach der Pause zu ihrem Auftritt erscheint,
mit der linken Hand geübt und elegant den Vorhang zur Seite
schiebend, während in breiten Akkorden das von Burt Bacharach arrangierte Leitmotiv ihrer Show *Ich bin von Kopf bis Fuß
auf Liebe eingestellt* zu hören ist. Jugendlich, blond, schmal und
elegant steht sie dicht an der Rampe und verneigt sich tief. Ihre
Lieder conferiert sie selber in englisch und französisch; in diesen
beiden Sprachen singt sie auch im wesentlichen. Für die Robert-
Stolz-Melodie *Frag nicht, warum ich gehe* wählte sie jedoch, wie
bei den bisherigen Tourneen, ihre Muttersprache, ebenso für den
Jonny.

Als sie über die Entstehung des *Blauen Engels* plaudert und
die Frage an das Publikum richtet, in welcher Sprache sie ihr
Lied *Von Kopf bis Fuß* singen soll – sie hat auf französisch ge-
fragt –, jubeln viele Stimmen aus dem Saal zurück: «En alle-
mand! En allemand!» Nach Ablauf von siebzig Minuten gab es
Ovationen wie stets, doch Warschau schien sich im Dank an
«Marlena» steigern zu wollen. Zurufe in englisch, polnisch,
jiddisch, französisch und deutsch. Blumen über Blumen. An der
Rampe kniend, mußte sie an diesem Nachmittag zahllose
Hände drücken, während in den riesigen Jubel hinein aus dem

In Warschau 1964. Für die Polen war sie nur «Marlena».

Saal das alte polnische Gratulations- und Danklied *Sto Lat!* erklang. Hundert Jahre sollst du leben!

Sie selbst bewahrt der Begegnung mit Polen in ihrem biographischen Buch eine dankbare Erinnerung. «Es war bitter kalt – aber die Leute waren es nicht. Sie liebten unsere Show. Frauen knieten im Korridor, wenn ich mein Zimmer verließ, küßten mir die Hände und mein Gesicht. Sie wüßten, sagten sie mir, daß ich während der Hitlerzeit mit ihnen gewesen sei; die Kunde davon sei bis in die Konzentrationslager gedrungen und habe ihnen viel Hoffnung gegeben.»

Das Urteil über die Schauspielerin lautete aus polnischer Sicht: «Sie ist herrlich, doch am tiefsten beeindruckte uns ihr Gang zum Ghetto: Wir erkannten das wahre Herz der Marlene.» Über die Fahrt dorthin gibt der Warschauer Journalist A. Binkowski, der die Künstlerin begleitete, folgenden Bericht: «Am Sonntag, nach ihren beiden ersten Konzerten, fuhr Marlene Dietrich zur Blumenhandlung in der Aleje Jerozolimskie. Lange ging sie in Gedanken versunken durch das Geschäft. Schließlich kaufte sie einen großen Strauß Flieder. Und dann fuhr sie nach Muranów, wo einst das Warschauer Ghetto lag. Lange bevor sie an Ort und Stelle war, verließ sie das Auto und ging langsam, die Blumen an die Brust gedrückt, zum Denkmal. Ihr Gesicht war blaß, gleichsam erloschen. Plötzlich bedeckte sie es mit den Händen und begann zu weinen. Wir sahen ihre Tränen, die wir bislang nur gehört hatten – in ihrer Stimme, wenn sie ihr berühmtes Chanson sang: *Sag mir, wo die Blumen sind … Über Gräbern weht der Wind*, jenes Lied, das ein fester Bestandteil ihres Repertoires ist und dessen Refrain schmerzlich fragt: *Wann wird man je verstehn …?*»

Vor ihrem ersten Konzert in Warschau fand, wie üblich, eine internationale Pressekonferenz statt. Speziell wollte man von ihr wissen, welche zeitgenössischen Sänger sie am meisten schätze. «Die kürzlich verstorbene Edith Piaf und Frank Sinatra», lautete ihre Antwort.

Auf die Frage, welche Lieder sie bevorzuge, antwortete sie: «Lieder mit guten Texten. Oft schätze ich den Text höher als die Melodie. Leider ist die Welt heute mit idiotischen Texten überflutet.»

rechte Seite: Am Denkmal für die Kämpfer des Warschauer Ghettos legte sie weißen Flieder auf die schneebedeckten Stufen nieder.

Dem Auftritt in Warschau folgten im Mai 1964 Konzerte in Moskau und Leningrad. Im Moskauer Estradentheater empfing das sowjetische Publikum Marlene Dietrich als «shelanny gostj»,

Der Kniefall vor Konstantin Paustowski. Die Widmung in seinem Buch für sie lautete: «Ich verneige mich vor Ihrem jugendlichen Talent, Ihrer Menschlichkeit und Ihrem guten Herzen!»

als gern gesehenen Gast. Bereits in Paris hatte die Schauspielerin den Korrespondenten der *Literaturnaja gaseta* wissen lassen, daß sie auf diese Begegnung «viele Jahre gewartet» habe und sich freue, daß ihr Traum nunmehr Wirklichkeit werden sollte. Sie kenne das russische Volk sehr gut, sie sei in Berlin unter Russen aufgewachsen und habe viele Freunde unter seinen Landsleuten. «Sagen Sie Ihren Lesern, daß ich die russische Literatur liebe. Ich bin mit den russischen Klassikern erzogen worden; ich liebe Ihren Film, was aber das Wichtigste ist: Ich liebe die russische Seele.»

Diese Sympathieerklärung, die sie am Abend der Vorstellung auf der Bühne vor dem Moskauer Publikum wiederholte, löste eine derartige Woge von Enthusiasmus aus, daß selbst westeuropäische Beobachter der Szene überrascht waren. Der Korrespondent des *Variety* meldete aus Moskau nach New York, daß seit van Cliburn, jenem Pianisten, der 1958 in Moskau den internationalen Tschaikowski-Wettbewerb gewonnen hatte und zu Weltklasse aufgestiegen war, kein amerikanischer Star so viel Furore gemacht habe wie Marlene Dietrich. Der Bericht erschien unter der Überschrift «Moscow's Marlene Madness» – «Moskau im Marlene-Fieber».

Bei der Eröffnung des Konzerts zeigte sich Marlene Dietrich wie gewohnt in ihrem schneeweißen Federmantel mit der grandiosen Schleppe, legte ihn aber nach der vierten Nummer ab, als sie merkte, daß die luxuriöse Aufmachung auf dieses Publikum eher trennend wirkte, und sie wollte den Menschen so nahe wie nur möglich sein. So nahm sie den Orkan des Danks in ihrem glitzernden, hautengen Paillettenkleid entgegen, das die Grazie ihrer Verbeugung um so wirkungsvoller hervortreten ließ. Die Zuhörer, darunter viele junge Menschen, waren außer sich, riefen, schrien und forderten Zugaben. Sie verneigte sich immer wieder und erklärte endlich: «Mehr singen kann ich nicht, aber ich komme mit neuen Liedern wieder und werde auch ein russisches Lied für Sie lernen.»

Sie gab während ihrer Tournee in beiden Städten insgesamt 20 Konzerte, darunter ein nichtöffentliches im Haus der Schriftsteller in Moskau. Hier kam es zu einer denkwürdigen Begegnung mit Konstantin Paustowski, dessen Erzählung *Das Telegramm* größten Eindruck auf sie gemacht hatte, und seitdem verehrte sie diesen Autor. Schon bei ihrer Ankunft auf dem Flugplatz, als man sie nach ihren besonderen Wünschen fragte, sagte sie, sie wolle unbedingt den Schriftsteller Paustowski kennenlernen, von dem sie eine so wunderbare Erzählung gelesen habe. Man sagte ihr, daß Paustowski vor nicht allzu langer Zeit einen Herzinfarkt erlitten habe und sich etwa 200 Kilometer von Moskau entfernt in Tarussi aufhalte, so daß sich eine Begegnung wohl schwerlich arrangieren ließe.

Am Abend der Vorstellung fand Marlene Dietrich ein erwartungsvolles Publikum vor, das sie auf besondere Weise inspirierte. Vor nicht allzulanger Zeit war in dem gleichen Saal, in dem sie jetzt stand, ihr Film *Das Urteil von Nürnberg* für die Schriftsteller aufgeführt worden. Von der Schauspielerin kannte man damals zwar die wichtigsten Filme, aber die Diseuse Dietrich war in der UdSSR so gut wie unbekannt.

Nachdem das Konzert zu Ende war, überreichte ihr der Schriftsteller Leonid Lentsch ein wunderbares Blumen-Arrangement. «Verehrte Marlene Dietrich, ich möchte Ihnen im Namen der Schriftsteller, die heute zuhörten, im Namen aller Anwesenden, das einfache russische Wort ‹Spassibo› sagen! Wir danken Ihnen für Ihre Kunst, dafür, daß Sie in unser Land gekommen sind, dafür, daß Sie Marlene Dietrich sind! Sie haben unsere Herzen erobert.»

Die Rampenlichter waren schon erloschen, der Vorhang gefallen, noch immer aber hielt der starke, herzliche Applaus unvermindert an. Man wollte «Marlen», die sich in die «russische Seele» gesungen hatte, nicht von der Bühne lassen. Da erschien auf den kleinen Stufen, die aus dem Saal zur Bühne hinaufführten, gestützt von seiner Frau, Konstantin Paustowski. Sie lief auf ihn zu, nahm bewegt seine Hände, drückte sie an ihr Gesicht und fiel vor ihm auf die Knie. «Ich war so überwältigt von seiner Gegenwart, daß ich – unfähig, russisch zu sprechen – keinen anderen Weg sah, ihm meine Bewunderung zu zeigen, als vor ihm niederzuknien.» Es war ein bewegender Moment.

Paustowski war sichtlich überrascht von dieser leidenschaftlichen Form der Huldigung und hielt ihre Hand, solange sie auf den Knien verharrte. Später, im Künstlerzimmer, überreichte er ihr zwei seiner Bücher, eines davon in deutscher Übersetzung, in das er folgende Widmung schrieb: «Für Marlene Dietrich. Ich verneige mich vor Ihrem jugendlichen Talent, Ihrer Menschlichkeit und Ihrem guten Herzen. – PS. Ich schenke Ihnen dieses alte Buch, es ist mein einziges deutsches Exemplar. Ich möchte, daß es bei Ihnen bleibt.» In das andere Exemplar, eine russische Ausgabe, schrieb er: «Wenn ich noch einmal eine solche Erzählung schreiben sollte wie *Das Telegramm*, werde ich mir erlauben, sie Ihnen zu widmen.»

Glücklich war Marlene Dietrich stets, wenn sie, wie in der UdSSR, junge Menschen im Parkett wußte, die sich von der Poesie ihrer Lieder angesprochen fühlten. «Der älteren Generation bin ich keine Unbekannte. Das Herz der Jungen aber muß ich mir neu erobern. Daß mir dies gelingt, erfüllt mich mit größter Freude.» In Moskau und Leningrad – auch das war angenehm – fragte sie kein Reporter nach ihrem Alter. Bis auf einen. Marlene Dietrich sagte ihm auf den Kopf zu: «Sie sind Amerikaner, nicht wahr?» Als dieser stolz bejahte, meinte sie nur: «Man merkt es», und ließ den Frager verdutzt stehen.

Auf Tourneen gab es stets Termine und Verpflichtungen, die offizieller Natur waren, aber auch Stunden, die Marlene Dietrich privat für sich verbrachte, ohne daß Reporter und Journali-

Mit Burt Bacharach und dem Gitarristen
René Dupra. Ein Erinnerungsfoto vor
dem Hintergrund des Kreml am Ufer
der Moskwa

sten mit der Kamera sie begleiteten. In Amsterdam zum Beispiel
ließ sie sich an einem freien Nachmittag zum Haus der Anne
Frank fahren. Aus ihrer Garderobe nahm sie sämtliche Blumen
mit. Charles Higham ließ sich von einem Bekannten berichten,
daß sie eine halbe Stunde in diesem Haus verbracht und es erschüttert verlassen habe. Von diesem Besuch soll sie nie irgend
jemandem etwas erzählt haben.

Während ihres Aufenthalts in der UdSSR gab es eine ähnliche
«Kundgebung des Herzens», die nicht für die Öffentlichkeit bestimmt war, weil sie nur Marlene Dietrich anging. Sie erinnerte
sich auf russischem Boden an einen Poeten und Sänger mit
Namen Alexander Wertinski, der zur Zeit Schaljapins eine Be-
rühmtheit gewesen war. Und zudem ein interessanter schöner
Mann. Sie hatte ihn 1935 in Hollywood näher kennengelernt,

und er hatte ihr ein Lied gewidmet. Es war ein melancholisches Poem über die von ihrer Seite unerwidert gebliebenen Liebesgefühle des Verfassers:

Zuletzt ist es wohl besser,
Ein End' zu machen dieser blöden
Liebesstory – und mit einem Seufzer
Sage ich «Good bye».

An einem der Tage während ihres Moskau-Aufenthaltes ließ sie sich zu seinem Grab fahren, um Blumen niederzulegen. «Und mit einem Seufzer sage ich good bye.»

Inzwischen waren die Jahre ins Land gegangen. Marlene Dietrich hatte ihren 65. Geburtstag hinter sich und stand noch immer auf der Bühne. Schon über ein Jahrzehnt war sie inzwischen durch die Kontinente gereist, gefeiert als die Perfektion schlechthin, die wie ein Wunder vor dem Vorhang erschien, sechzig oder siebzig Minuten lang ihr Publikum fesselte und dann verschwand, obwohl sie den Zuhörern noch viel zu geben gehabt hätte und das Publikum von ihr noch mehr hätte haben wollen, wie ein englischer Kritiker meinte. Auch überall dort, wo sie außerhalb der Vorstellungen erschien, löste sie augenblicklich das Marlene-Fieber aus. Die Menschen waren wie verrückt nach ihr.

In Australien mußten sich die Theaterleute den Kopf zerbrechen, wie sie ihren Star nach der Vorstellung in Melbourne ohne Massenauflauf aus dem Theater heraus zum Hotel und von dort in ein Restaurant zum Abendessen schleusen sollten, denn vor dem Theaterausgang staute sich die Menge. Sobald die Tür auch nur ein wenig geöffnet wurde, drängten sich die Menschen, außer sich vor Erregung, herein. Marlene Dietrich sah nur Hände, nichts als Hände, die nach ihr griffen, und trat ängstlich einen Schritt zurück. Autogramm-Fans drückten ihr einen Füllfederhalter in die Hand. «Der schreibt nicht», sagte sie und gab ihn zurück. Niemand lachte. «Wo sind meine Fotos?» wollte sie wissen. Ihre Garderobiere, zermürbt von der allgemeinen Hektik, hatte die vorbereiteten, signierten Künstlerpostkarten vergessen. Irgend jemand rannte zurück, holte die Fotos, und sofort begann die Verteilung. Es war ein wildes Durcheinander, niemand konnte sagen, was sich im nächsten Moment ereignen würde.

Als sie alle endlich im Wagen saßen, quetschte sich ein Junge die Hand in der Wagentür, eingekeilt von der Menge, die nicht weichen und wanken wollte. Hände schoben sich von draußen durch das offene Fenster des Wagens. «Dreh die Scheibe hoch, aber nicht ganz!» sagte jemand. Es hatte keinen Zweck, die Hände wurden erst zurückgezogen, nachdem Stapel von Fotos durch das Autofenster hinausgereicht waren. Fäuste trommelten aufs Wagendach, so daß der Wagen jeden Moment umzukippen drohte. Als der Chauffeur endlich im Schrittempo anfahren konnte, war nur noch Marlene Dietrichs Stimme zu vernehmen: «Achten Sie auf die Kinder! – Um Gottes willen, fahren Sie vorsichtig! Dort, der kleine Junge, passen Sie auf, daß er nicht unter die Räder kommt!!!»

Für die erste Australien-Tournee 1965 waren 15 Abende in Sydney und Melbourne und zusätzlich zwei Matineen pro Woche vorgesehen, mit der höchsten Gage, die ein weiblicher Star jemals in Australien erhalten hatte. Der Auftritt war festgelegt auf 60 Minuten für die zweite Hälfte eines Varieté-Programms, so wie es auch in Holland, in München, in Paris, in Warschau und in London arrangiert worden war.

Auf der Pressekonferenz, bei der Charles Higham zugegen war, gab es das übliche Hin und Her von Fragen und Antworten. Zuweilen auch heitere Momente mit entspannendem Gelächter, wenn der Hollywood-Star, der Marlene für die australische Welt noch immer war, auf impertinente Fragen mit schlagfertigen Antworten parierte. «Tragen Sie ein Haarteil?» – «Wieso kommen Sie darauf? Tragen Sie denn eins?»

«Miß Dietrich, hat es Sie gestört, daß Sie in dem Film *Blonde Venus* ein Gorilla-Kostüm tragen mußten?» Antwort: «Damals wurden von mir viele verrückte Dinge verlangt.»

Auf die Frage, wann sie ihre Tourneen zu beenden beabsichtige, gab sie zur Antwort, daß sie weitermachen werde. Aus Pflichtbewußtsein. Als einer wissen wollte, was denn ihre Pflicht sei, dachte sie einen Moment nach, lächelte scharfsinnig und richtete sich kerzengerade auf: «Um diese Frage zu beantworten, muß ich Goethe zitieren, mit dessen Werken ich groß geworden bin. ‹Was aber ist deine Pflicht? Die Forderung des Tages.›»

Freunden gegenüber mokierte sie sich anschließend beim Abendessen, daß eine junge Reporterin ziemlich taktlos gefragt habe, wann sie sich auf ihr Altenteil zurückzuziehen gedenke. Sie denke keineswegs daran. Und warum sollte sie auch?

Zwei Tage darauf gab sie ihre erste Vorstellung im Princess Theatre von Melbourne. Das Programm begann mit *I Can't Give You Anything but Love, Baby*, vom Publikum begeistert aufgenommen. Die anfangs etwas unsicher wirkende Marlene Dietrich, die das australische Publikum nicht kannte und unglücklicherweise von Burt Bacharach nicht begleitet werden konnte, registrierte mit Erleichterung, daß ihr mit wachsendem Applaus wachsende Sympathie entgegenbrandete. Als sie ihre letzte Melodie, das ehemalige berlinische *Falling in Love Again*, ins Mikrofon gesungen hatte, brachte ihr das Publikum stehend Ovationen.

Die Huldigungen setzten sich in anderer Form in der Öffentlichkeit fort. Zu ihrem 65. Geburtstag 1966 erschienen eine Menge Aufsätze, von der Jubilarin durchweg ignoriert, da sie ihren 60. Geburtstag ja gerade erst begangen hatte. Für ein berühmtes Bauwerk seien 60 oder 65 Jahre natürlich überhaupt kein Alter, hatte eine kluge Französin gesagt. Doch im Leben einer Frau machten sich diese Jahre schon bemerkbar. Sollten sie ausgerechnet an einer Marlene Dietrich spurlos vorübergegangen sein? Daß dem nicht so war, daß auch ein noch so blonder Engel aus scheinbar himmlischen Gefilden dem Alter nicht entfliehen konnte, sah man, wenn man Fotos ihrer frühen Hollywood-Jahre mit den Aufnahmen ihrer Konzertauftritte verglich. Ihr Gesicht war auffällig schmaler geworden, in den Konturen stärker von Schatten umspielt. Wenn Paustowski nun in so galanter Weise von ihrem «jugendlichen Talent» sprach, meinte er vor allem ihre Lebensklugheit, ihre Intelligenz, die weit entfernt war von jedem intellektuellen Gehabe und erzieherischem Getue. Die Kunst des Chansons, der sie sich – nicht zuletzt in Erkenntnis ihres Alters – zugewandt hatte, ließ außerdem viele neue Seiten ihrer Persönlichkeit ans Licht treten.

Willy Haas, ein bekannter Publizist, der den Weg des Films von den Kinderschuhen an begleitet hatte und als Kritiker und Herausgeber der *Literarischen Welt* mit dem geistig-künstlerischen Leben der zwanziger und dreißiger Jahre in Berlin eng verbunden war, stellte in seinem Geburtstags-Aufsatz aus gutem Grunde die Diseuse Marlene Dietrich über die Filmschauspielerin: «Marlene Dietrich ist keine wirklich große Schauspielerin, auch wenn sie die Wirkung auf der Projektionswand als dekorative und mimische Erscheinung zu beherrschen versteht. Aber sie hat sich immer mehr zur ausgezeichneten Chansonsängerin entwickelt. Und sie ist klug. Sie weiß, daß von ihren Filmen – mit Charles Boyer, mit Gary Cooper, mit Tony Power – nur weniges in der Geschichte des Films bestehen bleiben wird. Aber sie weiß auch, daß die Chansons schon im ‹Blauen Engel› einst

Marlene Dietrich in Paris. Aufnahme um 1965

ein ganz wesentliches Moment ihres plötzlichen Welterfolgs waren. Dieser Instinkt, dieses Leben in ihr, ist nie erloschen. Plötzlich faßt sie ein Chanson an – am nächsten Tag singen es Tausende. Dieses Spontane, Plötzliche in ihrem Erfolg ist geblieben. Man hört die schöne Sechzigjährige und noch immer Bezaubernde singen: *Sag mir, wo die Blumen sind, wo sind sie geblieben* ... Und etwas Elegisches, etwas vom ewigen Untergang und Wechsel alles Seienden klingt leise durch.»

Nachdem Marlene Dietrich 1966 wieder an europäischen und amerikanischen Bühnen gastiert hat, bereist sie erstmals auch Kanada und kann als Erfolg verbuchen, daß ein Vertrag für ein vierzehntägiges Gastspiel am Broadway zustande kommt. Die Premiere fand am 9. Oktober 1967 im Lunt-Fontanne-Theater statt, von Burt Bacharach auf das sorgfältigste vorbereitet. Die besten Musiker New Yorks und einige erprobte Kräfte aus London waren gewonnen worden. Ihrem Eintreffen in New York war die beste Kritik vorausgegangen. Der strenge, autoritäre Kritiker Elliot Norton hatte ihre Show kurz zuvor in Boston gesehen und darüber geschrieben, wie sehr und warum ihn die kühle, ruhige Erscheinung des singenden Engels im Goldkostüm beeindruckt habe: Weil sie ungezwungen und gelöst, in voller Aktivität auf der Bühne agiere, höflich und selbstsicher vor dem Mikrofon stehe, sich mit Humor an alte Zeiten erinnere und dabei aus der Vergangenheit keinen Fetisch mache, im Vortrag intelligent, frei und doch zärtlich sei und, ohne sich je formell zu geben, ihre Würde behalte. Am besten sei sie, meinte Norton, wenn sie Liebeslieder singe. «Sollte sie das Buch der Liebe nicht geschrieben haben, so kennt sie doch alle Autoren. Mag Liebe auch eine traurige Affäre sein – es ist doch kein Grund zum Weinen. Sie verherrlicht die Liebe, wie es sonst niemand aus ihrer Generation konnte.»

Der Broadway-Erfolg ihrer Show war so enorm, daß ihr Gastspiel um vierzehn Tage verlängert werden mußte, nachdem alle Vorstellungen in den ersten beiden Wochen restlos ausverkauft waren.

Das Broadway-Programm hatte gegenüber den bisherigen Programmen eine Besonderheit, die die eigentliche Sensation des Auftritts gewesen sein mag. Marlene Dietrich sang erstmalig den *Surabaya-Johnny* von Brecht und Weill. Die Musik-Zeitschrift *Billboard* meinte in ihrer Rezension zum Konzert: «Soziologen, die mit dem Problem des Generationskonflikts befaßt sind, können ihre Sorge fallen lassen. Alles, was sie zu tun

Und zwischen den Vorstellungen Proben, immer wieder Proben ...

haben, ist, die schlanke, langbeinige, wundervolle Marlene Dietrich anzusehen in all ihrer schimmernden Eleganz, wie sie die Welt von Brecht, Seeger und Bécaud im Lunt-Fontanne-Theater im Lied lebendig werden läßt.»

Das Gesamturteil lautete: «Dietrich was magnificent. Every song, whether French, English, German or Hebrew, was given an effective, colorful reading.» Die Zeitschrift informierte ihre Leser mit dem Artikel gleichzeitig auch darüber, daß bei Columbia Records das Album *Marlene Dietrich in London* erscheine, das 1966 in London live aufgenommen worden war, sowie zwei Einzeltitel dieser Platte, *Go 'way from My Window* und *Where Have All the Flowers Gone?*.

In den Jahren, die ihrem Broadway-Triumph folgten, führten sie ihre Konzerte stets wieder nach Paris. Man sagt, Paris sei ihr eigentliches Pflaster gewesen, denn in Paris war man großzügiger gegenüber den Launen einer schönen und außergewöhnlichen Frau, wartete man nicht mit Drohungen von Kidnapper-Banden oder bigotten Frauenvereinigungen auf, wie in den dreißiger Jahren in Amerika. In Artikeln, die zu ihren Geburtstagen erschienen, erinnerten manche Zeitungen daran, daß Marlene Dietrich gerade in ihren Anfangsjahren sehr bittere Zeiten durchzustehen und Probleme zu bewältigen hatte, an denen ein Mensch von geringerer Charakterstärke wahrscheinlich gescheitert wäre. Marlene Dietrich hatte aber Freunde und Freundinnen von Format, auf deren Hilfe sie rechnen konnte.

Doch es kam die Zeit, da sie die besten ihrer Freunde betrauern mußte. 1963 starb Edith Piaf. Am gleichen Tag erhielt Marlene Dietrich die Nachricht vom Tode des von ihr verehrten französischen Dichters Jean Cocteau. Ein australischer Freund, ein Journalist namens Hugh Curnow, dem sie ihre Popularität in Australien verdankte und der ihr bei der Konzeption ihres Erinnerungsbuches geholfen hatte, kam 1968 bei einem Hubschrauberunglück über einer Bohrinsel ums Leben. Und auch in den nächsten Jahren füllte sich die Verlustliste mit den Namen geliebter Menschen, die ihr «Lehrer», Begleiter und Kameraden gewesen waren: 1969 starb in Los Angeles Josef von Sternberg; Ernest Hemingway hatte mit einem Jagdgewehr seinem Leben ein Ende gesetzt und sie in tiefer Ratlosigkeit zurückgelassen.

Auch an Marlene Dietrich ging das exzessive Leben nicht spurlos vorüber. Der erste Unfall ereignete sich 1972 auf der Bühne des eleganten Londoner Queen's Theatre, wo sie vor den erschrockenen Zuschauern rückwärts auf den Hinterkopf fiel.

Die letzte Begegnung mit dem Dichter
Jean Cocteau 1962 in Paris im Theater
des Champs-Élysées

Mit Hilfe ihres Dirigenten konnte sie, wenn auch nur mühsam, wieder auf die Beine kommen. Die Show ging weiter. Aber die Durchblutungsstörungen, eine Ursache der Unfälle, blieben.

Der zweite Unfall geschah kurz danach, 1973, bei einem Auftritt in der Nähe von Washington, wo sie in den Orchestergraben hinunterstürzte, als sie und ihr Dirigent sich am Schluß der Vorstellung die Hand reichen wollten. Die Verletzungen an ihrem Bein waren so schwer, daß es nur mit einer Hauttransplantation gerettet werden konnte. Das gleiche Bein brach sie sich 1975 bei einem Sturz in Australien zum zweitenmal, am Oberschenkel. Der monatelange Krankenhausaufenthalt, der nun folgte, machte weitere Tourneen unmöglich. *Variety*, New York, meldete am 8. Oktober 1975 für alle Agenturen, Impresarios, Music-Hall- und Nightclub-Besitzer den traurigen Tatbestand: «Leg Fracture Ends Dietrichs Tour Of Australia.»

Persönlichen Ärger hatte es vorher schon ausreichend im Zusammenhang mit ihrem ersten Fernsehauftritt in England gegeben. Die Show wurde von dem Produzenten Alexander Cohen 1972 im New London Theatre aufgezeichnet, Titel: *I Whish You Love*. Das ganze Unternehmen stand unter einem unglücklichen Stern. Marlene Dietrich störten vor allem die Produktionsbedingungen, unter denen die Show aufgenommen wurde – angefangen von den Dekorationen, die verändert werden mußten, über die Unpünktlichkeit der Musiker bis hin zum Baulärm der Handwerker, die noch an der Fertigstellung des Gebäudes arbeiteten, während Marlene schon vor der Kamera stand. Obendrein hatte niemand die technischen Besonderheiten und

Notwendigkeiten einer Fernsehstudio-Produktion mit ihr abgestimmt, so daß es für sie, die als Perfektionistin des Showgewerbes galt und nichts dem Zufall überließ, die größten Probleme gab. Umgekehrt gab es auch, alkoholbedingt, etliche Probleme mit ihr.

Ausführlich sprach sie nach der Sendung in einem längeren Interview mit dem Publizisten Rex Reed darüber, wobei sich ihre alte Kampfnatur und ihr Spott als noch sehr intakt erwiesen. «They did the show in two days to save money and everything went wrong ...» Sie sollte das Lied *La Vie en Rose* bei orangefarbenem Licht singen. Sollte sie etwa singen: *La Vie en Orange*? Die Beleuchtung war für sie wichtig. Aber man sagte ihr: «Wir können nichts daran ändern, das ist Television!» Also benutzten sie weißes Licht! Wie soll man Antikriegslieder bei weißer Beleuchtung singen?

Dann wurde sie angewiesen, von links herauszukommen. Aber sie sagte: «I am right-handed.» Sie wollte nicht von links kommen ... Sie wünschte außerdem Orson Welles als Regisseur. Das lehnte man ab mit der Begründung, dafür nicht die Zeit zu haben.

Im Publikum gab es keine jungen Leute. Die Zuschauer waren stumpfsinnig, sie lachten niemals an den richtigen Stellen. Man erklärte ihr, das Lachen werde später einkopiert. «Aber Sie haben doch nicht meine Reaktion auf den Applaus?» – «Dafür ist nicht Zeit», war die Antwort.

«They are robots, these people in TV ... It's all clocked, all mechanical. They cut all my best songs like *Jonny* and *Don't Ask Me Why I Cry*, because they were not in English. It was a disaster.»

Das Interview erschien in der *Chicago Tribune* unter der Überschrift «La Vie en Bleu». Die Folge davon war eine Verleumdungsklage mit Schadenersatzforderungen des Produzenten Cohen wegen schädigender Äußerungen, die sein Star über die Show in der Presse getan habe. Der Streit zog sich über Jahre hin und endete schließlich mit dem Urteilsspruch eines New-Yorker Gerichts, das Marlene Dietrich Anspruch auf das volle Honorar ihrer Show zuerkannte, obwohl sie sich negativ darüber geäußert habe. Die noch ausstehende Summe betrug 100 000 Dollar; sie wurde später um die Hälfte reduziert, zahlbar in Raten an Marlene Dietrich.

Eine lange während Fehde war damit beigelegt. Mitunter aber, wenn Marlene bissiger Laune war und man sie fragte, was sie vom Fernsehen halte, sagte sie, die Augenbrauen in die Höhe gezogen: «Fernsehen – das ist etwas für Alte und Kranke!»

Obgleich ihr Fernsehdebüt von so mißlichen Umständen begleitet war, ist diese Aufzeichnung doch als eine großartige Leistung der Siebzigjährigen empfunden und bewertet worden. Eine große Hamburger Wochenzeitung schrieb anläßlich der Sendung dieses Films in der Bundesrepublik Deutschland: «Eine Gala mit Reminiszenzen, das kann man sagen. Und ein Lehrstück über Entertainment, über das Handwerk theatralischer Manipulation, über Technik, Perfektion, Kontrolle, eiserne Haltung, Präzision. Mehr als die anderen großen Alleinunterhalter, Piaf, Sinatra, Chevalier, Garland, repräsentiert Marlene Dietrich vielleicht auch für das heutige Publikum das, was sie bei der Truppenbetreuung während des Krieges zu vermitteln lernte. Mut, Ausdauer, Selbstvertrauen, Disziplin. Marlene, die Dietrich, die alterslose Lady in ihrer ‹splendid isolation›, privat wie dort oben im Scheinwerferlicht. Am Ende bleibt so etwas wie Hochachtung, wenn nicht Ehrfurcht.»

Denn das war ihre Welt

Hochachtung vor ihrer künstlerischen Leistung oder gar Ehrfurcht, die die Zeiten überdauert, ja legendäre Dimensionen an-
nimmt, ist für eine Schauspielerin allein mit Rollen in Filmen
nicht zu erwerben. Es gibt dann wohl einen Platz in der Filmgeschichte, kaum aber einen in der Zeitgeschichte. Auch bei
Marlene Dietrich hätten Filmrollen und ein Stückchen Holly-
wood-Glamour nicht gereicht, daß ihre Verehrerschar rund um
den Erdball ihr bis auf den heutigen Tag die Treue hält. Was
«die Dietrich» so ins Zeitbewußtsein gerückt hat, war vor allem
ihre Stimme live im Konzertsaal und auf den Millionen Schallplatten mit ihren Songs und Liedern, die weit über den Film und
die Rollen hinausgriffen und sie als ganz eigenständige Sängerin
und Künstlerin neben die Schauspielerin stellten.

Marlene Dietrichs Weg zur Diseuse war lang. Ihr Repertoire
bildete sich über einen Zeitraum, der mehr als fünfunddreißig
Jahre umfaßte. Auch mit ihr selbst ging eine Wandlung vor sich –
von der Kino-Lola zur echten Marlene. Der Weg zum Chanson
bedeutete die Befreiung aus den Fesseln des Kinos und all jenen
Schablonen des Gewerbes, denen sie sich so oder so immer un-
terzuordnen hatte. Den Reichtum ihrer Persönlichkeit hat die
Filmbranche nicht ausschöpfen können. Erst ihre Lieder offenbarten den ganz und gar realistischen und zugleich romantischen Wesenszug dieser Frau, die ihre gespielten Kino-Illusionen
hinter sich gelassen hatte und singend Rollen aus dem Leben
spielte. Mit Charme, mit Selbstironie. Mit Sentiment. Mit dem
Lächeln der Verführung. Freilich spielten die Lieder aus den Filmen eine Rolle, aber die Hauptrolle in ihrer Show spielte sie
selbst.

Weil sie die Kunst des Gesangsvortrags mit Natürlichkeit und Humor im Showgeschäft zu vereinen wußte, gehört sie in der Nachfolge der Yvette Guilbert zu den Diseusen von internationalem Rang, die das 20. Jahrhundert hervorgebracht hat.

Marlene Dietrichs Repertoire umfaßt rund 160 Titel, die sich in etwa folgende Gruppen unterteilen lassen:
– Lieder aus Filmen der dreißiger und vierziger Jahre, die der Gattung Schlager-Chanson zuzurechnen sind;
– Schlager der zwanziger und dreißiger Jahre nichtfilmischer Herkunft;
– Chansons de charme und Chansons d'amour französischer Tradition;
– amerikanische Musical-Melodien und Titel aus Musik-Revuen;
– engagierte Lieder aus den Jahren des Zweiten Weltkriegs; deutsche Volkslieder und amerikanische Folklore;
– Kinderlieder;
– Altberliner Lieder;
– Brecht-Weill-Songs.

Historisch gesehen, steht am Anfang ihres Repertoires der *Blaue Engel* mit seinen vier Hollaender-Liedern, gemixt aus Berliner Chansonetten-Keßheit und weltstädtischem Schlagerton. Diese Lieder sind im Lauf der Zeit mehrfach neu aufgenommen worden, sowohl in der deutschen als auch in der englischen Fassung. Stil und Vortrag haben sich über diesen Zeitraum hin natürlich gewandelt. Der Vergleich zwischen den alten Electrola-Platten von 1930 und den Aufnahmen der sechziger Jahre zeigt den Unterschied zwischen dem originalen Lola-Stil und dem Altersstil Marlene Dietrichs, indem das Lola-Milieu nunmehr mit Augenzwinkern als Reminiszenz vorgeführt wird.

Mit dem *Blauen Engel* war 1929/30 vorab schon ein Stück ihres englischsprachigen Repertoires geschaffen worden, von dem sie, ohne es zu ahnen, einmal vielseitig Gebrauch machen würde. Marlene Dietrich konnte für Las Vegas, London oder Paris auf diesen Fundus zurückgreifen und mit den englischen Strophen ihr Publikum ebenso um den Finger wickeln, wie sie es bereits mit dem deutschen Filmbesucher oder Plattenkäufer von 1930 getan hatte.

Das Repertoire an Filmschlagern konnte sich erst ab 1930 in Hollywood aufbauen, wobei nicht alle Lieder, die sie in ihren Filmen zu singen hatte, ins Repertoire übernommen wurden. Sie hat für ihre Tournee-Programme später nur diejenigen ausge-

Photo: Ufa
Hören Sie die großen Schlager aus den erfolgreichen Tonfilmen:
Der blaue Engel
Marlene Dietrich **nur** auf ELECTROLA
EG 1802 Ich bin die fesche Lola
EG 1770 Ich bin von Kopf bis Fuß auf Liebe eingestellt.
**Zwei Herzen im Dreiviertel Takt,
Wien, du Stadt der Lieder,
Liebeswalzer,
Heute Nacht eventuell**
und viele andere.

wählt, die von Text und Melodie her etwas Besonderes waren, sozusagen Lieder mit Charakter. Solche Solostücke boten ihr in den dreißiger Jahren die Filme *The Devil Is a Woman*, *Seven Sinners* und insbesondere *Destry Rides Again*.

Da sich ihre Evergreens mit dem Namen Friedrich Hollaender verbinden, wurde oft behauptet, daß ihr Stil von dessen Kompositionen geprägt worden wäre, was Marlene Dietrich jedoch verneinte. Die Hollaender-Titel machten in ihrem Gesamtrepertoire nur knapp zehn Prozent aus, wenn auch nicht übersehen werden darf, daß sie zu den erfolgreichsten Melodien gehörten, die jemals für eine Schauspielerin geschrieben worden sind. Daß die Dietrich von Anfang an den richtigen Ton für die Lieder traf, hat mit der Person Hollaenders nichts zu tun. Sie selbst war es, die die Voraussetzungen dazu mitbrachte. Marlene Dietrich, im Elternhaus musisch erzogen und in klassischer Musik ausgebildet, hatte seit ihrer frühesten Jugend ein Faible für den Schlager. Darin liegt kein Widerspruch. Es zeigt vielmehr ihr vitales, natürliches Interesse an einer Musik, die zum Lebensrhythmus einer Großstadt gehörte und junge Menschen immer in ihren Bann zog. Es war um 1910 nicht anders als heute, daß Schulkinder in Berlin, und nicht nur in Berlin, die neuesten Schlager trällerten, womit sie zeigen konnten, daß sie in der Welt der Erwachsenen schon zu Hause waren. Die junge Marlene, von ihrer Mutter angehalten, Bach-Sonaten und Chopin-Walzer zu üben, reizten schon deshalb schöne Schlagermelodien, weil sie diese nicht zu üben brauchte. Dazu kam ihre unstillbare Sehnsucht nach Romantik und großen Gefühlen. Sie war neun Jahre alt, als mit der *Keuschen Susanne* von Jean Gilbert das Liedchen aufkam: *Ja, das haben die Mädchen so gerne, die im Stübchen und die im Salon ...*, und elf Jahre, als sie beim Abwasch oder auf dem Heimweg aus der Schule für sich ihren Schöneberg-Schlager kreierte: *Das war in Schöneberg im Monat Mai, ein kleines Mädelchen war auch dabei ...*

Die unschuldige Poesie der Träume – *War es denn nicht wunderbar?* – ließ noch alles offen, auch für die Lyzeumsschülerin Marlene Dietrich, genannt von Losch, wie es im Klassenbuch eingetragen war.

Das war 1912.

Daß die Altberliner Schlager und Gassenhauer, auch als sie schon weit fort war von Berlin, immer um sie waren, spricht für ihre Liebe zu diesen Kindern der leichten Muse. Für sie waren es

Pressekarikatur auf den Film-Engel

linke Seite: «Lola-Lola, jeder weiß, wer ich bin. / Sieht man nur nach mir hin, / schon verwirrt sich der Sinn»

«Wo hast du nur die schönen blauen Augen her?» – Marlene Dietrich hörte diesen Schlager 1923 in Wien und Berlin. Und in Paris, als sie mit Maximilian Schell Gespräche für einen biographischen Film führte – das war 1984 –, erinnerte sie sich wiederum an «dieses schöne Lied».

mehr als nur irgendwelche Melodien, die man heute singt und morgen vergißt. Ihr bedeuteten sie ein Stück ihres eigenen Lebens – die Schleife im Haar, die Schnürstiefel, der Besuch beim Großvater in seinem Uhrengeschäft Unter den Linden, ihr Poesie-Album, der Kintopp und das Eis vom Café Kranzler.

Mit 28 Jahren hat Marlene Dietrich dann ihre eigenen Weltschlager kreiert. In ihnen ist viel vom Geist und vom Mundwerk des Berliner Schlagers und des Chansons bewahrt, an dem vor allem drei Eigenschaften rühmenswert sind: seine Knappheit, seine Schmissigkeit und seine Keßheit. Und eben diese Keßheit stellte Lola auf einen Platz, den ihr keine andere streitig machen konnte.

Marlene Dietrich hatte von früher Jugend an ein Ohr für die verführerische melodische Sprache des Schlagers und ein angeborenes Gefühl für Rhythmus. Zwischen einem guten Chanson und einem guten Schlager machte sie keinen Unterschied. Diese Wertschätzung ersieht man daraus, daß sie für beide Genres grundsätzlich die vom amerikanischen Sprachgebrauch geprägte Bezeichnung Song verwendete.

Sie selbst hat sich zur künstlerischen Spezifik von Schlagern, Songs und Chansons – Gemeinsamkeiten und Unterschieden – nie geäußert. In ihrem *ABC*-Buch schreibt sie unter «Ch», wo man eine Betrachtung zum Begriff Chanson erwarten könnte, lediglich von Champignons und sagt, daß man diese, wenn sie gut schmecken sollen, in nicht allzuviel Salzwasser mit ein paar Pfefferkörnern, einer Zwiebel und einem Bund frischem Dill (ohne Stengel!) kochen soll.

Groß geworden ist die junge Marlene Dietrich in Berlin auch mit dem amerikanischen Schlager. Als die 27jährige zum Vorsingen für den *Blauen Engel* ins Studio kam, konnte sie Sternberg Melodien der neuesten amerikanischen Schlager präsentieren, die ihre Fähigkeiten für die Rolle einer Tingeltangel-Chanteuse offenbarten. Sternberg berichtet etwas spöttisch, daß sie sich damals außer für ihre Tochter Maria, die singende Säge und den englischen Flüsterbariton Jack Smith für nichts weiter zu interessieren schien. Smith, der mit geheimnisvoller männlicher Whisper-Stimme sein weibliches Publikum faszinierte, galt als einer der aufregendsten Plattenstars der späten zwanziger Jahre. Er war so populär, daß er schon in einer Spielszene der Revue *Es liegt in der Luft* parodiert wurde.

Natürlich kannte sich Marlene Dietrich auch in den anderen Bereichen der Unterhaltungsmusik und des Musiktheaters aus, was Liedtitel betraf. Insbesondere schätzte sie die Diseuse Margo Lion, die Volkssängerin Claire Waldoff mit ihrem urwüchsigen Berlin-Repertoire, ferner die Comedian Harmonists wie deren Vorläufer, die amerikanischen Revellers, und die vielen amüsanten Schlager, die aus Wien, New York oder Paris nach Deutschland kamen: im Walzer-, Tango-, Shimmy-, Boston- oder Slowfox-Schritt. Hubert von Meyerinck erzählte, wie Marlene Dietrich, als sie noch in Berlin wohnte, einmal bei Nacht und Regen ohne Mantel und Kopfbedeckung aus der Wohnung seiner Mutter in das nahe gelegene *Kabarett der Komiker* stürmte, wo der von ihr verehrte Richard Tauber sang. Dieser große Tenor stand damals im Zenit seines Ruhms. «Sie vergaß alles, wenn er sang», erinnert sich Meyerinck. «Allerdings sang er damals nur für sie.»

Unter den Schlagern lyrisch-romantischer Art war einer, den sie besonders liebte und der von Anfang an eigentlich ihr Schlager war, das war Hollaenders Titel *Wenn ich mir was wünschen dürfte*. Mit diesem Lied hat Marlene Dietrich auf den Berliner Journalisten und Kritiker Manfred Georg nachhaltigen Eindruck gemacht, als er es bei der Premierenvorstellung in Hollaenders Kabarett *Tingeltangel* hörte. Es war im Winter 1930. Bald würde die NSDAP in Deutschland regieren. Hollaenders Tage in Berlin waren gezählt. Marlene Dietrich war aus Hollywood zu ihrem ersten Berlin-Besuch eingetroffen und saß am Abend der Premiere in der vordersten Reihe. «Rauchig und voll

Wenn ich mir was wünschen dürfte ... – Friedrich Hollaender und Marlene Dietrich bei der Schallplattenaufnahme im Electrola-Studio in Berlin 1930

war der Laden. Und mittendrin, in einer Atempause zwischen zwei Chansons», erinnert sich Georg, «zerrte man eine schmale, blonde Frau auf das Podium herauf. Der Saal verschwamm ihr vor den Augen, aber sie sah den dicken Katerkopf Hollaenders am Klavier ihr zunicken. Und da begann sie zu singen: *Wenn ich mir was wünschen dürfte, möcht' ich etwas glücklich sein ...* Dann kam die Stelle mit dem «Heimweh nach dem Traurigsein». Man rief «Hoch! Hoch!» und «Bravo, Marlene!».

Zur Entstehung dieses elegischen Liedes macht Manfred Georg folgende Angaben: An einem der herbstlich-verhangenen Drehtage in Babelsberg soll es gewesen sein. Marlene, abgespannt von der Arbeit, war in einer Filmpause zu Hollaender in die Halle hereingekommen, hatte sich an die Kulissen gelehnt, den Stimmen der Regisseure im Hintergrund des Ateliers gelauscht und in etwas müdem Tonfall vor sich hingesummt: «Wenn ich mir was wünschen dürfte ...». Hollaender sei von der Traurigkeit der Stimme so gepackt gewesen, daß er im gleichen Augenblick am Klavier die Melodie zu einem neuen Lied gefunden habe.

Bereits damals galt dieses Lied als charakteristisch für Marlene Dietrich; man sah darin ein Konzentrat ihrer Person – «stimmlich und menschlich», wie Manfred Georg schreibt. «Da sind diese gaminhaften, hellen Obertöne, der berlinisch-sentimentale Klang, der trotz aller mitschwingender Gefühlsver-

Ein gebürtiger Wiener, Friedrich Loewe (links), der in Berlin studierte und konzertierte, und ein New-Yorker, Alan Jay Lerner, sind die ungekrönten Könige des amerikanischen Musicals. 1956 gelang ihnen mit *My Fair Lady* ein Welterfolg, der alles Bisherige in den Schatten stellte. Eines der Lieder, *I've Grown Accustomed to Her Face*, wählte Marlene Dietrich für ihr Repertoire aus. Sie sang diesen Weltschlager in vielen Ländern der Erde und bekam von Lerner das Kompliment, daß sie sein Lied besser singe als alle anderen.

dunklung klar und fest ist, da ist dieser angerauhte, schleifende Ton sinnlichster Einfühlung und in seinem plötzlichen Sichfallenlassen in die Tiefe jenes Schluchzen, das sich überraschend auftut und das nicht auszuloten ist.»

Auf diese besonderen Merkmale von Marlenes Stimme sind in den folgenden Jahrzehnten die Beobachter immer wieder zurückgekommen, wenn sie von «Whisky-voice» (Whisky-Stimme), «angeheiserter» rauher oder Kellerstimme sprachen, ohne das Phänomen zutreffend beschreiben zu können. Die dunklen Töne haben sich übrigens erst im Verlauf der späten vierziger und frühen fünfziger Jahre eingestellt. Zu diesem Zeitpunkt erst verfügte Marlene Dietrich über ihr stimmliches Potential, um als Diseuse bestehen zu können und den unterschiedlichen Charakteren ihrer Lieder jenes «colorful reading» angedeihen zu lassen, das die amerikanische Musikkritik so rühmte. «Colorful reading» – das hieß farben- und nuancenreiche Gestaltung eines Chansons, in der noch die Traditionen des literarischen deutschen Kabaretts und die Reinhardtsche Schauspielkultur fortlebten, wie sie die amerikanische Tradition mit ihrer Music-Hall und deren Entertainer-Typ nicht kannte.

Max Colpet, Librettist und Nachdichter, ist seit den zwanziger Jahren eng mit dem Repertoire und der Kunst Marlene Dietrichs verbunden. «Ihr treuer Adlatus», wurde er genannt. Wenn Weihnachten vor der Tür stand, schickte er jedesmal aus München eine Stolle in die Park Avenue nach New York.

Auf der anderen Seite verfügten die amerikanischen Berufskollegen wiederum über Eigenschaften, von denen Marlene Dietrich manches lernen konnte. Schon Max Reinhardt, der seit den zwanziger Jahren mit der Theaterpraxis in den USA vertraut war, hatte auf die körperlichen Talente des Amerikaners hingewiesen, der «von Haus aus tänzerisch begabt und gebildet» sei, was Reinhardt als etwas Besonderes betrachtete. Auf der Showbühne hieß das, daß ein Schauspieler singen, tanzen und gut conferieren können mußte, wenn er in dieser Branche bestehen wollte. In dieser Hinsicht war das amerikanische Publikum von seinen Stars verwöhnt. Und weil eben an eine Bühnendarbietung hohe Anforderungen gestellt wurden, war Marlene Dietrich gezwungen, eine Dreiteilung ihrer Show vorzunehmen: zuerst Erscheinen im Galakleid, dann im Frack und schließlich im Stil des alten Revue-Theaters mit einer Gruppe Girls, die noch zusätzlich schöne Beine präsentierten.

Das amerikanische Showgewerbe, am Broadway beheimatet, strahlt auf «Neulinge» immer wieder faszinierende Impulse aus, was Eleganz, Tempo, Flair und komödiantische Verwandlungsfähigkeit betrifft. Auch Marlene war davon beeindruckt. Bekannt sind ihre Lobsprüche über Harry Belafonte, Judy Garland, Nat King Cole, von dem sie *Honeysuckle Rose* übernahm, oder über Fred Astaire, dessen Bühnenshow für sie ein einziges elegantes «Dancing, Swinging, Singing and Romancing» war.

Neben den amerikanischen Anregungen waren auch andere Begegnungen und Erfahrungen für Marlene Dietrich von Bedeutung. In Paris kam es schon 1933 zu einer Zusammenarbeit mit Jazz-Musikern, als die ersten Aufnahmen für Polydor entstanden. Das war das Verdienst des jungen, 1909 in Bulgarien geborenen Jacques Canetti, eines besessenen Musikfanatikers, der als erster auch Platten mit Louis Armstrong aufnahm. Canetti brachte Marlene Dietrich während ihres Paris-Aufenthalts mit neuen Musikern und Komponisten zusammen, um das Chanson «Wo ist der Mann» aufzunehmen. Das war im Februar 1933; Canetti war damals ein junger Mann von 24 Jahren, Marlene Dietrich eine bereits berühmte Filmschauspielerin, die noch nicht einmal am Anfang ihrer Diseusen-Laufbahn stand.

Der Kontakt mit der französischen Chansonkultur ist seitdem nicht mehr abgerissen und hat sich um so enger gestaltet, je mehr Marlene Dietrich den Aufenthalt in Paris bevorzugte. Sie hat den großen Sängern des Chansons, die Frankreich insbesondere nach dem Zweiten Weltkrieg hervorgebracht hat, immer Bewunderung und Hochachtung gezollt. Sie ließ sich nicht nur hinreißen von außergewöhnlichen Persönlichkeiten oder Liedern, sondern stattete den Betreffenden auch stets Dank ab, frei von Neid und kleinlichen Konkurrenzgefühlen. Maurice Chevalier, Edith Piaf, Gilbert Bécaud und andere Prominente haben vielleicht gerade deshalb die Freundschaft mit Marlene Dietrich so geschätzt.

Frankreich lehrte sie die Kunst des Chansons, Amerika die des Songs, und das erklärt, daß sich innerhalb ihres Repertoires einige Musical-Melodien finden, hauptsächlich von Cole Porter, Harold Arlen sowie Loewe und Lerner. Damit öffneten sich für die mit dem Berliner Schlagerton groß gewordene Marlene Dietrich neue Musikwelten. Sie übertreffe auch hier ihr Material, wie der Regisseur Peter Bogdanovich meinte. Kein anderer könne Cole Porters *Laziest Gal in Town* so singen wie sie. Es gehöre ganz ihr.

Von den großen, bewegenden Balladen Cole Porters, die mit seinen Musicals um die Welt gegangen sind, hat Marlene Dietrich unter anderem *Miss Otis Regrets (Miß Otis bedauert)* auf Schallplatte aufgenommen. Sie führt ein Telefongespräch mit der Geliebten ihres Mannes, den sie (vermutlich) aus Eifersucht erschossen hat, was die Nebenbuhlerin (vermutlich) noch nicht weiß. In ihrem Vortrag nimmt sie dem Chanson seinen fahrig-nervösen Charakter und verschiebt es auf die Ebene antiken Theaters, in dessen Tragödien sich unabwendbare Schicksale zu erfüllen scheinen.

Mein Mann ist verhindert, er kann Sie unmöglich sehn, Liebste.
Ach, es tut mir so schrecklich leid,
denn Sie warten wohl auf ihn im Abendkleid.
Mein Mann ist verhindert, er kann Sie unmöglich sehn.

Erfolgreich war Marlene Dietrich auch mit dem Tournee-Titel *I've Grown Accustomed to Her Face* aus dem Musical *My Fair Lady*. Sie zitiert mit Stolz aus einem Brief des Librettisten Alan Lerner, der ihr das Kompliment machte, sie singe sein Lied «besser als alle anderen».

Was Cole Porter in den dreißiger Jahren für das amerikanische Musical war, das bedeutete Bob Dylan in den sechziger Jahren für den amerikanischen Folksong. Auch zu ihm gibt es im Dietrich-Repertoire Berührungspunkte. Durch ihn und sein Lied *Blowin' in the Wind (Die Antwort weiß ganz allein der Wind)* kam Marlene Dietrich 1962 zu einem «Topical-Song», wie man die neuen engagierten Lieder in den USA nannte, die auf drängende politische und soziale Fragen Antwort zu geben versuchten.

Bob Dylan, der amerikanische Folk-song- und Folkrock-Interpret und -Autor, schrieb 1962 das Lied *Blowin' in the Wind*. Es wurde in der ganzen Welt populär. Marlene Dietrich nahm das «Antikriegslied» 1964 in der deutschen Fassung auf Schallplatte auf.

Wie viele Menschen sind heut' noch nicht frei
und würden es so gerne sein?
Wie viele Kinder gehn abends zur Ruh
und schlafen vor Hunger nicht ein?
Wie viele Mütter sind lang schon allein
und warten und warten noch heut'?
Die Antwort, mein Freund, weiß ganz allein der Wind,
die Antwort weiß ganz allein der Wind.

Eine ganz eigentümliche Entstehungsgeschichte, mit nichts vergleichbar, hatte ein Song ihres Repertoires, der ohne ihr Zutun zu ihr kam, gewissermaßen «im Traum». Es war aber nicht *ihr* Traum. Auch entstanden die Verse weit weg von New York, wo sich Marlene Dietrich zu jener Zeit zu Dreharbeiten aufhielt.

Und das ist die Geschichte: Im österreichischen Graz wohnte eine Autorin mit Namen Hertha Koch, die gelegentlich für Schauspieler Liedtexte schrieb. Eines Tages, oder besser eines

Im Studio bei Schallplattenaufnahmen für Columbia Records. Ab 1951 nahm Marlene Dietrich in New York Lieder von Youmans, Rodgers/Hammerstein, Cole Porter, Latouche und Young in deutscher Nachdichtung, deutsche Volkslieder in englischer Nachdichtung sowie Songs im Duett mit Rosemary Clooney auf.

Nachts, habe sie im Traum – so erzählt sie – Marlene Dietrich gesehen und ein Lied singen hören, das sie nicht kannte. Niemand kannte es. «Es hatte etwas mit Kasernen zu tun.» Nein, nicht mit Lili Marleen. Zwei Wochen später, der Traum war schon vergessen, klingelte es bei ihr an der Tür. Es war ein Soldat, der zu ihr wollte und als ersten Satz sagte: «Ich komme von der Kaserne.» Kaserne, Kaserne, – das war's, schoß es ihr durch den Kopf. Sie hatte plötzlich gefunden, wovon sie geträumt hatte – nämlich das Lied. Sie setzte sich hin und brachte die sechs Strophen in einem Zug zu Papier. Titel *In den Kasernen*.

In den Kasernen
da warten sie.
Neue Kasernen baut
man für sie.
Es ist wie immer und endet nie.
In den Kasernen, da warten sie.

Da ihr Marlene Dietrich mit einem *Kasernenlied* im Traum erschienen war, faßte sich Hertha Koch ein Herz und schickte den Text über ein Hollywooder Filmstudio an Marlene. Nach etwa drei Wochen kam ein Anruf: Marlene Dietrich erbat sich am Telefon von der völlig verblüfften Hertha Koch die Aufführungserlaubnis. Es war kein Traum mehr, die große Marlene hatte das Lied bereits vertonen lassen. Tage später folgte der Vertrag. Dann kam der große Tag. 1964 wurde der Song in England uraufgeführt und gleichzeitig auf Schallplatte aufgenommen. Als das Lied Premiere hatte, war auch Hertha Koch dabei. «Meine einzige große Auslandsreise. Die Dietrich holte mich auf die Bühne und umarmte mich vor dem Publikum. Es war ein Traum.»

Das Lied steht inhaltlich im Zusammenhang mit dem Antikriegslied von Pete Seeger *Sag mir, wo die Blumen sind* und dem hebräischen Klagesong vom Weinen hungernder Kinder, *Shir hatan*, der gleichfalls ein fester Bestandteil der Dietrichschen Konzerte wurde. Zum Repertoire gehörten ebenso Volkslieder.

Nachdem Marlene Dietrich bei ihrem ersten Konzert in London im Juni 1954 so beispiellosen Erfolg gehabt hatte, nahm sie noch im gleichen Jahr in New York deutsche Lieder für eine Platte auf. Sie wählte sich dafür zunächst sechs Melodien aus, zu denen sie eine besondere Beziehung hatte: *Das zerbrochene Ringlein, Treue Liebe, Du, du liegst mir im Herzen, Aus der Jugendzeit, Alle Tage ist kein Sonntag* und dazu den Schlager *Ich hab' noch einen Koffer in Berlin*, der 1951 entstanden war.

Die Schallplattenfreunde verdanken Marlene Dietrich auch die Bekanntschaft mit einem alten amerikanischen Volkslied aus dem 17. Jahrhundert, worin eine Frau von ihrer enttäuschten

Liebe spricht, ganz im Ton alter Volksweisen, die ihre Anmut aus ihrer Schlichtheit beziehen. *Go 'way from My Window – Geh weg von meinem Fenster, geh fort von meiner Tür,* heißt es.

I'll give you back your letter,
I'll give you back your ring,
But I'll ne'er forget my own true love
As long as songbirds sing –
As long as songbirds sing.

Sie verstand es, aus diesen Versen eine große, bewegende Ballade zu machen. Tausendmal hatte man alle diese Volkslied- und Schlagermelodien schon gehört – die Dietrich gab ihnen jedoch eine neue Nuance und noch etwas dazu. Was war das? Es gibt keine Antwort darauf, und doch weiß jeder: Sie hatte so etwas Gewisses. Indem sie den Liedern ihre Stimme lieh und zugleich ihre Persönlichkeit sprechen ließ, vermochte sie selbst aus belanglosen Schlagerliedchen durch Witz und Augenzwinkern wirkliche Chansons zu machen, die man plötzlich in anderem Lichte sah. Anderen Liedern wiederum, die sich an das Gefühl wandten, nahm sie die Vordergründigkeit und die Sentimentalität. Das geschah in dem langsamen Walzer *Another Spring – Another Love* ebenso wie im Berliner Hofsänger-Lied für Vater Zille *Aus'm Hinterhaus kieken Kinder raus* oder dem Kinderlied *Paff, der Zauberdrachen.* Erzählt wird darin die Geschichte einer Freundschaft zwischen einem Drachen und einem kleinen Jungen, die schmerzlich auseinandergeht. Eines Tages kann der Spielgefährte nicht mehr zu dem Drachen kommen, weil es den Jungen nicht mehr gibt.

Ein Drachen, der lebt ewig,
doch kleine Boys, oh nein –
und so kam für Paff der Tag,
und er war ganz allein!

Und weil der Drachen seinen besten Freund verloren hatte, schloß er sich in eine Höhle ein und kam nie mehr heraus. Der Refrain versucht, die Geschichte in das schöne Reich des Märchens emporzuheben und über das Traurige hinwegzutrösten.

Ja, Paff, der Zauberdrachen, lebte am Meer
auf einem Inselparadies, doch das ist schon lange her.

Marlene Dietrich ist zu ihren Kinderliedern durch die Beschäftigung mit ihren Enkelkindern gekommen, die sie in New York öfters zu betreuen hatte. Längere Proben zur Aufnahme der beiden Kinderlieder auf Schallplatte waren sicher nicht erforderlich, weil sie sie zu Hause immer für die Kinder gesungen hatte. Für eines der Lieder, *Sch … kleines Baby* (1964), hat sie selbst den Text verfaßt.

Kleines Baby, wein nicht mehr,
die Mammi kauft dir einen Teddybär.
Und wenn der Teddybär nicht mehr springt,
kauft dir die Mammi einen Schmetterling.

Im Verlaufe des Liedes nehmen die Versprechen Größenordnungen an, die vom Schmetterling über das rote Kleid bis zum goldenen Ring reichen. Und wenn dem Kind das Ringlein nicht gefällt, «kauft dir die Mammi die ganze Welt». Falls diese zu groß sein sollte, kauft sie eben das große Los. «Und wenn sich das große Los nicht lohnt / kauft dir die Mammi den Silbermond / Und wenn der Mond verweht im Wind, / bist du noch immer das schönste Kind.»
    Wenn die Ansprache an das Baby auch kein literarisches Kunstwerk ist, so ist es doch ein Lebenslied, in dem ihre Natur tief verwurzelt ist. Sagt sie doch selbst in ihrem *ABC*-Buch von der Mutterliebe, daß sie «Liebe in ihrer reinsten und leidenschaftlichsten Form» ist.

Wie viele Namen hat man ihr, auch als Sängerin, im Laufe der Jahrzehnte gegeben! Meist genügte es jedoch, daß sie da war und man ihr zuhören durfte. Wer immer zu ihren Liedern etwas Gültiges sagen will, wird von der Persönlichkeit Marlene Dietrichs ausgehen und zuerst davon sprechen müssen. Dies hat aber bereits Ernest Hemingway getan, als er 1952 in der amerikanischen Zeitschrift *Life* seinen *Tribute to Mamma* entrichtete und damit auch das Geheimnis ihrer Liedkunst umriß: «Sie ist tapfer, schön, zuverlässig, liebenswürdig und großzügig. Langweilig ist sie nie … Ihre Rechtschaffenheit sowie ihr Sinn für Komik und Tragik des Lebens sind schuld daran, daß sie nie wahrhaft glücklich sein kann, außer wenn sie liebt. Über ihre Liebe kann sie sich dann lustig machen, aber es ist Galgenhumor. Selbst wenn sie nichts als ihre Stimme hätte, könnte sie einem das Herz damit brechen …»

Leben in Paris

Nach dem Bühnenunfall vom Herbst 1975 in Australien, der einen monatelangen Krankenhausaufenthalt nach sich gezogen hatte, lebte Marlene Dietrich zurückgezogen in ihrem Pariser Appartement in der Avenue Montaigne nahe den Champs-Élysées. Sie gibt keine Interviews mehr, Fotografen wimmelt sie ab, Journalisten werden nicht vorgelassen. Paris, ihre «geliebte Stadt», hatte sie schon ab Mitte der sechziger Jahre zum Domizil gewählt. Ihre Tochter und ihre drei Enkelkinder lebten weiterhin in New York, wo auch sie ganz in der Nähe ein Appartement in der Park Avenue besaß, das, wie Eingeweihte wissen wollten, zeitweilig vermietet war.

1976 erlitt Rudi Sieber auf seiner Hühnerfarm bei Los Angeles einen Schlaganfall. Marlene Dietrich kehrte daraufhin sofort nach Hollywood zurück und hielt sich längere Zeit auf der Farm auf, um Rudi zu betreuen. Sie sorgte dafür, daß Pflegepersonal eingestellt wurde, und veranlaßte den Einbau einer Klimaanlage gegen die große Hitze, damit Rudi Sieber nach der Entlassung aus dem Krankenhaus in seiner vertrauten Umgebung leben konnte. Danach kehrte sie wieder in ihr Pariser Appartement zurück.

Der Charakter der Straße mit den großen Couture-Häusern von Dior, Ungaro, Scherrer und Laroche und dem ihrem Haus gegenüber gelegenen Prominenten-Hotel Plaza-Athenée schützte die Bewohnerin in gewissem Maße vor der Neugier zudringlicher Reporter, die außerdem nur über eine Concièrge in der Eingangshalle in das Gebäude gelangen konnten und manchmal tagelang das Haus Nr. 12 belagerten, um den Star vor die Kamera zu bekommen. Marlene Dietrich haßte den Rummel, den ihr Auftritt in der Öffentlichkeit noch immer auslöste, und mußte sich ständig etwas einfallen lassen – genau wie früher in New York, wo sie, um ihre Enkel im Kinderwagen unbehelligt im Park spazierenfahren zu können, die Kleidung des Kindermädchens anzog und diese in Sprache und Gang so perfekt nachahmte, daß keiner etwas merkte. So jedenfalls erzählt man es. Sie selbst dementierte das: Nie habe sie die Kleider des Kindermädchens angezogen. Wenn sie in Paris das Haus verließ, dann nur in den frühen Morgenstunden, abgeschirmt von Freunden, wenn noch nicht zu viele Leute auf der Straße waren und die prominente Passantin unerkannt blieb.

In ihrer Vierzimmerwohnung, in dessen Salon zwei Flügel standen, Schallplatten gestapelt waren und Regale mit unzähligen Büchern den Wandschmuck abgaben, war Marlene Dietrich ihren Freunden noch immer die gleiche aufmerksame Gastgeberin wie in ihren Hollywooder Tagen. Besucher schwärmten immer wieder von ihrer Kochkunst und ihrem fabelhaften Aussehen. Wenn Bekannte erzählten, sie hätten in der Wohnung angerufen und von der Haushälterin erfahren, daß Madame Dietrich nach New York geflogen sei, amüsierten sich einige, die es besser wußten, denn die Haushälterin war sie selbst.

Das Pariser Publikum hatte Marlene Dietrich das letzte Mal im Herbst 1973 auf der Bühne gesehen, als sie im *Espace Cardin* zehn Chansonabende gegeben hatte. Das kleine, intime Theater liebte sie wegen der vorzüglichen Organisation und der Großzügigkeit des Besitzers. Interviews aber hatte sie schon damals keine mehr gegeben, weder spontan noch auf schriftliche Anfragen. «Die fragen doch immer dasselbe, und das hat kein öffentliches Interesse!»

Es wurde nach ihrem Rückzug nach Paris einsam um diese Frau, der einmal die ganze Welt zu Füßen gelegen hatte. Im Juni 1976 starb im Alter von 78 Jahren in Sylmar (Kalifornien) Rudolf Sieber. Im November desselben Jahres erhielt sie die Nachricht vom Tode des einst so geliebten Jean Gabin. Zu einem ihrer Freunde sagte sie trauernd am Telefon: «Jetzt bin ich zum zweitenmal Witwe geworden.» Ein Jahr darauf, 1977, starb ihre Schwester, die all die Jahre vorher von ihr unterstützt worden war. Marlene Dietrich, noch immer gehbehindert von ihrem Unfall, fuhr zum Begräbnis, das im engsten Familienkreis stattfand. Tief verschleiert, man konnte sie kaum erkennen, sah man sie um diese Zeit in Paris ein einziges Mal in der Öffentlichkeit, als sie im *Pigall's* einen Liederabend der Schauspielerin Ingrid

Premiere eines neuen Liedes *In den Kasernen*, mit der Grazer Textdichterin Hertha Koch und Burt Bacherach in London 1964

Caven besuchte, ansonsten saß sie am Schreibtisch und arbeitete an ihren Erinnerungen.

Ihre Autobiographie sollte ursprünglich unter dem Titel *Tell Me, Oh, Tell Me Now* in den USA erscheinen. Einzelteile und Manuskriptfragmente waren schon seit längerer Zeit vorhanden; dieses unterschiedliche Material zu einem Ganzen zusammenzufügen, war und blieb eine Schwierigkeit.

Sie wählte, beraten von guten, literarisch erfahrenen Freunden, die Stilmittel des Films, um ungleiche Stücke mittels großer Überblendungen in den Ablauf des Buches einzufügen. So entstand «ein sympathisches Zeugnis künstlerischer Existenz in unseren Tagen», wie ein Rezensent es beurteilte. Die immer wiederkehrenden Urteile über dieses Buch lauteten: romantisch und leidenschaftlich.

Neben den literarisch sehr ausgefeilten, umfangreichen Kindheitsschilderungen, den amüsanten Kurzporträts ihrer Freunde, den reichlich eingestreuten Maximen und Reflexionen, Rezensionen und Interviews, die den Stoff des Buches bilden, sind besonders jene Passagen aufschlußreich, in denen sie etwas über die Entstehung einzelner Lieder erzählt. Prägnant und mit viel Sinn für amerikanisches Understatement, was ihr Buch so sympathisch macht, sind auch Erinnerungen an Auftritte in den verschiedenen Ländern geschildert.

Von den vielen Persönlichkeiten und Künstlern, denen Marlene Dietrich im Laufe ihres Lebens begegnete, sind es besonders zwei, die im Mittelpunkt ihres Buches stehen und denen sie

Dank abstattet. Es sind ihr Regisseur Josef von Sternberg und ihr Komponist Burt Bacharach.

Diesen beiden Männern hat sie bedingungslos vertraut und sie als Könner ihres Fachs uneingeschränkt bewundert. Solange sie mit ihnen arbeitete, hat sie nach eigenen Worten stets danach getrachtet, deren Intentionen zu folgen und Anweisungen so vollkommen wie möglich auszuführen. Immer hat sie sich als Schülerin angesehen. Alles, was sie vom Film- und Bühnenhandwerk, von Fotografie und Beleuchtung, Regie und Dramaturgie des Auftretens vor Kamera und Mikrofon verstand, hätte sie, wie sie selbst erklärt, diesen beiden Großen der Kunst zu verdanken. Burt Bacharach war der Mann, der Marlene Dietrich als Sängerin durchsetzte, der sie etwa zehn Jahre lang auf ihren Tourneen als Pianist und Dirigent begleitete. Als er diese Aufgabe beruflich nicht mehr übernehmen konnte, etwa ab Mitte der sechziger Jahre, kam es zu einer Krise. «Als er mich verließ, wollte ich am liebsten aufgeben. Ich hatte meine Führung verloren, meine Ermutigung, meinen Lehrer, meinen Meister.»

In ihrem Buch schreibt Marlene Dietrich auch einiges darüber, warum sie im zweiten Teil ihrer Show in einem Herrenfrack aufgetreten ist. Diese für eine Frau nicht alltägliche Form der Kostümierung ergab sich aus der Art der Lieder, die stark männlichen Charakter hatten, wie sie erklärte, und nicht im Kleid gesungen werden konnten. Eine Frau kann zum Beispiel nicht «Viertel vor drei Uhr früh» allein in einer Bar sitzen wie in dem Lied *One for My Baby And One for My Road*. Ein Mann aber kann das, und er kann auch mit dem Barkeeper darüber reden, daß es mit seiner großen Liebe aus ist.

Ein anderes solches Fracklied war der erotisch angehauchte amerikanische Schlager *Makin' Whoopee*, der zum Inhalt hat, was alles entstehen kann, wenn Männer auf den Bummel gehen, das heißt sich amüsieren, also «Whoopee» machen wollen. Was ist jedesmal das Ende vom Lied?

He's washing dishes and baby clothes,
He's so ambitious, he even sews,
But don't forget, folks,
That's what you get, folks,
For makin' whoopee!

Er spült das Geschirr ab und wäscht die Babysachen,
er ist so emsig, sitzt sogar an der Nähmaschine,

Die dunkle Brille. Marlene Dietrich trug sie schon in den dreißiger Jahren, als sie das erste Mal nach Paris kam.

also vergeßt nicht, Leute,
was euch ins Haus steht, Leute,
wenn ihr «Whoopee» machen geht!

Über das Singen im Frack schreibt Marlene Dietrich in ihrem Buch: «Weshalb singe ich so viele Männer-Lieder? Weil die Worte so viel bedeutungsvoller sind und der Text dramatischer ist als die Lieder, die für Frauen geschrieben wurden. Natürlich gibt es Texte, die für beide Geschlechter geeignet sind. Aber *Whoopee*, um ein Beispiel zu nennen, singe ich nur, wenn ich den Frack trage; es käme mir zweideutig vor, wenn ich dieses Lied in einem Kleid singen müßte. Das gleiche gilt für *Let's Take It Nice And Easy*. Ein schönes Lied für einen Mann – nicht gut für eine Frau. Merkwürdig, daß einige Worte im Mund einer Frau unanständig klingen, aber lustig, wenn ein Mann sie singt. Als ich Gilbert Bécaud sagte, daß ich *Marie-Marie* singen wollte, sah er mich an und lächelte. ‹Das ist ein Lied für einen Mann›, sagte er. Ich sagte: ‹Das wäre nicht das erste Männer-Lied, das ich singe.› Er hatte noch immer Zweifel, aber er gab mir die Erlaubnis, und als Burt Bacharach und ich zu ihm gingen und ihm das Band mit Burts Orchestrierung vorspielten, kamen ihm Tränen in die Augen. Ich singe das Lied auf französisch, auf deutsch und auf englisch. Es ist eine meiner besten Nummern.»

Aus den Memoiren ist ferner zu erfahren, daß Marlene Dietrich beinahe auch den *Mackie Messer* und die *Seeräuber-Jenny* auf Platte gesungen hätte. Aber nur beinahe. Obwohl sämtliche Arrangements bereits fertig waren, ist es zu der beabsichtigten Plattenproduktion von Brecht-Weill-Songs nie gekommen. Die Vorbereitungen für diese Schallplatte liefen seit 1974, und möglicherweise stammte das Vorhaben aus noch weit früherer Zeit, als sie am Broadway die Mutter Courage spielen sollte und sich intensiv mit Brecht beschäftigt hatte. Dazu sagte sie einmal in einem späteren Gespräch mit Schauspielern des Berliner Ensembles – das war 1964 –, daß ein solches Brecht-Projekt tatsächlich bestanden habe, daß aber Brecht ihrer Meinung nach seine besonderen Schauspieler erfordere. Die am Broadway könnten das nicht, und deshalb habe sie es sein lassen.

Aus vielen Bemerkungen, die Marlene Dietrich in ihrem Buch – wenn auch impulsiv und nur beiläufig – über Lieder, Komponisten und Interpreten macht, lassen sich ihre Auffassungen ziemlich schlüssig erkennen. Sie machte kein Hehl aus ihrer Abneigung gegen jene im Show- und Plattengeschäft favorisierten Busenstars, die sich mit Hilfe moderner Mikrofontechnik und kokettierend mit der Wirkung ihrer Anatomie Schlagererfolge ersingen, damit schnellen Aufstieg, aber auch ebenso schnellen Abstieg erleben. Eine Interpretin, speziell eine singende Schauspielerin im Stil der Diseuse, muß von Kopf bis Fuß auf Arbeit eingestellt sein, wenn sie mit ihrem Talent etwas erreichen will.

Die Aufzeichnungen sind 1979 in deutscher Sprache erschienen unter dem Goethe-Titel *Nehmt nur mein Leben ...* Zu der optimistischen, bisweilen galgenhumorigen Grundhaltung des Buches will dieser Titel nicht recht passen.

Nach Darstellung von Charles Higham, dessen biographische Arbeit über Marlene Dietrich zwei Jahre zuvor in den USA erschienen war, haben die in berlinisch-preußischem Geist geschriebenen Reflexionen der Marlene Dietrich eine lange Entstehungsgeschichte. Die ersten Anläufe dazu sollen schon 1950 genommen worden sein. Es waren ursprünglich zwei amerikanische Verlage für die Veröffentlichung vorgesehen, doch Verträge, die bereits bestanden, wurden wieder aufgelöst. Marlene Dietrich zahlte erhaltene Vorschüsse zweimal zurück, zuletzt 1968, als ihr Bekannter Hugh Curnow ums Leben gekommen war, der ihr für die schwere Aufgabe des Memoirenschreibens Ermunterung und Stütze gewesen war. Der Verlag Doubleday, New York, hatte die Rechte zuerst gekauft, mußte sich jedoch mit Teilmanuskripten begnügen, die 1961 unter dem Titel *Marlene Dietrich's ABC* herauskamen – als gesammelte, alphabetisch geordnete Spruchweisheiten zum Leben, zur Liebe, zur Filmkunst und zur Kochkunst.

Marlene Dietrich beschließt das Buch ihrer persönlichen Erinnerungen mit einer Hommage an Paris, die Stadt, in der sie lebte und die sie über alles geliebt hat; wo sie 1954, am zehnten Jahrestag der Befreiung, mit französischen Widerstandskämpfern und Kriegsveteranen über die Champs-Élysées zum Arc de Triomphe marschiert ist; wo sie von General de Gaulle für ihren Einsatz an der Front geehrt worden ist; wo sie für ihre Verdienste 1972 das Offizierskreuz der Ehrenlegion, eine der höchsten Auszeichnungen Frankreichs, bekommen hat und wo sie immer wieder auch Impulse für ihre *l'art de chanter une chanson* erhalten hat.

Sie zitiert zum Abschluß aus einem Brief von Konstantin Paustowski, der den Zauber von Paris so beschrieben habe, wie es niemand besser könne: «Fast einem jeden gebildeten Menschen,

Pressezeichnung aus den dreißiger Jahren

221

dem es nicht an Einbildungskraft mangelt, hält das Leben eine Begegnung mit Paris bereit. Manchmal findet die Begegnung statt, manchmal nicht. Alles hängt davon ab, wie es sich fügt. Aber selbst wenn es nicht zu der Begegnung kommt und wenn ein Mensch, ohne Paris gesehen zu haben, stirbt, ist er sicher in seiner Vorstellung oder in seinen Träumen wiederholt dort gewesen.»

Sie selbst fügt hinzu. «Die Faszination, die Paris uns schenkt, ist genau so schwer zu erklären wie die Liebe zwischen Mann und Frau. Winter, Frühling, Sommer und Herbst in Paris, in Frankreich, sind ohnegleichen. Man kann ruhig leben in diesem Land der Schönheit, bis die Engel uns holen.»

Lieferte Marlene-Puppen nach Wahl: Couturier Clark Hanford

Während Marlene Dietrich mit eiserner Konsequenz den Winter über an der Schreibmaschine saß, hatten die Zeitungen wenig Neues zu vermelden; nur daß in London ein Couturier mit ihrem Starruhm hübsche Geschäfte machte. Es gab ein Atelier, dessen Besitzer, Clark Hanford, für seine Schaufenster nach einer originellen Dekoration suchte. Er kam, angeregt durch eine Nostalgie-Welle, auf die Idee, eine Marlene-Dietrich-Puppe zu kreieren. Dieses Wesen erschuf er sich aus Holz und Draht und sehr viel weichem Gummi und schneiderte dazu den von ihr bevorzugten Frack mit Zylinder, der seit dem *Morocco*-Film von 1931 die Hollywooder und Pariser Modewelt so in Aufruhr versetzt hatte.

1978 ging eine Meldung durch die Zeitungen, die einigermaßen sensationell war, weil es in der Branche niemand mehr für möglich gehalten hätte, daß Marlene Dietrich nach vierzehnjähriger Filmpause noch einmal vor die Kamera treten würde. Ihr letzter Film war 1964 die amerikanische Produktion *Paris When It Sizzles (Zusammen in Paris)* gewesen. Seitdem hatte sie nicht mehr gedreht. Jetzt stand sie mit 77 Jahren noch einmal im Studio, um ihre unwiderruflich letzten Filmaufnahmen zu machen – dem Regisseur David Hemmings zuliebe. Sie hatte nach langwierigen Verhandlungen ihre Einwilligung gegeben, in dem Film *Schöner Gigolo – Armer Gigolo* eine Gastrolle als alternde Baronesse zu übernehmen, unter der Bedingung, daß die Aufnahmen mit ihr an ihrem Wohnort Paris gemacht würden, da ihr Gesundheitszustand die Reise nach Berlin nicht gestattete. Man brachte für sie alle Kulissen von Berlin nach Paris. Das Filmteam folgte nach. Zwei Tage stand sie in einem Pariser Atelier und sang und spielte noch einmal für einen Film, in dem es um das Schicksal eines preußischen Leutnants geht, der im Nachkriegsberlin der zwanziger Jahre als Gigolo zur Kavalierstruppe jener Baronesse gehört, bevor er bei politischen Straßenkämpfen umkommt.

In dem Schlager von 1929 von Leonello Casucci heißt es im schleppenden Tango-Rhythmus:

Schöner Gigolo, armer Gigolo,
denke nicht mehr an die Zeiten,
wo du als Husar, goldverschnürt sogar,
konntest durch die Straßen reiten.
Uniform passé, Liebchen sagt Adieu,

Die Schallplatte mit dem englischen *Gigolo* und der Altersstimme Marlene Dietrichs

schöne Welt, du gingst in Fransen.
Wenn das Herz dir auch bricht,
zeig ein lachendes Gesicht,
man zahlt, und du mußt tanzen.

Marlene Dietrich singt dieses Lied – von «Schlager» kann man jetzt nicht mehr sprechen – in englisch, während von Günther Fischer komponierte Klaviervariationen nach der Originalmelodie ihre gesprochenen, geflüsterten und gehauchten Sätze melodisch immer wieder umspielen und einkreisen.

Wieder sitzt sie auf einem Stuhl wie anno 1929, als in Neu-Babelsberg der *Blaue Engel* gedreht wurde, aber nicht mehr im Zylinder und nicht rittlings in provozierender Pose. Sie residiert in einem Sessel. Das Straffe, Scheppernde, Herausfordernde der Lola-Töne ist nunmehr einer tiefdunklen, nostalgischen Tongebung gewichen. Weich und elegisch erklingt – ein Hauch vergangener Zeiten – das Lied vom *Gigolo*, hilfreich gestützt und gleichsam ermutigend geführt von der Klavierstimme, die selbst Marlenes Pausen noch anfüllt mit *Gigolo*-Ornamentik, denn: Es muß weitergehen, immer weitergehen, selbst wenn der Gigolo von der Bühne des Lebens abgetreten ist.

Marlene Dietrich las, wie immer, wenn sie eine Filmrolle übernahm, zuerst das Drehbuch und machte auf Ungereimtheiten und korrekturbedürftige Details aufmerksam. «Eine Dame schenkt keinen Champagner ein», monierte sie. Man änderte die Stelle. Dann war es soweit. Morgens um sieben Uhr ließ sie sich in ihrer Wohnung in der Avenue Montaigne abholen, und am Abend wurde sie unerkannt und von Reportern unbelästigt wieder nach Hause chauffiert. Alles war, wie sich Komponist Günther Fischer erinnert, strengstens abgeschirmt. Es gab kein Aufsehen, keinen Auflauf, keinen Rummel. Es durften keine Fotos gemacht, keine Mitteilungen an die Presse und sonstwelche Informationen an die Öffentlichkeit gegeben werden. Begleitet wurde Marlene Dietrich stets von ihrer Tochter Maria, die von New York herübergeflogen war, um ihrer Mutter bei der Vorbereitung und Durchführung der Arbeit zu helfen. Zu Drehbeginn herrschte eine noch ziemlich kühle Atmosphäre. Aus dem unnahbaren und sehr scheu wirkenden Star, der sich allen gegenüber reserviert gab und nur englisch sprach, wurde bald eine charmante, liebenswürdige Marlene Dietrich, die mit dem Team herzhaft berlinerte. Alle waren zutiefst beeindruckt, als sie das weltberühmte Lied sang und dabei ihr maskenhaft schönes

Gesicht in den Schatten des breiten Hutrandes tauchte. Am Ende der beiden Drehtage, als sie das Filmteam verließ und sich noch einmal umdrehte, um zu winken, standen alle ehrfurchtsvoll Spalier. «Es war wunderbar mit ihr! Marlene sieht im Film und auf den Szenenfotos wie 40 aus!» meinte Produzent Thiele. «Sie ist ausgezeichnet in Form. Sie singt wie ein Vogel und bewegt sich herrlich!» fand Regisseur Hemmings.

Mit dem *Gigolo*-Film schließt sich der große Bogen ihres Schauspielerlebens. Das Berlin der zwanziger Jahre hatte sie hervorgebracht, und mit einem Film über dieses Berlin der zwanziger Jahre nimmt sie Abschied. 1973, als sie auf einer Londoner Bühne stand und fürs Fernsehen sang, war schon aufgefallen, daß die einstige Keßheit ihrer Stimme sich zu nachdenklicher Abgeklärtheit gewandelt hatte und daß damit ein neues Geheimnis in ihr Singen gekommen war. Man hörte eine Stimme, «satt von Sehnsucht und Vergangenheit», wie ein Hamburger Kritiker schrieb.

Die Baroneß von Semering im hohen Lehnstuhl mit dem Gesicht hinter dem Schleier ist das unwiderruflich letzte Bild, das Marlene Dietrich von sich für die Öffentlichkeit hergab. Sie ist längst der Legenden und der Schlagzeilen müde und aller Rollen überdrüssig, die nicht ihrer wahren, privaten und eigentlichen Lebensrolle entsprechen.

Handelte es sich 1978 lediglich um eine Gastrolle, so stand sie in dem Filmporträt *Marlene*, das der Schweizer Regisseur und Schauspieler Maximilian Schell 1984 mit ihr machte, noch einmal im Mittelpunkt – nicht aber vor der Kamera. Ganz und gar ungewöhnlich wirkte dieses Porträt ohne ihr Gesicht, zusammengestellt aus alten Film- und Dokumentarberichten und einer hinzuerfundenen, spielfilmartigen Rahmenhandlung über das schwierige Entstehen dieses Films. Marlene Dietrich ist eine interessante Gegenspielerin zu ihrem Gesprächspartner Schell, der eine bedeutende Künstlerin mit glorioser Filmvergangenheit präsentieren möchte, die die Dietrich in ihren eigenen Augen «nie gewesen» ist. Sie sagt Sätze von sich wie diese: «Meine Vergangenheit interessiert mich nicht. Mit 20 war ich nichts. Heute bin ich nichts als eine banale Frau. Zwischendurch war ich Schauspielerin. Und mehr gibt es nicht über mich zu sagen.» Desinteresse an der eigenen Biographie, das härter und bitterer nicht vorgebracht werden konnte, sich aber wohl in ihrem Fall als einziges Mittel zum Selbstschutz erwies, äußerte sie wiederholt in ihrer Pariser Wohnung gegenüber Schell. Der hatte es mit seinem

Mit 77 Jahren gab Marlene Dietrich ihre letzte Gastrolle beim Film als Baroneß in *Schöner Gigolo – Armer Gigolo*.

Porträt schwer, bewunderte die Impulsivität seiner Gesprächspartnerin, aber ebenso ihre Direktheit und ihren Scharfsinn.

«Wahr ist, daß das, was man über mich liest, nicht wahr ist», sagte die Dietrich. «Sie ist durch und durch eine vitale Persönlichkeit. Sie lebt absolut in der Gegenwart», sagte der Regisseur. Sie sei sehr offen und zugleich sehr scheu. Weite Strecken des Gesprächs seien «Dokumente der Verweigerung».

Der Toningenieur saß während des Gesprächs, das sechs Tage dauerte, als Verbannter mit seinem Mikrofon im Nebenzimmer. Ihre Wohnung, in der das Gespräch stattfand, durfte nicht gefilmt werden. Da Schell das für ein Manko seines Films hielt, ließ er das Wohnzimmer im Atelier nachbauen. Seine Versuche, während des Gesprächs Behauptungen von Marlene Dietrich «richtigzustellen», wenngleich charmant und in gebührender Distanz vorgebracht, scheitern ebenso wie die Hoffnung, seinen Star auch nur ein einziges Mal vor die Kamera zu bekommen.

Ihre Argumente waren unumstößlich und zu respektieren. «I have been photographed to death – «Man hat mich zu Tode photographiert» und: «I do not want to mix my private life with

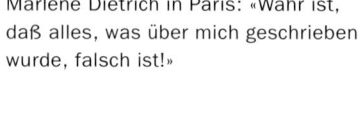

Marlene Dietrich in Paris: «Wahr ist, daß alles, was über mich geschrieben wurde, falsch ist!»

my professional life» – «Ich wünsche nicht, daß mein Privatleben mit meinem Berufsleben vermischt wird!». Das war schon in Hollywood ihre Haltung gewesen, und weil sie es nicht will, nie gewollt hat, schlägt sie mitunter bei Fragen, die in sie zu dringen versuchen, Maximilian Schell ärgerlich die Tür vor der Nase zu.

Aufregend an dem Film ist aber, wie sie mit Maximilian Schell spielt, auf Fragen hellwach, zuweilen brüsk reagiert. Ihr zuzuhören ist spannend. Sie verblüfft mit originellen Ansichten, die man bei ihr nie für möglich gehalten hätte, scheut sich nicht vor der Denunziation der eigenen Vergangenheit und Leistung und weist ihr Gegenüber mit Flunkereien, auf die sich Schell keinen Vers machen konnte und auch nicht sollte, in die Grenzen. «Sie hat Freude an Zweikämpfen», meinte er und räumte mit dieser Bemerkung ein, daß er bei seinem eigenen Werk der Verlierer war und diese Rolle freiwillig übernommen hatte.

Mit der Montage alter und neuerer Szenenausschnitte erbringt der Film keine neuen künstlerischen oder biographischen Erkenntnisse. Es bleibt bei einer akustischen Selbstdarstellung Marlene Dietrichs, die den Aufwand des ganzen Film aber wert ist. In ihrer Stimme – mal englisch, mal deutsch, mal lässig, mal energisch, mal brüchig, mal jugendlich auftrumpfend, meistenteils störrisch – ist ihre Persönlichkeit, auch wenn sie sich der Kamera entzieht, ganz und gar gegenwärtig. Zumal eine Stelle gibt es, wo sie von Berlin und seinen schönen alten Liedern spricht, Melodien vor sich hinsummt und dabei glücklich scheint. Das ist eine Antwort auf die Frage nach ihrer Heimat, die sie zu Beginn des Films strikt verweigert hatte.

1965 bereits nahm sie 15 Lieder ihrer Vaterstadt auf eine Langspielplatte auf. Es sollte ihre letzte Platte sein. Sie sagte damals, das seien Lieder, die sie liebe und seit ihrer Jugend im Gedächtnis behalten habe. Als 1984 das Filmteam mit Maximilian Schell zu ihr kam, um das Porträt zu zeichnen, sorgte sie dafür, daß die Berliner Lieder in diesem Dokument zugegen waren.

Für Marlene Dietrich waren die Melodien «die sanften blauen Bänder der Erinnerung» an das Berlin ihrer Kinder- und Jugendjahre, als sie mit den Nachbarskindern der Schöneberger Sedanstraße Rollschuh um den Gustav-Müller-Platz gelaufen war, als Backfisch in scheuer Verehrung der großen Henny Porten aufgelauert hatte, mit ihrer Mutter in den Kintopp gegangen war und die Schlager ihrer Jugend gesungen hatte – die alte, junggebliebene Walter-Kollo-Melodie

Immer ist Marlene Dietrich eine Berlinerin geblieben. Ihre Liebe zum Altberliner Schlager bezeugt die Schallplatte, die 1965 mit dem Orchester Bert Grund aufgenommen wurde.

Untern Linden, untern Linden
gehn spaziern die Mägdelein.
Wenn du Lust hast anzubinden,
dann spaziere hinterdrein!

oder die von Vater und Sohn Gilbert stammende, charmante
Liebeserklärung für ihre Stadt, *Durch Berlin fließt immer noch
die Spree*, oder das rührende Lied aus dem Poesiealbum der Berliner Leierkastenmänner, das schon Claire Waldoff sang,

Manchmal träum' ich nachts davon,
ich sitz' wieder am Balkon,
oben vom Geranientopp
tropft's den Leuten uffn Kopp

oder den unternehmungslustigen Foxtrott, der von Berliner
Liebe und Berliner Wochenende schwärmt, *Mit dir, mit dir, da
möcht' ich sonntags angeln gehn.*

Alles Lieder, die unvergänglicher Ausdruck für die Lebensenergie, die Courage und den Optimismus geworden sind, die
diese Stadt all denen, die in ihr geboren und groß geworden
sind, mit auf den Weg gegeben hat.

Es war 1981, anläßlich des achtzigsten Geburtstags von Marlene Dietrich, als die Publizistin Brigitte Jeremias in einem Artikel Worte fand, die über Jahrzehnte hinaus Gültigkeit behalten
werden: «Wenn Schauspielerinnen heute die Rolle der Dietrich
spielen und in die Spuren ihres Startums treten, dann müssen sie
der Schönheit, der Eleganz, den Verführungskünsten die beiden
wichtigsten Eigenschaften der Dietrich hinzufügen: Treue und
Mut. Sonst ist ihr Spiel nichts als Asche, die im Wind verweht.»

rechte Seite: Und wieder wird es
Frühling in Paris. Und immer werden
die Lieder Marlene Dietrichs dazu-
gehören ...

228

Die letzte Rolle

Obwohl Marlene Dietrich lange schon zurückgezogen lebte, hatte sie noch immer eine Rolle zu spielen, die vielleicht schwerste oder auch leichteste ihres Lebens – was weiß man. Es ging um nicht mehr und nicht weniger als um die Rückverwandlung der mythischen Lola in die ganz und gar private Frau Dietrich, Einwohnerin von Paris, gemeldet in der Rue Montaigne Nr. 12, nichts als une femme, wenngleich im Gedächtnis der Öffentlichkeit die unverändert prominente Frau.

Die Rückverwandlung zu akzeptieren dürfte weniger für sie als für die sogenannte Öffentlichkeit ein Problem gewesen sein. Gegen diese hatte sie sich auch jetzt noch zur Wehr zu setzen. Oft bedrängte man sie wegen Interviews, hin und wieder lagen Fotoreporter auf der Lauer, die sich für die Boulevardblätter das Alters-Sensationsfoto von ihr versprachen. Aber es war kaum damit zu rechnen, die schöne Schweigsame ließ keinen zur Tür hinein, ihre Wohnung war ihre Festung.

Ein richtiger Journalist kapituliert jedoch nicht angesichts von Hindernissen. Kann er nicht durch die Tür kommen, bleibt immer noch das Fenster. Ein besonders Erfindungsreicher hatte sich mit Hilfe eines Krans dem Fenster ihres Wohnzimmers schon bedenklich genähert, aber nicht mit der Geistesgegenwart seines Objekts gerechnet. Marlene, der Gestalt ansichtig, verdeckte blitzschnell ihr Gesicht, ergriff eine Pistole und wehrte den «Angriff» erfolgreich ab. Sie war, wie es in ihrem heimatlichen Berliner Dialekt hieß, noch immer auf dem «Quivive». Eine Eigenschaft, die ihre Bekannten aus den letzten Lebensjahren stets aufs neue staunen ließ. Selbst ihre Tochter, die sich jetzt öfter bei ihr in Paris aufhielt, fand keine Erklärung dafür, woher ihre

Mutter die Energie nahm, auf unerwartete Situationen blitzschnell zu reagieren, auch sonst mit den Pflichten des Tages fertig zu werden und obendrein die sich mit den Jahren bemerkbar
machenden Alterskrankheiten, selbst nach schweren Operationen, kleinzureden.

Die Tage in ihrem geliebten Paris begannen für Marlene Dietrich zunehmend einsamer zu werden. Die einst so gefeierte Marlene besuchte keine Partys mehr, konnte den Einladungen nicht
folgen, die Freunde und Kollegen ihr für ihre Konzertabende
schickten. Natürlich kamen noch Berge von Post ins Haus, zumal an den Geburtstagen, als Adresse auf den Briefen häufig
weiter nichts als die Chiffre «An Marlene Dietrich, Paris». Kor-
respondenz mit den Heerscharen ihrer Verehrer konnte sie unmöglich führen, wenn sie Autogramme, Fotos oder eines ihrer
Bücher signiert zur Post gab, war das schon genug. Die Be-
antwortung von Post erfolgte in der Regel in Form einer kurzen
Mitteilung auf der Rückseite ihrer Autogrammkarten. Ihre
Schriftzüge – gleichmäßig, auffällig groß und deutlich – machten Eindruck auf jeden, der solch ein Autogramm sein eigen
nennen konnte.

Waren die Briefe länger und ein Anlaß zur Erörterung gegeben, erkannte man an den Formulierungen und Argumenten
das impulsive Temperament der Dietrich. Im Gespräch mit
Freunden und Bekannten, die mitunter zu ihr kamen, erwies sie
sich als Frau klarer, ja geradezu verblüffender Urteile, in ihrer
Schlagfertigkeit jung geblieben wie auch in ihrem Schalk.

Noch immer schien sie Spaß daran zu haben, falsche Spuren
zu legen und allzu Neugierige aufs Glatteis zu führen. Diese Ei-
genheit hatte seinerzeit schon Maximilian Schell zur Verzweiflung gebracht, als er sich sein Filmporträt mit ihr und gegen sie
regelrecht erkämpfen mußte. Andrerseits war ihm aufgefallen,
daß Marlene Dietrich ein Mensch war, der absolut in der Gegenwart lebte, der von Sentimentalität und Gejammer über das
Leben und die Zeiten nichts hielt, nichts davon hören wollte. So
stand es ja auch schon als Lebensgrundsatz in ihrem Buch *ABC
meines Lebens*, wo es unter dem Stichwort Optimismus heißt:
«Muß man haben. Zum Weinen hat man später noch Zeit.»

Die publizistische Stille, die mit den achtziger Jahren merkbar
das Haus in der Rue Montaigne und deren Bewohnerin ein-
zuhüllen begann, wurde nur unterbrochen von den obligaten
Geburtstagsartikeln oder wenn die Zeitungen vom Erscheinen
alt-neuer Marlene-Dietrich-Platten oder über Filmretrospekti-

ven da und dort berichteten. Gelegentlich machte sich auch mal einer auf, um mit «Enthüllungen» aufzuwarten, wie jener selbsternannte Freund, der in einer Frauengazette 1985 «Sensationelles» über sie auftischte. «Wenn diese Zeitung nicht so klein und unwichtig wäre, würde ich sie verklagen. Glauben Sie NIE, was über mich in deutschen Zeitungen steht.» Was stand drin? – Sie habe unverändert die Reinemachsucht, schrubbe als über Achtzigjährige – man höre und staune – dreimal wöchentlich den Fußboden, weil sie sich vor lauter Altersgeiz keine Reinemachefrau leisten wolle. Dabei sei sie steinreich, na wer bezweifle das, besitze fast zweihundert Kleider und achtzehn Pelze, darunter vier Hermeline, auch Nerze und Zobel, außerdem an die hundertfünfzig Paar Schuhe, alle so gut wie neu. Zu Hause liefe sie aber nur in alten Fetzen herum und erwecke den Eindruck einer Bedürftigen. Mit einem Wort: Marlene, wohin ist es mit dir gekommen!

Alles Unsinn und erlogen, lautete ihr energisches Dementi an ihren österreichischen Fan Peter Kraxner, der ihr den Artikel geschickt hatte. Erstens könne von Schrubben keine Rede sein, da «meine Wohnung mit Teppichen ausgelegt ist und meine zwei Angestellten sich um die Küche kümmern». Zweitens sei der Schreiber kein Freund von ihr, sondern ein flüchtiger Bekannter, der, weil er Probleme mit dem Alkohol habe, sie wiederholt angepumpt habe, dem sie sogar in London einmal aus dem Gefängnis herausgeholfen und Jobs verschafft habe. Das sei nun der Dank! Also: «Ich hoffe, Sie glauben diesen Quatsch nicht!»

Die Boulevardblätter, die mit solcherlei Larifari aufwarteten, legten sich nicht Rechenschaft darüber ab, daß eine Künstlerin ihres Ranges kein Objekt dürftiger Klatschgeschichten war, sondern eine Persönlichkeit, die aus mehr als nur einem Grunde den Respekt der Öffentlichkeit verlangen konnte, denn sie hatte erreicht, was nur ganz wenigen ihrer Zunft beschieden war – nämlich zu Lebzeiten schon zu einer Jahrhundertgestalt emporgestiegen zu sein. Dahinter stand eine Leistung. Und das, was man Charakter nennt.

Allerdings darf eins nicht vergessen werden: Äußere Bedingungen und subjektive Voraussetzungen mußten zusammentreffen, um aus einer farblosen Statistin mit Entennase und Kartoffelgesicht, wie sie sich selbst sah, den Mythos Marlene entstehen zu lassen. Ihr Lebensweg und ihr künstlerischer Werdegang verliefen synchron mit den bahnbrechenden technischen Erfindungen des 20. Jahrhunderts, den sogenannten neuen Medien, die ihr den Weg in den Ruhm ermöglicht haben. Mit dem geheimnisvollen Augenaufschlag und den schönen Beinen allein wäre es wohl nicht zu machen gewesen.

Die 30jährige trat ins Scheinwerferlicht genau zu dem Zeitpunkt, als die Bilder zu sprechen anfingen, und gab allein durch ihre Erscheinung, ihren Typ, einer ganzen Kinoindustrie die Richtung vor. Gleichzeitig wurde auf der Schallplatte ihre Stimme festgehalten und damit als historisches Tondokument des Jahrhunderts archiviert.

Die junge Dietrich hat als Bühnenelevin auch den Siegeszug des Rundfunks miterlebt, durch den die Großen des Schlagers, des Chansons, generell der Musik- und Unterhaltungsbühne erst ihre wahre Popularität erlangten. Das Radio hat von Anfang an alle Dietrich-Evergreens in seine Sendeprogramme übernommen, verdankte ihr somit ein Stück solides, attraktives Dauerrepertoire. Mit Kino, Schallplatte und Rundfunk hatte Marlene Dietrich während ihrer frühen Filmlaufbahn drei mächtige Medien zur Verfügung, die Gesicht wie Stimme einer auf dem Wege zum Weltruhm dahinschreitenden Schönheit ins Endlose multiplizierten, über Sprach- und Ländergrenzen hinweg.

Es war für ihre Karriere ein weiterer Glücksfall, daß zu dem Zeitpunkt, als sie den Übergang vom Film zur Show vollzog, das Fernsehen zum Multiplikator ihrer Konzerte und all ihrer neuen Lieder wurde, mit denen sie nunmehr auf dem gesamten Erdball präsent war. Welch eine fulminante Entwicklung technischer Pionierleistungen von der Edisonwalze, die noch im elterlichen Haushalt der jungen Marlene für bescheidene Unterhaltung sorgte, bis zur Compact disc unserer Tage, zum Videorecorder, zum Internet und damit zur Beliebigkeit des Abrufs sämtlicher ihrer Filme, ihrer Lieder, ihrer Bücher, ihrer biographischen Daten, einschließlich sämtlicher Werke, die jemals über sie verfaßt wurden.

Die Gleichsetzung Marlene Dietrichs mit einer Jahrhundertgestalt kann freilich nicht auf die Geschichte der Medien und die Beziehungen, in denen sie beruflich zu ihnen stand, reduziert werden. Jahrhundertkind gewesen zu sein heißt auch Zeitzeugin all jener epochalen Erschütterungen und Veränderungen gewesen zu sein, die die Welt und das Umfeld ihres Lebens geprägt haben. Zwei Weltkriege waren es, die in ihrer Biographie tiefe Spuren hinterlassen haben. Für sie bedeutete es, früh schon mit Entbehrungen, Pflichten und den Realitäten des Lebens konfrontiert gewesen zu sein. Wie sie den Kohlrübenwinter des

Ersten Weltkriegs erlebt hat, als sie noch aufs Lyzeum ging, hat sie in dem Buch ihrer Erinnerungen ausführlich erzählt. Ebenso, welche Einsichten und Erfahrungen sie in der Ausübung der Truppenbetreuung während des Zweiten Weltkriegs als wertvoll für sich empfunden hat. Jene Jahre haben ihre Sicht auf die Welt, ihre Urteile und Ansichten in bezug auf Menschen, maßgeblich beeinflußt. Sie hat Kämpfende, Leidende und Sterbende gesehen. Mit der Zähigkeit ihrer Natur und ihrer besonderen Auffassung von Pflichtgefühl, begünstigt vom Glück, hat auch sie selbst in der Zeit des Krieges lebensbedrohende Situationen und Krankheiten überstanden.

Man hat zu Recht – speziell die Militärs sangen ihr dieses Loblied – ihre Courage und das von ihr ausströmende, warmherzige Gefühl der Kameradschaft bewundert: Starqualitäten also auch außerhalb der Bühne. Was ist ihr Kommentar dazu? «Der Begriff ‹Starqualität› ist ein Prozent ‹Zauber›. Alles andere ist Arbeit und Disziplin.»

Von diesem Kapital zehrte sie, als sie sich auf die langen Tourneen als Entertainerin begab und späterhin, da sie sich ihr Leben rein privat, ohne Bühne und Kostüme zu arrangieren hatte. Sie konnte, wenn sie in der Stille der Pariser Wohnung das Dasein resümierte, sich ihre Triumphe wie Niederlagen im schönen Reich der Kunst, ihre Eroberungen und Verluste auf den Schlachtfeldern der Liebe, ihre nie endenden Träume und Illusionen vom großen Glück ins Gedächtnis rief, auf ein romantisches, abenteuerliches und in jeder Hinsicht außergewöhnliches Leben zurückblicken.

Als sie sich nach einer gloriosen Laufbahn zur Ruhe setzte – ein Zeitpunkt, den sie bis zu ihrem 74. Lebensjahr immer wieder hinausgeschoben hatte –, hieß das nicht, daß man sie auch in Ruhe ließ oder daß sie von den Querelen des Alltags verschont geblieben wäre, weil sie die berühmte Dietrich war.

Um die gleiche Zeit etwa, als der selbsternannte Freund seine Zeitungsenthüllungen «verkaufte», konnte man im *France-Soir* von Mietstreitigkeiten zwischen ihr und den Hausbesitzern lesen. Ihr war gekündigt worden, weil sie sich konstant geweigert hatte, die von den Vermietern eingeforderten Nebenkosten für ihre 150 Quadratmeter große Wohnung zu zahlen. Es ging um einen ausstehenden Betrag von 130 000 Francs (rund 40 000 Mark), den sie nachzahlen sollte – oder die Wohnung war zu räumen. Streitbar erklärte sie, daß sie gar nicht daran denke, für eine Uniform zu zahlen, die der Hausportier niemals trage, oder

rechte Seite: «Unter allen meinen Fotos ist mir das hier das liebste», schrieb sie 1964 nach Berlin an Hilde Eisler, die Chefredakteurin des *Magazins*.

234

für das Taxigeld einer Nachbarin aufzukommen, die mit einem Emir verheiratet sei und mangels Kleingeld stets den Portier zahlen lasse. Die Sache ging bis vors Gericht, wo man schließlich mit dem zornigen Engel zu einem Vergleich gelangen konnte. Die neue Uniform für den Hausportier wie das neue Kopiergerät für die Hausverwaltung mußten aus den Nebenkosten herausgerechnet werden, der Rest, soweit berechtigt, war von ihr zu begleichen.

Wie schwierig – weil eigenwillig und mißtrauisch, mitunter unnachgiebig – der Umgang mit der Grande diva im vorgerückten Alter war, nicht bloß, wenn es um Mietrückstände ging, davon konnte die Tochter Maria, über längere Zeiträume Betreuerin, Managerin und Krankenpflegerin ihrer Mutter, ein Lied singen. Hinter dem Titel ihres Buches *Meine Mutter Marlene*, der jenen Alltag prosaisch dokumentiert, verbirgt sich mehr als nur ein Seufzer. Welcher Überredungskünste und Beschwörungen, Listen und Verschwörungen hat es doch bedurft, um sie von der Notwendigkeit richtiger Maßnahmen zu überzeugen, zumal wenn sich Aufenthalte im Krankenhaus, lebensrettende Operationen, Entscheidungen für bestimmte Ärzte und Kliniken erforderlich machten.

Was ihre gesundheitliche Verfassung betraf, so entschied Marlene Dietrich, wie in allen anderen Angelegenheiten, selbst darüber, was für sie zuträglich war und was nicht. Ihre Meinung und die ihrer Umwelt gingen meistenteils horrend auseinander, so im Verbrauch von Tabletten und Alkohol. Das stellte selbst Ärzte vor Probleme. Bereits zur Zeit ihrer letzten großen Tourneen, besonders betraf es Australien, hatte sie zur Aufhellung ihrer Stimmungslage wie gegen ihre Durchblutungs- und Kreislaufbeschwerden den Whisky als Therapeutikum für sich entdeckt. Dabei ist sie geblieben, wobei die Häufigkeit der Beschwerden mit entsprechend höherer Dosierung einherging. War ihre Tochter da, nahm diese heimlich das Glas, verdünnte den Scotch mit Wasser oder goß die Reste in den herumstehenden Gläsern kurzerhand in die Blumentöpfe. War niemand in der Wohnung, erfolgte die Dosierung von Tabletten und Alkohol in eigener Regie. Whisky und Wodka waren stets im Haus. Es stimmte zwar, was immer gesagt und geschrieben wurde, daß die Dietrich über ein phänomenales medizinisches Wissen verfügte, mit ihren energischen Maßnahmen andere mehr als einmal mit Erfolg kuriert hatte, in ihrem eigenen Fall aber konnte sie sich selbst keine Ratschläge verordnen.

Von den ihr zeitweise mitspielenden Suchtproblemen, den Alterskrankheiten und Eigensinnigkeiten abgesehen, war «die Dietrich» in allem, was sie tat und nicht tat, unverändert die alte geblieben, eine Frau, die wie ein junges Mädchen noch immer in romantischen Begriffen dachte. In den Augen ihrer Tochter «unverbesserlich». Und auch ihr auffallendster Charakterzug hatte sich, so sieht es die Tochter, im hohen Alter kein bißchen verändert: sie brauchte immer jemanden, den sie vergöttern konnte, und immer jemanden, den sie dirigieren konnte oder der «schuld daran» war, wenn etwas mißlang. Waren es früher die Regisseure, die Aufnahmeleiter, Arrangeure oder Beleuchter gewesen, so waren es jetzt die Ärzte, die Wohnungsvermieter oder ihr Astrologe mit seinen fatalen Irrtümern über den Stand und die Gunst der Gestirne. – Hm, hm, war dann ihr Kommentar, wenn man nicht alles selber macht.

Sie war schon eine außergewöhnliche Erscheinung, nicht bloß, was ihre eiserne Konstitution betraf oder ihre Allgegenwärtigkeit, auch ihre emotionalen Energien wirkten wuchtig auf ihre Umwelt. In Zuneigung wie Ablehnung ging sie bis zum Extrem. Und so blieben, wie es lebenslang war, die Urteile über sie geteilt. Wen die Strahlen ihrer Zuneigung trafen, der konnte sich glücklich preisen, dem galt sie als Samariterin, als Wohltäterin. Wer ihr nichts recht machen konnte, blieb bei seiner Meinung, daß die Dietrich doch eine schwierige, anspruchsvolle, zunehmend uneinsichtige Person sei, ja eine Despotin, die nur Sklaven um sich dulde. Anderen wiederum erschien sie – aus dem Blickwinkel des Neids – als geniale Selbstdarstellerin, die sich angeblich nie für etwas anderes als nur die eigene Person interessiert habe und demzufolge allmählich das Opfer ihrer selbstproduzierten Legende werde.

Was daran stimmte, war lediglich die Tatsache, daß es ihr schwerfiel, sich bestimmten Gegebenheiten zu fügen. Das war schließlich schon immer so gewesen und würde sich auch jetzt nicht mehr ändern. Warum wollte man sie überhaupt ändern?

Da gab es so manche schockierende Situation. Der jungen Krankenschwester, die sich nach erfolgter Hüftgelenksoperation mit Hingabe um die Patientin mühte, sagte die von allen in der Klinik vergötterte Marlene, das Mädchen solle aufhören mit den sinnlosen Prozeduren, denn für sie gebe es sowieso keine Stufen mehr im Leben. Eine Äußerung, die das arme Mädchen in Sprachlosigkeit zurückließ. An Tochter Maria war es da, abermals die Umwelt aufzuklären. Wenn ihre Mutter, die Berühmte, beschlossen habe, daß es keine Stufen mehr für sie gebe, dann gebe es keine mehr. Was war daran unverständlich?

Für die Zeit, da die agile Patientin zu Hause zu liegen hatte, richtete sie sich um das Bett herum ihr Büro ein, alles aufs sorgfältigste geordnet: Briefumschläge, Notizblöcke, Bindfäden, Briefpapier, Klebeband, Filzstifte, Briefwaage, Briefmarken, Bücher, Zeitungen und Journale, in denen sie in schlaflosen Nächten las, Tagebücher, die sie weiterhin führte, Dutzende von Lesebrillen, Wörterbücher, Telefonbücher, Lupen, Fanbilder, dazu ihr treuer Begleiter, der Revolver, zwar bloß eine Imitation, doch immerhin laut genug knallend, wenn es darauf ankam. Und mittendrin das Telefon, ihre wichtigste Verbindung zur Außenwelt. Mit der war sie stets in Kontakt, was man über sie als «Einsiedlerin von Paris» auch sagen oder schreiben mochte.

Eine Überraschung für die Öffentlichkeit mußte es sein, als im April 1987 – drei Jahre nach dem Tonband-Interview mit Maximilian Schell – ein umfangreiches Interview mit ihr in einer großen deutschen Tageszeitung erschien. Das Verdienst kam dem damaligen Chefredakteur der *Welt*, Manfred Schell, zu, der die Grande dame der Film- und Showgeschichte dazu hatte bewegen können, für die deutsche Leserschaft eine Reihe von Fragen zu beantworten. Es entstand, über lange Zeitungsspalten hinweg, so etwas wie eine Bilanz ihrer Biographie, womit ihr eigenes Buch der Erinnerungen und Reflexionen von 1979 und ihr Filmporträt von 1984 auf wunderbare Weise zusammengeführt wurden.

Rationalismus und Romantik, jene Züge, die ihre Verehrer schon immer an ihr fasziniert hatten, geben auch diesmal wieder ihren Ausführungen die Noblesse und den großen Stil. Marlene Dietrich bekennt in dem Interview ein weiteres Mal ihre Verehrung für Dichter, Musiker, Mediziner und Staatsmänner des Jahrhunderts, die für sie etwas Besonderes bedeutet haben. Von den Musikern erwähnt sie Vladimir Horowitz, Swjatoslaw Richter und Leonard Bernstein, von den Politikern ihre «Freunde» Ronald Reagan, Willy Brandt und Jacques Chirac. Der größte Chirurg der Welt ist in ihren Augen Dr. De Bakey vom berühmten Methodist Medical Center in Houston, der 1974 durch eine Bypass-Operation die legendären Dietrich-Beine gerettet hatte.

Zur Sprache kam per Interview auch das Thema Lieblingsschriftsteller. Ja, natürlich, sie lese noch viel, auch Gedichte. Über alles liebe sie die Verse Rainer Maria Rilkes. In ihren Jugendjahren sei seine Poesie für sie «Offenbarung und Erlebnis» gewesen, und bis heute sei das so geblieben. Die Gedichte könne sie auswendig. *Kindheit, Herbst, Ernste Stunde* und *Abschied* – «Alles, alles ist himmlisch!».

Ob sie Heimweh nach Berlin habe? Mit dieser Frage berührte Chefredakteur Schell das brisante Thema Marlene und Deutschland, worüber es in ihrem Falle in der deutschen Öffentlichkeit seit ihrer Emigration noch immer divergierende Meinungen gab. Sie antwortete philosophisch-resignierend mit einem Zitat von Alfred Polgar: «Die Fremde ist nicht Heimat geworden, aber die Heimat – Fremde.» Dennoch bestünden für sie viele emotionale Bindungen dahin, weil sie Freunde dort habe, in Berlin, in Hamburg und in München. Weshalb sie Nachrichten aus Deutschland eben auch tiefer berührten als aus anderen Ländern.

Wie zu erwarten, fließen in das Interview Reminiszenzen an das Berlin der zwanziger Jahre ein – «meine glücklichste Zeit» – sowie an die ihr durch die Erziehung im Elternhaus vermittelten Werte. Die wahren Richtlinien ihres Lebens habe sie durch ihre Mutter erhalten: «Ich lebe noch heute genau so, wie sie es mich lehrte. Diszipliniert und treu meinen Überzeugungen.»

Als zwei Jahre später, 1989, die Meldungen vom Fall der Berliner Mauer um die Welt gingen, war das auch für Marlene Dietrich ein historischer Tag. Sie sollten beide nach Berlin fliegen, meinte sie spontan zu ihrer Tochter. Ein Gedanke, den sie schnell wieder verwarf – das Bild einer Dietrich im Rollstuhl, nein, nein, das ginge dann doch nicht, das konnte und durfte sie der Welt nicht preisgeben. Auf keinen Fall.

Als ehemalige Berlinerin fühlte sie mit den Berlinern, vor denen sie 1960 gesungen hatte. Das lag dreißig Jahre zurück, die Erinnerung an die Unliebsamkeiten damals schienen vor der Geschichte vergessen. Im Herbst des Mauerfalls sagte sie dem *France-Soir*, der sie zu diesem weltpolitischen Ereignis telefonisch interviewte: Selbstverständlich sei sie glücklich darüber, denn es mache sie alles glücklich, was Menschen zueinander bringe.

Berlin, für sie das Kindheitsparadies an der Spree, blieb somit bis in die letzten Wochen ihres Lebens das Thema ihrer Gespräche. In der Silvesternacht 1989 appellierte sie in einer ARD-Sendung telefonisch von Paris aus, die DEFA-Studios in Babelsberg zu erhalten, an die sie die schönsten Erinnerungen habe; sie wünschte dem Film in Babelsberg auch künftighin Erfolge.

DON'T FORGET

This morning May. I thought I might feel beginning of dying – as I have no experience in this "TERRAIN". I could not explain to myself what caused it. Then it slowly came into focus. I hope almost that this is the cause.

«An diesem Morgen im Mai. Mir war, als würde ich fühlen, daß ich zu sterben beginne – da ich keine Erfahrung auf diesem ‹Terrain› habe, konnte ich mir nicht erklären, was es damit auf sich hatte ...»
Notizblock-Eintragung Marlene Dietrichs, Briefbeilage für Peter Kraxner, Graz, Privatarchiv

Au Revoir

Marlene Dietrich

Dies war die letzte Botschaft an das Land ihrer Herkunft und das letzte Mal, daß man die Stimme der großen Diva live aus dem Äther vernehmen konnte. Zweieinhalb Jahre danach lief die Nachricht über alle Agenturen und Sender, daß der Weltstar am 6. Mai 1992, 91jährig, in Paris gestorben war.

Frankreich erwies der Toten hoheitliche Reverenz. Ihr Sarg, in der Kirche Madelaine aufgebahrt, war geschmückt mit der Trikolore und ihrem französischen Orden, dem Offizierskreuz der Légion d'honneur. Während der Überführung nach Berlin trug der Sarg die Flagge der USA.

Es war Marlene Dietrichs Wunsch, daß die Beisetzung im engsten Kreis der Familie stattfinden und ihre letzte Ruhestätte der Friedhof in der Friedenauer Stubenrauchstraße sein sollte. Neben dem Grab ihrer Mutter und ebenso schlicht.

Der Stein für sie aus blauem Marmor trägt in goldenen Lettern nur ihren Vornamen, dazu die Lebensdaten und eines Dichters Spruch, nüchtern und poetisch zugleich: *Hier steh ich an den Marken meiner Tage.*

Au revoir, Marlene Dietrich

Das folgende Verzeichnis enthält in alphabetischer Reihenfolge Titel aus Marlene Dietrichs Repertoire, die von ihr für die Schallplatte, auf ihren Konzerttourneen oder in anderem Zusammenhang gesungen wurden, mit Angaben zu Textautoren, Komponisten, Filmen und Schallplatten, soweit sich diese ermitteln ließen. Die Aufstellung erhebt keinen Anspruch auf Vollständigkeit. Für Korrekturen oder Ergänzungen sind Verlag und Autorin jederzeit dankbar. Zuschriften richten Sie bitte an den Gustav Kiepenheuer Verlag, Gerichtsweg 28, D-04103 Leipzig.

Anhang

Ach, Fräulein Anni wohnt schon lang nicht hier
siehe *Annie Doesn't Live Here Any More*
deutsche Textfassung: Lothar Metzl

Ach, wie ist's möglich dann
(You Have My Soul)
Schallplattenaufnahme, New York 1954

A Guy Who Takes His Time
Schallplattenaufnahme, New York 1952

Allein in einer großen Stadt
Musik: José d'Alba (=Franz Wachsmann)/Text: Kurt Gerhardt (=Max Colpet)
Schallplattenaufnahme, Paris 1933 für Polydor

Alle Tage ist kein Sonntag
Schallplattenaufnahme, New York 1954 für Columbia

All of Me
Tourneetitel, gesungen im Café de Paris, London 1955

Allright, Okay, You Win
Musik und Text: Wyche, M. Watts, Tourneetitel, gesungen in Südamerika

Angel
Musik: Friedrich Hollaender/Text: Leo Robin, aus dem Film *Angels*, USA 1937

Annie Doesn't Live Here Any More
Musik und Text: James Young, Joe Burke, A. Spina
Tourneetitel. Schallplattenaufnahme, New York 1951 für Columbia

Another Spring, Another Love
Musik: Shayne/Text: Paris
Schallplattenaufnahme, New York 1957

Assez
Musik: Wal-Berg / Text: Jean Tranchant
französisch gesungen, Schallplattenaufnahme, Paris
1933 für Polydor

Auf der Mundharmonika
Musik: Mischa Spoliansky / Text: Robert Gilbert
Schallplattenaufnahme 1964

Aus der Jugendzeit
Schallplattenaufnahme, New York 1954 für Columbia

Awake in a Dream
Musik: Friedrich Hollaender / Text: Leo Robin, aus dem
Film *Desire (Sehnsucht)*, USA 1935

Back Home in Indiana
Musik und Text: Michel Emer, aus dem Film *The
Monte Carlo Story (Die Monte Carlo Story)*, USA / Ita-
lien 1956/57

Baubles, Bangles And Beads
Schallplattenaufnahme, New York 1954

Besides – He's a Man
Schallplattenaufnahme mit Rosemary Clooney, New
York 1953 für Columbia

Bitte, geh nicht fort
siehe *Ne me quitte pas*
deutsche Textfassung: Max Colpet

Black Market
Musik und Text: Friedrich Hollaender, aus dem Film
A Foreign Affair (Eine auswärtige Angelegenheit),
USA 1948

Blonde Women
siehe *Nimm dich in acht vor blonden Fraun*

Blowin' in the Wind
(Die Antwort weiß ganz allein der Wind)
Musik und Text: Bob Dylan (1962)

Boom, Boom, Boomerang
(Boomerang Baby)
Musik und Text: Charles Marawood
Tourneetitel, in Australien und am Broadway gesun-
gen sowie in der Londoner Fernsehshow von 1972

Candles Glowing
Schallplattenaufnahme, New York 1966 für Decca
deutsche Aufnahme unter dem Titel *Glocken läuten*
bei Philips, Musik: Lothar Olias / Text: E. Bader

C'est si Bon
im Duett mit Louis Armstrong anläßlich eines gemeinsamen Engagements in Las Vegas 1962

Cherche La Rose
Musik: Rouzard / Text: Henri Salvador

Come Rain or Come Shine
Musik: Harold Arlen / Text: Jonny Mercer
aus der Broadway-Bühnenshow *St. Louis Woman*, 1946
Schallplattenaufnahme, New York 1952 für Columbia

Dark Town Strutters Ball
Tourneetitel, Las Vegas 1955

Das Hobellied
Musik und Text: Ferdinand Raimund, gesungen als
Zugabe in Westberlin und München 1960, Schallplat-
tenaufnahme, New York 1951 für Columbia

Das ist Berlin, wie's weint und lacht
Musik und Text: Willi Kollo

Das Lied ist aus
siehe *Frag nicht, warum ich gehe*

Das Lied vom Angeln
(Mit dir, mit dir, da möcht' ich sonntags angeln gehn)
Musik: Walter Kollo / Text: Herman Haller, Willy Wolff,
Rideamus

Das war in Schöneberg
Musik: Walter Kollo / Text: Rudolf Bernauer, Rudolph
Schanzer aus der Posse *Wie einst im Mai*, 1913

Das war sein Milljöh
(Das Lied vom Vater Zille)
Musik und Text: Willi Kollo, Repertoire Claire Wal-
doff

Das zerbrochene Ringlein
Schallplattenaufnahme, New York 1954 für Columbia

Das Zille-Lied
siehe *Das war sein Milljöh*

Dat's Nice Donna Fight
Musik: Ross Bagdasarian / Text: Showalter, Schallplattenaufnahme mit Rosemary Clooney, New York 1953 für Columbia

Déjeuner du Marin
Schallplattenaufnahme, Paris 1962 für Pathé

Der Trommelmann
Musik und Text: Simeone, Onorati, Davis, Busher, Schallplattenaufnahme 1964 für Electrola

Die Antwort weiß ganz allein der Wind
siehe *Blowin' in the Wind*
deutsche Textfassung: Hans Bradtke

Die Welt war jung
(Le Chevalier de Paris)
Musik: Philippe Gérard / Text: Vannier, deutsche Textfassung: Max Colpet, Repertoire Frank Sinatra, Yves Montand, Hildegard Knef u. a.

Don't Ask Me Why I Cry
siehe *Frag nicht, warum ich gehe*

Du, du liegst mir im Herzen
(You Have My Heart)
Schallplattenaufnahme, New York 1954 für Columbia

Du hast die Seele mein
Schallplattenaufnahme, New York 1951 für Columbia

Du hast ja keine Ahnung
Musik: Jean Gilbert, Joseph Königsberger / Text: Robert Gilbert, Alfred Schönfeld

Durch Berlin fließt immer noch die Spree
Musik: Jean Gilbert, Joseph Königsberger / Text: Robert Gilbert (1925)

Es gibt im Leben manches Mal Momente
Musik: Walter Bromme / Text: Will Steinberg, Robert Gilbert, aus der *Operette Mascottchen*, 1921

Everyone's Gone to the Moon
Musik und Text: Jonathan King, am Broadway gesungen 1967

Falling in Love Again
siehe *Ich bin von Kopf bis Fuß auf Liebe eingestellt*
englische Textfassung: Alan Lerner, Exportpressung der Electrola für His Master's Voice

Frag nicht, warum ich gehe
Musik: Robert Stolz / Text: Walter Reisch, Armin Robinson, aus dem Film *Das Lied ist aus*, 1930, Repertoire Richard Tauber, im Film kreiert von Willi Forst

Für alles kommt die Zeit
Schallplattenaufnahme für Barclay

Get Away, Young Man
Musik und Text: Ken Darby, aus dem Film *Rancho Notorious (Engel der Gejagten)*, USA 1951

Girl on the Telephone
Tourneetitel, Café de Paris, London 1954/55

Give Me the Man Who Does Things
Musik: Karl Hajós / Text: Leo Robin, aus dem Film *Morocco*, USA 1930

Glaub, glaub
Schallplattenaufnahme mit Burt Bacharach für Barclay

Golden Earrings
Musik und Text: Victor Young, Jay Livingstone, Ray Evans, aus dem Film *Golden Earrings*, USA 1947

Good For Nothin'
Musik und Text: William Enĝevick, Alec Wilder, Schallplattenaufnahme mit Rosemary Clooney, New York 1952 für Columbia

Go 'way from My Window
alte amerikanische Volksweise aus dem 17. Jahrhundert, arrangiert von John Jacob Niles (1934), Tourneetitel

Gypsy Davey
Musik und Text: Ken Darby, aus dem Film *Rancho Notorious (Engel der Gejagten)*, USA 1951

He Lied And I Listened
Musik: Friedrich Hollaender / Text: Frank Loesser, aus dem Film *Manpower (Herzen in Flammen)*, USA 1941

Honeysuckle Rose
Musik: Thomas («Fats») Waller / Text: Andy Razaf, Tourneetitel. Schallplattenaufnahme, London 1954 für Philips

Hot Voodoo
Musik: Ralph Rainger / Text: Sam Coslaw, aus dem Film *Die Blonde Venus*, USA 1932

I Am a Camera
Schallplattenaufnahme, London 1954 für Philips

I Can't Give You Anything but Love
(Ist dein kleines Herz noch frei, Baby)
Musik: Jimmy McHugh / Text: Dorothy Fields, aus der All-Negro-Revue *Blackbirds of 1928*, kreiert von Adelaide Hall, deutsche Textfassung: Arthur Rebner

Ich bin die fesche Lola
Musik: Friedrich Hollaender / Text: Friedrich Hollaender, Robert Liebmann, aus dem Film *Der Blaue Engel*, Deutschland 1930, Schallplattenaufnahme, Berlin 1930 für Electrola

Ich bin von Kopf bis Fuß auf Liebe eingestellt
Musik: Friedrich Hollaender / Text: Friedrich Hollaender, Robert Liebmann, aus dem Film *Der Blaue Engel*, Deutschland 1930, Schallplattenaufnahme, Berlin 1930 für Electrola

Ich hab' die ganze Nacht geweint
siehe *I Couldn't Sleep a Wink Last Night*
deutsche Textfassung: Lothar Metzl

Ich hab' noch einen Koffer in Berlin
Musik: Ralph Maria Siegel / Text: Aldo von Pinelli (1951), Schallplattenaufnahme, New York 1954 für Columbia sowie 1956 für Philips

Ich weiß nicht, zu wem ich gehöre
Musik: Friedrich Hollaender / Text: Friedrich Hollaender, Robert Liebmann, aus dem Film *Stürme der Leidenschaft*, Deutschland 1931

Ich werde dich lieben
Musik und Text: Welch, Marlene Dietrich, Schallplattenaufnahme 1964 für Electrola

I Couldn't Be Annoyed
Musik: Dick Whiting / Text: Leo Robin, aus dem Film *Die Blonde Venus*, USA 1932

I Couldn't Sleep a Wink Last Night
Musik: Jimmy McHugh / Text: Harold Adamson, aus dem Tonfilm *Higher And Higher*, 1940

I Fall Overboard
Musik: Friedrich Hollaender / Text: Frank Loesser, aus dem Film *Seven Sinners (Das Haus der sieben Sünden)*, USA 1940

If He Swing by the String
siehe *The Way We Swing by the String*

(If It Isn't Pain) Then It Isn't Love
Musik: Ralph Rainger / Text: Leo Robin, aus dem Film *The Devil Is a Woman (Die spanische Tänzerin)*, USA 1935

I Get a Kick out of You
Musik und Text: Cole Porter, aus dem Musical *Anything Goes*, 1934

Illusions
Musik und Text: Friedrich Hollaender, aus dem Film *A Foreign Affair (Eine auswärtige Angelegenheit)*, USA 1948, Schallplattenaufnahme, New York 1949 für Decca

I Love the Man I'm Near
Tourneetitel, Las Vegas 1955

I May Never Go Home Anymore
Musik und Text: Ralph Arthur Roberts / Jack Brooks aus dem Film *Witness for the Persecution (Zeugin der Anklage)*, USA 1958, englische Übersetzung des Schlagers *Auf der Reeperbahn nachts um halb eins* von Ralph Arthur Roberts (1912), Schallplattenaufnahme, New York 1957 für MCA Records

I'm in No Mood for Music Tonight
Musik: Friedrich Hollaender / Text: Frank Loesser, aus dem Film *Manpower (Herzen in Flammen)*, USA 1941

I'm the Laziest Gal in Town
Musik und Text: Cole Porter (1927), aus dem Film *Stage Fright (Die rote Lola)*, Großbritannien 1950

In den Kasernen
geschrieben für Marlene Dietrich
Musik: Philippe Gérard / Text: Hertha Koch, kreiert in London 1964, Schallplattenaufnahme 1964 für Electrola

Iowa Corn Song
Musik und Text: Friedrich Hollaender, aus dem Film *A Foreign Affair (Eine auswärtige Angelegenheit)*, USA 1948

I Refuse to Rock And Roll
Tourneetitel, Las Vegas 1955, aus dem Film *Meet Me in Las Vegas*

It's the Same
Musik: Robert Wright / Text: Geo (Chat) Forrest, Schall-plattenaufnahme mit Rosemary Clooney, New York 1953 für Columbia

I've Been in Love Before
Musik: Friedrich Hollaender / Text: Frank Loesser, Friedrich Hollaender, aus dem Film *Seven Sinners (Haus der sieben Sünden)*, USA 1940, Schallplatten-aufnahme, Los Angeles 1939 für Decca

I've Grown Accustomed to Her Face
Musik: Frederick Loewe / Text: Alan Jay Lerner, aus dem Musical *My Fair Lady*, 1956

I Will Come Back Again
Musik und Text: Giltomore, Vannah, Tourneetitel, Rio de Janeiro, Schallplattenaufnahme, Rio de Janeiro 1959

I Wish You Love
Musik und Text: Charles Trenet, Repertoire Charles Trenet, französischer Originaltitel: *Que Reste-t-il de nos amours* (1942)

Ja, das haben die Mädchen so gerne
Musik: Jean Gilbert, Joseph Königsberger / Text: Alfred Schönfeld, aus der Posse *Autoliebchen*, 1912

Ja, so bin ich
Schallplattenaufnahme mit dem Orchester Wal-Berg / Peter Kreuder, Paris 1933 für Polydor

Je m'ennuie
Schallplattenaufnahme mit dem Orchester Wal-Berg / Peter Kreuder, Paris 1933 für Polydor

Je sais que vous êtes jolie
Schallplatte eines amerikanischen Marlene-Dietrich-Clubs

Je tire ma révérence
Musik und Text: P. Bastia, Repertoire: Jean Sablon, Tourneetitel, Schallplattenaufnahme, Rio de Janeiro 1959

Jonny, wenn du Geburtstag hast
Musik und Text: Friedrich Hollaender (1920), Reper-toire Blandine Ebinger, von Marlene Dietrich gesun-gen in dem Film *Song of Songs (Das Hohe Lied)*, USA 1933, englische Textfassung: Edward Heyman, Schall-plattenaufnahme, Berlin 1931

Just a Gigolo
Musik: Leonello Casucci, deutscher Text: Julius Bram-mer, von Marlene Dietrich englisch gesungen in dem Film *Schöner Gigolo – Armer Gigolo*, BRD 1978, eng-lische Textfassung: Irving Caesar, Klavierarrangement: Günther Fischer

Kinder, heut' abend, da such' ich mir was aus
Musik: Friedrich Hollaender / Text: Robert Liebmann, aus dem Film *Der Blaue Engel*, Deutschland 1930, Schallplattenaufnahme, Berlin 1930 für Electrola

Kisses Sweeter than Wine
Musik: Campbell / Text: Newman, Schallplattenauf-nahme, New York 1957 für MCA Records

Knocked 'em in the Old Kent Road
Tourneetitel, Café de Paris, London 1955

La Vie en Rose
Musik: Marguerite Monot, Louiguy / Text: Edith Piaf, Repertoire Edith Piaf, von Marlene Dietrich gesungen in dem Film *Stage Fright (Die rote Lola)*, Großbritan-nien 1950, sowie auf Schallplatte im Duett mit Bing Crosby

Lazy Afternoon
Musik und Text: John Latouche, Jerome Moross Tourneetitel, Café de Paris, London 1955

Leben ohne Liebe kannst du nicht
Musik: Mischa Spoliansky / Text: Robert Gilbert, aus dem Film *Nie wieder Liebe*, Schallplattenaufnahme, Berlin 1931 für Electrola

Les Jeux Son Faits
Musik und Text: Michael Emer, aus dem Film *The Monte Carlo Story*, USA / Italien 1956/57

Let's Call It a Day
Schallplattenaufnahme, New York 1952 für Columbia

Let's Do It
Musik und Text: Cole Porter, aus dem Musical *Paris*, 1928

Let's Take It Nice And Easy
Tourneetitel

Lieber Leierkastenmann
Musik und Text: Willi Kollo, Repertoire Claire Wal-doff

Liebeslied
Musik: Ernest Gold / Text: Alfred Perry, aus dem Film *Judgement at Nuremberg (Urteil von Nürnberg)*, USA 1961

Lili Marleen
deutsch gesungen
Musik: Norbert Schultze / Text: Hans Leip, Schallplattenaufnahme, New York 1945 für Decca

Lili Marlene
englisch gesungen
englische Textfassung: Tommie Connor, Marlene Dietrich, Schallplattenaufnahme für die amerikanische Armee während des Krieges und 1945 in New York für Decca

Lily Marlène
französisch gesungen
frz. Textfassung: Henry Lemarchand

Little Joe the Wrangler
Musik: Friedrich Hollaender / Text: Frank Loesser, aus dem Film *Destry Rides Again, (Der große Bluff)*, USA 1939

Lonesome Road
Tourneetitel, Westberlin 1960, Titania-Palast

Look Me over Closely
Musik: Terry Gilkyson / Text: Mitch Miller, Schallplattenaufnahme, New York 1953 für Columbia

Love Me
Schallplattenaufnahme, New York 1952 für Columbia

Luar do Sertao
Musik und Text: Catullo de Paixao Cearense, Tourneetitel in Südamerika, portugiesisch gesungen, Schallplattenaufnahme, Rio de Janeiro 1959 für Columbia

Makin' Whoopee
Musik und Text: Gus Kahn, Walter Donaldson, aus dem Musical *Whoopee* von Walter Donaldson, 1928, kreiert von Eddie Cantor

Marie – Marie
(Im Frühjahr, sagt man, werd' ich frei sein)
Musik: Gilbert Bécaud / Text: Paul Delanoe, Repertoire Gilbert Bécaud, deutsch und französisch gesungen, deutsche Textfassung: Max Colpet

May Be I'll Come Back
Musik und Text: H. Jeffrey, C. L. Cooke, Tourneetitel, Südamerika 1959

Meadowland
Musik und Text: Friedrich Hollaender, aus dem Film *A Foreign Affair (Eine auswärtige Angelegenheit)*, USA 1948

Mean to Me
siehe *Sei lieb zu mir*

Mein blondes Baby
Musik: Peter Kreuder / Text: Ernst Schott, Schallplattenaufnahme, Paris 1933 für Polydor

Mein Mann ist verhindert
siehe *Miss Otis Regrets*

Miss Otis Regrets
Musik und Text: Cole Porter (1931), deutsche Textfassung: Lothar Metzl

Mit dir, mit dir, da möcht' ich sonntags angeln gehn
siehe *Das Lied vom Angeln*

Moon River
Musik und Text: Henry Mancini, Tourneetitel, Holland 1962

Muß i' denn, muß i' denn zum Städtele hinaus
siehe *Must I Go*

Must I Go
(Muß i' denn, muß i' denn zum Städtele hinaus), englische Textfassung: Lothar Metzl, Schallplattenaufnahme, New York 1951 für Philips

Mutter, hast du mir vergeben
Musik und Text: Niemen, Grau, Dietrich, Schallplattenaufnahme 1964 für Electrola

My Blue Heaven
Musik: Walter Donaldson / Text: George Whiting (1927), deutsche Textfassung: Tobby Lüth *(Bye, bye Blondi)*

Nach meine Beene ist ja ganz Berlin verrückt
Musik: Walter Kollo / Text: F. W. Hardt, Repertoire Claire Waldoff

Near You
Musik: Francis Craig/Text: Kermit Goell, Schallplattenaufnahme mit Burt Bacharach, New York 1954

Ne me quitte pas
Musik und Text: Jacques Brel, Repertoire Jacques Brel

Nice And Easy
Tourneetitel 1962

Nimm dich in acht vor blonden Fraun
Musik und Text: Friedrich Hollaender, aus dem Film *Der Blaue Engel*, Deutschland 1930

No Love, No Nothin'
Musik: Harry Warren/Text: Leo Robin, Schallplattenaufnahme, New York 1952 (unveröffentlicht), Tourneetitel, Café de Paris, London 1954

One for My Baby (And One More for the Road)
Musik: Harold Arlen/Text: Johnny Mercer, aus dem Film *The Sky's the Limit*, USA 1943

Paff, der Zauberdrachen
englischer Originaltitel: *Puff the Magic Dragon*, Musik: Peter Yarrow/Text: Leonard Lipton (1963), deutsche Textfassung: Fred Oldörp

Peter, Peter, komm zu mir zurück
Musik: Rudolf Nelson/Text: Friedrich Hollaender (1929), aus der Kabarett-Revue *Das spricht Bände*, Schallplattenaufnahme, Berlin 1931

Quand l'amour meurt
Musik und Text: Octave Crémieux, G. Millandy (1904), aus dem Film *Morocco*, USA 1930, Schallplattenaufnahme, Berlin 1931 für Electrola

Qui peut dire où vont les fleurs?
siehe *Where Have All the Flowers Gone?*
französisch gesungen
Schallplattenaufnahme mit Burt Bacharach, Paris 1962 für Pathé

Rien ne va plus
Musik und Text: Michel Emer, aus dem Film *The Monte Carlo Story*, USA/Italien 1956/57

Sag mir adieu
siehe *Time on My Hands*
deutsche Textfassung: Lothar Metzl

Sag mir, wo die Blumen sind
siehe *Where Have All the Flowers Gone?*
deutsche Textfassung: Max Colpet

Sch … kleines Baby
Originaltitel: *Hush Little Baby*
Musik: Al Siegel, Costa, deutsche Textfassung: Marlene Dietrich, Schallplattenaufnahme 1964 für Electrola

Schlittenfahrt
Originaltitel: The Surrey with the Fringe on Top, Musik: Hammerstein, Rodgers, deutsche Textfassung: Lothar Metzl

Schöner Gigolo, armer Gigolo
siehe *Just a Gigolo*

Sei lieb zu mir
(Mean to Me)
Musik: Turk, Ahlert, deutsche Textfassung: Lothar Metzl

Shir hatan
(Das Lied vom Weinen hungernder Kinder)
Musik und Text: Sahan, hebräisch gesungen

Solang noch Untern Linden
Musik: Walter Kollo/Text: Herman Haller, Willy Wolff, Rideamus, aus der Revue *Drunter und drüber*, 1923

Something I Dreamed Last Night
Schallplattenaufnahme, New York 1952 für Columbia

Strange Thing
(And I Find You)
Musik und Text: Jack King, Gordon Clifford, aus dem Film *The Lady Is Willing*, USA 1942

Such Trying Times
Musik: Addison/Text: More, Schallplattenaufnahme, New York 1965 für Kapp

Surabaya-Jonny
Musik: Kurt Weill/Text: Bertolt Brecht, gesungen am Broadway, Lunt-Fontanne-Theater 1967

Sweet as the Blush of May
Musik und Text: Charles Prévin/Sam Lerner, aus dem Film *The Flame of New Orleans*, USA 1941

Sweet Rosie O'Grady
Musik und Text: Nugent, Tourneetitel, Las Vegas 1958

Symphonie
Musik und Text: Alstone, Tabet, Bernstein, französisch gesungen, Schallplattenaufnahme, New York 1945 für Decca

Taking a Chance on Love
siehe *Wo die Lieder*

Tell Me, Tell Me, Evening Star
Musik: Harold Arlen/Text: E.Y. Harburg, aus dem Film *Kismet*, USA 1944

The Boys in the Backroom
Musik: Friedrich Hollaender/Text: Frank Loesser, aus dem Film *Destry Rides Again (Der große Bluff)*, USA 1939

The Heart of Spring Is May
Tourneetitel

The Laziest Gal in Town
siehe *I'm the Laziest Gal in Town*

The Man's in the Navy
Musik: Friedrich Hollaender/Text: Frank Loesser, aus dem Film *Seven Sinners (Das Haus der sieben Sünden)*, USA 1940

There I Go Again
Truppen-Betreuungstitel während des Krieges

The Ruins of Berlin
Musik und Text: Friedrich Hollaender, aus dem Film *A Foreign Affair (Eine auswärtige Angelegenheit)*, USA 1948

The Surrey with the Fringe on Top
siehe *Schlittenfahrt*

The War Is Over – Seems We Won
von einem Australier geschriebenes Antikriegslied, Tourneetitel, Australien

The Way We Swing by the String
Musik: Addison/Text: More, Schallplattenaufnahme 1965 für MCA Records

This Evening, Children
siehe *Kinder, heut' abend, da such' ich mir was aus*

This World of Ours
(deutsche Fassung *Still ist die Nacht*)
Musik: Debout/Text: Max Colpet, Harrison, Schallplattenaufnahme, New York 1966 für Decca

Three Sweethearts Have I
Musik: Ralph Rainger/Text: Leo Robin, aus dem Film *The Devil Is a Woman (Die spanische Tänzerin)*, USA 1935

Time for Love
Musik: Alec Wilder/Text: Bill Engvick, Schallplattenaufnahme, New York 1953 für Columbia

Time on My Hands (You in My Arms)
deutsch gesungen: *Sag mir adieu*, Musik: Harold Adamson, Gordon, Vincent Youmans, deutsche Textfassung: Lothar Metzl

Too Old to Cut the Mustard
Schallplattenaufnahme mit Rosemary Clooney, New York 1952 für Columbia

Treue Liebe
Schallplattenaufnahme, New York 1954 für Columbia

Und wenn er wiederkommt
Musik: Gerárd/Text: Max Colpet, Maurice Maeterlinck, Schallplattenaufnahme 1964 für Electrola

Untern Linden, untern Linden
Musik: Walter Kollo/Text: Rudolf Bemauer, Rudolph Schanzer, aus der Posse *Filmzauber*, 1912

Warum lächelst du, Mona Lisa?
Musik: Robert Stolz/Text: Walter Reisch, Armin Robinson, aus dem Film *Der Raub der Mona Lisa*, Deutschland 1931

Well, All Right
Musik und Text: Calhoun, McCoy, Singleton, Wexler, Ertegun, Schallplattenaufnahme 1959 für Columbia

Wenn der Sommer wieder einzieht
Musik und Text: Cavanaugh, Weldon, Robertson, deutsche Textfassung: Lothar Metzl

Wenn die beste Freundin
Musik: Mischa Spoliansky/Text: Marcellus Schiffer
aus der Revue *Es liegt in der Luft*, 1928 gesungen mit Margo Lion und Oskar Karlweis, Schallplattenaufnahme, Berlin 1928 für Electrola

Wenn die Soldaten
Musik und Text: Trad., Pronk, Schallplattenaufnahme
1964 für Electrola

Wenn du einmal eine Braut hast
Musik: Hugo Hirsch/Text: Max Heye, E. Urban

Wenn ich mir was wünschen dürfte
Musik und Text: Friedrich Hollaender, aus dem Film
Der Mann, der seinen Mörder sucht, Deutschland
1931

Wer wird denn weinen, wenn man auseinandergeht
Musik: Hugo Hirsch/Text: Arthur Rebner, aus dem
Vaudeville *Die Scheidungsreise* und dem Film *Der
Fürst von Pappenheim*

What Am I Bid for My Apples?
Musik: Karl Hajos/Text: Leo Robin, aus dem Film
Morocco, USA 1930

Where Have All the Flowers Gone?
(Sag mir, wo die Blumen sind)
Musik und Text: Pete Seeger

Whoopee
siehe *Makin' Whoopee*

Willow in the Wind
Musik: Harold Arlen/Text: E. Y. Harburg, aus dem
Film *Kismet*, USA 1944

Wo die Lieder
englischer Originaltitel: *Taking a Chance on Love*
Musik und Text: John Latouche, Fetter, Duke, deutsche Textfassung: Lothar Metzl

Wo die Wiesen sind
Schallplattenaufnahme für Philips

Wo hast du nur die schönen blauen Augen her
Musik: Ralph Erwin/Text: Robert Katscher (1923)

Wo ist der Mann?
Musik: Franz Wachsmann/Text: Max Colpet, Schallplattenaufnahme, Paris 1933 für Polydor

You Do Something To Me
Musik und Text: Cole Porter, aus dem Musical *Fifty
Million Frenchmen*, 1929, Schallplattenaufnahme, Los
Angeles 1939

You Go to My Head
Musik und Text: Coots, Gillespie, Schallplattenaufnahme, Los Angeles 1939

You Have My Heart
siehe *Du, du liegst mir im Herzen*

You Have My Soul
siehe *Ach, wie ist's möglich dann*

You Little So-And-So
Musik: Ralph Rainger/Text: Sam Coslaw, aus dem
Film *Blonde Venus (Die Blonde Venus)*, USA 1932

You're the Cream in My Coffee
Musik und Text: Buddy De Sylva, Lew Brown, Ray
Henderson, Ross (1928), Tourneetitel, London, Rio de
Janeiro 1959

You've Got That Look (That Leaves Me Weak)
Musik: Friedrich Hollaender/Text: Frank Loesser, aus
dem Film *Destry Rides Again (Der große Bluff)*, USA
1939, Schallplattenaufnahme, Los Angeles 1939

Quellen- und Literaturverzeichnis

Aros (Alfred Rosenthal): Marlene Dietrich. Ein interessantes Künstlerschicksal, Berlin 1932

Bach, Steven: Marlene Dietrich. Leben und Legende, Düsseldorf 1993

Brooks, Louise: Lulu in Berlin und Hollywood, München 1981

Colpet, Max: Sag mir, wo die Jahre sind, München 1976.

Dagover, Lil: Ich war eine Dame, München 1979

Cziffra, Geza von: Kauf dir einen bunten Luftballon, München 1975

Daisne, Johan: Zur Geschichte von Lili Marleen. In: Hans Leip: Leben und Werk, Hamburg 1958

Debries, Erwin: Hollywood, wie es wirklich ist, Zürich–Leipzig 1930

Dietrich, Marlene: ABC meines Lebens, Berlin 1963 Originalausgabe: Marlene Dietrich's ABC, New York 1962

Dietrich, Marlene: Nehmt nur mein Leben, Reflexionen, München 1979

Droz, René: Marlene Dietrich und die Psychologie des Vamps, Zürich 1961

Eisenstein, Sergej: Stationen. Autobiographische Aufzeichnungen, Berlin 1967

etcetera, Jubiläumsausgabe 60 Jahre Wiener Bohéme Verlag

Ewen, David: Complete Book of the American Musical Theatre, New York 1958

Findahl, Theo: Traumland Hollywood im Tageslicht, Eindrücke, München 1940. Originaltitel: Valfarten til stjernland. Aus dem Norwegischen von Born-Pilsack

Frewin, Leslie Ronald: Blond Venus. A Life of Marlene Dietrich, London 1955. Spätere Ausgabe unter dem Titel: Dietrich – The Story of a Star. London 1967

50 Jahre Ufaton-Verlag, herausgegeben von den UFA-Musik- und Bühnenverlagen, München 1979

Georg, Manfred: Marlene Dietrich. Eine Eroberung der Welt in sechs Monaten. Künstler und Filme, Bd. II, Berlin–Wien 1931

Hätte ich das Kino! Die Schriftsteller und der Stummfilm, Ausstellungskatalog des Deutschen Literaturarchivs/Schiller Nationalmuseum Marbach a. Neckar, Stuttgart 1976

Hemingway, Ernest: A Tribute to Mamma from Papa Hemingway. In: Life, Chicago. Vol. 33, Nr. 7 vom 18.8.1951. National Edition

Hessel, Franz: Marlene Dietrich, Berlin 1931

Hesterberg, Trude: Was ich noch sagen wollte, Berlin 1971

Higham, Charles: Marlene. The Life of Marlene Dietrich, New York 1977

Hildenbrandt, Fred: Ich soll dich grüßen von Berlin. Berliner Erinnerungen, 1922–1932, München 1966

Hollaender, Friedrich: Von Kopf bis Fuß. Mein Leben mit Text und Musik, Berlin 1967

Höllriegel, Arnold: Hollywood. Bilderbuch, Leipzig–Wien 1927

Hubert, Ali: Hollywood – Legende und Wirklichkeit. Eingeleitet von Emil Jannings, Leipzig 1930

Jackson, Carlton: The Great Lili. History Western Kentucky University. Manuskript

Jannings, Emil: Mein Leben. Aufgeschrieben von C. C. Bergius, Berchtesgaden 1951

Kerr, Alfred: Marlene an der Seine. In: Alfred Kerr. Sätze meines Lebens. Über Reisen, Kunst und Politik, herausgegeben von Helga Bemmann, Berlin 1978

Knef, Hildegard: Der geschenkte Gaul. Bericht aus meinem Leben, Wien–München–Zürich 1970

Kobal, John: Marlen Dietrich. Studio Vista / Dutton Pictureback, London 1968

Kopylowa, P.: Marlene Dietrich. In: Aktjory zarubeshnogo kino, Leningrad 1976

Kreuder, Peter: Nur Puppen haben keine Tränen, München 1971

Landshoff-Yorck, Ruth: Klatsch, Ruhm und kleine Feuer. Biographische Impressionen, Köln–Berlin 1963

Lassere, Jean: La vie brûlante de Marlene Dietrich, Paris 1931.

Leip, Hans: Die wahre Geschichte der Lili Marleen. Berlin 1950

Lindlahr, Ulrich: Musik und deren Stellenwert in Josef von Sternbergs Film *Der Blaue Engel*, Semesterarbeit Ruhr-Universität, Bochum 1977

Lissa, Zofia: Ästhetik der Filmmusik, Berlin 1965.

Loesser, A: My Brother Frank. In: Notes II, 7. New York 1949/50

Maddox, Ben: Marlene Answers All Your Questions. In: Martin Levin. Hollywood and the Great Fan Magazines

Mann, Heinrich: Der Blaue Engel, Berlin 1950

Meyerinck, Hubert von: Meine berühmten Freundinnen. Erinnerungen, Düsseldorf–Wien 1967

Morley, Sheridan: Marlene Dietrich, London 1976 Deutsche Ausgabe: Frankfurt/Main 1977

Navacelle, Thierry de: Sublime Marlène, Paris 1982

Old Fashion – New Fashion. Musikalbum, Berlin–München o. J.

Pérez, Michel: Charles Trenet. Poètes d'aujourdhui, Paris 1964

Petru, Constantin: Marlene Dietrich. Die letzten Jahre in Berlin, Nienburg 1993

Porten, Henny: Vom Kintopp zum Tonfilm, Dresden 1932

Riva, Maria: Meine Mutter Marlene, München 1992

Schneidereit, Otto: Richard Tauber. Ein Leben – eine Stimme, Berlin 1974

Schreyer, Lothar: Erinnerungen an Sturm und Bauhaus, München 1956

Seydel, Renate: Marlene Dietrich. Eine Chronik ihres Lebens in Bildern und Dokumenten, Berlin 1984

Sternberg, Josef von: Ich, Josef von Sternberg, Velber bei Hannover 1967. Originaltitel: Josef von Sternberg. Fun in a Chinese Laundry, New York 1965

Stolz, Robert und Einzi Stolz. Servus Du. Robert Stolz und sein Jahrhundert, München 1980

Stuckenschmidt, H. H.: So wird heute gesungen. Choräle aus dem Schlamm. In: Uhu, Juni 1930

Sudendorf, Werner (Hrsg.): Marlene Dietrich. Dokumente. Essays. Filme, Teil 1–2, München 1977

Viertel, Salka: Das unbelehrbare Herz. Ein Leben in der Welt des Theaters, der Literatur und des Films. Mit einem Vorwort von Carl Zuckmayer, Hamburg–Düsseldorf 1970

Vogue, Sondernummer für Marlene Dietrich, Vogue Paris Nr. 542, Dez. 1973/Jan. 1974

Zuckmayer, Carl: Als wär's ein Stück von mir. Erinnerungen, Frankfurt/Main 1969

Zukor, Adolph: The Public Is Never Wrong. The Autobiography of Adolph Zukor, New York, o. J.

Bildquellen

S. 27 Karl Arnold ‹Karikatur› (c) VG Bild-Kunst, Bonn 1999; S. 35 Zeichnung ‹Hans Reimann› von Walter Trier (c) Williams Verlag, Zürich; S. 68 Foto, S. 69 Zeichnungen ‹Ernst Lubitsch› und ‹Emil Jannings› von Ali Hubert (c) 1930 by E. A. Seemann Verlag, Leipzig; S. 83 Porträtkopf ‹Marlene Dietrich› von Ernesto de Fiori (c) Ernesto de Fiori Erben; S. 84 Karl Arnold ‹Ein Hundeleben› (c) VG Bild-Kunst, Bonn 1999; S. 100 Bundesarchiv (‹Bild 183›/R 4034); S. 107 Bundesarchiv (‹Bild 183›/R 34742); S. 122 Stichbild Schultze/Leip: LILI MARLEEN (c) Apollo-Verlag Paul Lincke GmbH, Mainz; S. 125 Bundesarchiv (‹Bild 183›/1983/0223/509); S. 126 Bundesarchiv (‹Bild 183›/1982/0903/508); S. 131 Bundesarchiv (‹Bild 183›/W 0729/506); S. 148 Bundesarchiv (‹Bild 183›/0222/500); Zentrales Bildarchiv Berliner Verlag (29); Staatliches Filmarchiv der DDR (3); Deutsche Staatsbibliothek Musikabteilung (2); Stadtarchiv Berlin (1); Landesbildstelle Berlin (2); Vogue Paris (3); Kunstamt Schöneberg (2); Niederländisches Theatermuseum Amsterdam (1); Deutsche Film- und Fernsehakademie Berlin (1), Archiv Helga Bemmann (65); Sammlung Fritz Schirmer, Halle (17); Archiv Verlag Lied der Zeit (4); M. Murasow, Moskau (4); Atelier Louis Held/Eberhard Renno, Weimar (1); Armstrong-Jones, London (1); Alfred Eisenstaedt (1); R. P. Bauer (1); Peter Kraxner, Graz (2); Manfred Georg: Marlene Dietrich. Berlin 1930 (10); Theo Findahl: Traumland Hollywood. Berlin 1940 (2); Osio Kofler (1); Berliner Illustrirte Zeitung Jgg. 1930/31 (3); Der Wahre Jacob Jg. 1927 (1); Lachen links Jg. 1927 (1); Lachen links Jg. 1927 (1) s. Lied der Zeit S. 100.

Trotz sorgfältiger Recherchen konnten nicht alle Rechtsinhaber ermittelt werden. Der Verlag ist bereit, berechtigte Ansprüche in üblicher Weise abzugelten.

Dank

Autorin und Verlag danken allen Personen und Institutionen, die die Arbeit am Buch in besonderer Weise unterstützt haben: Deutsche Staatsbibliothek Berlin, Musikabteilung; Deutsche Bücherei Leipzig; Universitätsbibliothek Berlin; Bibliothek Möwe Berlin; Filmwissenschaftliche Bibliothek Berlin; Staatliches Filmarchiv der DDR; Zentrales Bildarchiv Berliner Verlag; Landesarchiv Berlin, Theater- und Musikalien-Sammlung; Landesbildstelle Berlin; Deutsche Film- und Fernsehakademie Berlin; Berlin-Museum Berlin; UFA-Musikverlage Berlin–München; Rolf Budde Musikverlage Berlin; Musikverlage Hans Wewerka/edition modern, München; Warner Bros. Music GmbH Germany/Musik unserer Zeit Verlag GmbH/Neue Welt Musikverlag GmbH, München; Stadtbibliothek München; Stadtarchiv München; Niederländisches Theatermuseum Amsterdam; Gemeentearchief s-Gravenhage; Billboard, Beverly Hills, California; Evelyne Bartlitz, Berlin; Elisabeth Bond-Pablé, Cambridge; Ludmilla Iljina-Korbschmidt, Moskau; Brigitte Sellin, Berlin; Renate Wilhelmi, Berlin; Karl Robert Brachtel, München; Arno Fischer, Berlin; Theodor Grunder, Berlin; Paul Haubrich-Oldhein, Köln; Sigurd Hilkenbach, Berlin; Peter Kersten-Lehmann, Berlin; Joachim Krueger, Berlin; Theo Lehmann, Chemnitz; Ben Poelman, Ougstgeest/Niederlande; Valeri Poljudow, Perm; Eberhard Renno (Atelier Louis Held), Weimar; Fritz Schirmer, Halle; Pete Seeger, New York.

255

Inhalt